JN308505

現代民法
用語辞典

池田真朗 編著

税務経理協会

まえがき

　現在のわが国は,「民事大立法時代」と呼ばれる時期に入っている。ことに平成10年（1998年）以降の変革は急であり，破産法（平16）や会社法（平18）の全面改正，金融商品取引法（旧証券取引法）の大改正（平18）などが列挙されるが，私法の基本法たる民法もまた，大きな変容を遂げつつある。この時期に，本書の出版が企画されたのは，単に時宜を得たというよりも，ひとつの必然であったといってよかろう。本書は，民法の学習者や，民法用語を簡便に理解したい社会人が，動きつつある最新の情報を，正確・適切に得られることを目的に編纂された用語辞典である。

　民法は，いうまでもなく一般法としての普遍性を持ち，もろもろの民事特別法の基準となっている法である。したがって民法典は，その性格からして本来頻繁に変わるものではないし，軽々に変えると社会の法的安定性が失われるという説明もなされてきた。そのような民法典までが変えられる必然の背景として，社会の大きな変革・変容の動きがある。それは大づかみにいって，社会の①情報化（電子化），②国際化，③高齢化の三点にまとめられよう。

　これらの変化に対し，民法典はその一部改正や，周辺に新しい特別法・特例法を急速に整備することによって対応してきたが，民法典自体も，2004（平成16）年に全面的に現代語化され，あわせて保証の部分の実質改正を施したのである。

　そこまでの民法典内外の整備を具体的に例示すれば，（1）平成10（1998）年に公布・施行された「債権譲渡の対抗要件に関する民法の特例等に関する法律」（債権譲渡特例法）は，債権譲渡登記という電子的登記制度を創設し，さらに2004年に動産譲渡登記制度も創設し動産債権譲渡特例法と拡張された。（2）成年後見制度を創設した平成11（1999）年の民法改正では，無能力者制度を制限能力者制度に改め，成年後見制度を創設した（任意後見契約に関する法律も制定された）。（3）消費者契約法が平成12（2000）年に公布され，かつての弱者保護としての消費者保護の発想ではなく，事業者と消費者との間の情報の質，量，交渉力についての格差を問題として，事業者による契約交渉過程における不当な干渉があった場合の意思表示の取消や，消費者の利益を不当に害する契約条項の無効を定めた。（4）平成13（2001）年12月施行の「電子消費者契約及び電子承諾通知に関する民法の特例に関する法律」（電子消費者契約特例法）は，コンピュータ上の契約で消費者がうっかりと承諾をしてしまったような場合に，民法の錯誤規定の修正を図ったものである。（5）平成13（2001）年公布の中間法人法は，同

まえがき

窓会や町内会，さらには業界親睦団体などのいわゆる権利能力なき社団に，法人となる機会を与えた（後述の平成18年の公益法人三法によってその中に吸収された）。（6）平成15（2003）年7月の「担保物権及び民事執行制度の改善のための民法等の一部を改正する法律」では，①短期賃貸借制度の廃止，②滌除（てきじょ）を抵当権消滅請求制度に改廃，③担保不動産収益執行制度の創設，等の民法の担保物権の部分を中心とした実質改正を行った。

そして最近では平成18年公布（平成20年中に施行）の公益法人制度改革三法（一般法人法等と略称される）が，民法典の法人の規定をわずか5か条に減じて，その余をすべてこれら三法に引き取る改革をしたのである。

本書は，第一線の多数の民法研究者の協力により，これらすべての改革に対応した，文字通り『現代』の『民法用語辞典』として誕生した。上記のように対象が動きつつある中の編纂であり，中には一度脱稿しながら新法制定のために原稿を書き直された執筆者もある。編者として立法動向も含めて細心の注意を払ったつもりであるが，なお不十分なところがあれば，今後補足・改訂していきたいと考えている。

いずれにしても，「今だからこそ必要な用語辞典」をここに誕生させることができた。本書がさまざまな読者の便宜にかない，大いに活用されることを願ってやまない。

なお，校正段階において必要と認められた項目の追加につき，慶應義塾大学大学院博士課程の白石友行君の助力を得た。

末尾に，企画から原稿の取りまとめまで大変にお世話をいただいた，税務経理協会出版部長峯村英治氏に厚く御礼を申し上げたい。

2008年3月

池田　真朗

編著者

慶應義塾大学大学院法務研究科教授・　　池　田　真　朗
　　　　同法学部教授

編集委員

慶應義塾大学法学部教授　　犬　伏　由　子
慶應義塾大学法学部教授　　武　川　幸　嗣

編集協力者

慶應義塾大学法学部専任講師　　前　田　美　千　代

執筆者一覧 （五十音順）

赤松　秀岳	（あかまつ　ひでたけ）	九州大学 教授
池田　真朗	（いけだ　まさお）	慶應義塾大学 教授
一木　孝之	（いちき　たかゆき）	國學院大学 准教授
犬伏　由子	（いぬぶし　ゆきこ）	慶應義塾大学 教授
今尾　真	（いまお　まこと）	明治学院大学 教授
江口　幸治	（えぐち　こうじ）	埼玉大学 准教授
大窪　誠	（おおくぼ　まこと）	東北学院大学 教授
大塚　直	（おおつか　ただし）	早稲田大学 教授
大濱　しのぶ	（おおはま　しのぶ）	岡山大学 教授
岡本　裕樹	（おかもと　ひろき）	名古屋大学 准教授
小川　健	（おがわ　たけし）	獨協大学 教授
笠井　修	（かさい　おさむ）	中央大学 教授
片山　直也	（かたやま　なおや）	慶應義塾大学 教授
加藤　雅之	（かとう　まさゆき）	神戸学院大学 准教授
鹿野　菜穂子	（かの　なおこ）	慶應義塾大学 教授
鎌野　邦樹	（かまの　くにき）	早稲田大学 教授
上山　泰	（かみやま　やすし）	筑波大学 准教授
神田　英明	（かんだ　ひであき）	明治大学 専任講師
北居　功	（きたい　いさお）	慶應義塾大学 教授
草野　元己	（くさの　もとみ）	関西学院大学 教授
黒田　尚樹	（くろだ　なおき）	大阪経済大学 専任講師
後藤　巻則	（ごとう　まきのり）	早稲田大学 教授
小柳　春一郎	（こやなぎ　しゅんいちろう）	獨協大学 教授

4 編著者・執筆者一覧

小山　泰史（こやま　やすし）	立命館大学　教授
七戸　克彦（しちのへ　かつひこ）	九州大学　教授
冷水　登紀代（しみず　ときよ）	帝塚山大学　准教授
下村　信江（しもむら　としえ）	近畿大学　教授
白石　友行（しらいし　ともゆき）	慶應義塾大学　博士課程
鈴木　清貴（すずき　きよたか）	愛知大学　准教授
髙橋　智也（たかはし　ともや）	大阪市立大学　准教授
滝沢　昌彦（たきざわ　まさひこ）	一橋大学　教授
田髙　寛貴（ただか　ひろたか）	名古屋大学　教授
常岡　史子（つねおか　ふみこ）	獨協大学　教授
手塚　一郎（てづか　いちろう）	関東学院大学　非常勤講師
手塚　宣夫（てづか　のぶお）	東海大学　教授
床谷　文雄（とこたに　ふみお）	大阪大学　教授
中川　忠晃（なかがわ　ただあき）	岡山大学　准教授
難波　譲治（なんば　じょうじ）	立教大学　教授
西原　慎治（にしはら　しんじ）	神戸学院大学　准教授
野澤　正充（のざわ　まさみち）	立教大学　教授
花本　広志（はなもと　ひろし）	獨協大学　教授
平野　裕之（ひらの　ひろゆき）	慶應義塾大学　教授
平林　美紀（ひらばやし　みき）	南山大学　准教授
藤井　俊二（ふじい　しゅんじ）	創価大学　教授
前田　敦（まえだ　あつし）	西南学院大学　准教授
前田　美千代（まえだ　みちよ）	慶應義塾大学　専任講師
松尾　弘（まつお　ひろし）	慶應義塾大学　教授
三宅　篤子（みやけ　あつこ）	中央学院大学　准教授
武川　幸嗣（むかわ　こうじ）	慶應義塾大学　教授
本山　敦（もとやま　あつし）	立命館大学　教授
森山　浩江（もりやま　ひろえ）	龍谷大学　教授
山口　亮子（やまぐち　りょうこ）	京都産業大学　教授
山下　りえ子（やました　りえこ）	東洋大学　教授
山田　創一（やまだ　そういち）	専修大学　教授
山田　美枝子（やまだ　みえこ）	大妻女子大学　教授
山田　八千子（やまだ　やちこ）	中央大学　教授
渡辺　達徳（わたなべ　たつのり）	中央大学　教授

法令名凡例（法律の略称等と正式名称一覧）

（注）本書では一般に文章中で略称を用いるときは「法」を付し，カッコ内での略称では「法」を省いている

一般社団財団法人法等整備法
→ 一般社団法人及び一般財団法人に関する法律及び公益社団法人及び公益財団法人の認定等に関する法律の施行に伴う関係法律の整備等に関する法律

一般法人（一般社団財団法人法）
→ 一般社団法人及び一般財団法人に関する法律

外国倒産 → 外国倒産処理手続の承認援助に関する法律

会社 → 会社法

会社更生 → 会社更生法

海物 → 国際海上物品運送法

貸金業法 → 貸金業の規制等に関する法律

家審 → 家事審判法

家審規 → 家事審判規則

河川 → 河川法

割賦 → 割賦販売法

株券保振 → 株券等の保管及び振替に関する法律

仮登記担保法 → 仮登記担保契約に関する法律

関税 → 関税法

旧民 → （明治23年公布の）旧民法

金商 → 金融商品取引法

区分所有 → 建物の区分所有等に関する法律

刑 → 刑法

刑訴 → 刑事訴訟法

憲 → 日本国憲法

健保 → 健康保険法

公益社団財団法人法
→ 公益社団法人及び公益財団法人の認定等に関する法律

公益法人（公益法人制度改革）三法

6 法令名凡例

→ 一般社団財団法人法,公益社団財団法人法,一般社団財団法人法等整備法の三法を指す。

鉱業 → 鉱業法
後見登記 → 後見登記等に関する法律
国年 → 国民年金法
戸籍 → 戸籍法
裁 → 裁判所法
質屋 → 質屋営業法
失火責任法 → 失火ノ責任ニ関スル法律
児童虐待防止法 → 児童虐待の防止等に関する法律
自賠 → 自動車損害賠償保障法
借地借家 → 借地借家法
酒税 → 酒税法
商 → 商法
消費者契約 → 消費者契約法
人訴 → 人事訴訟法
信託 → 信託法
税徴 → 国税徴収法
性同一性障害者特例法
→ 性同一性障害者の性別の取扱いの特例に関する法律
中間法人法
→ (旧)中間法人法(一般社団法人及び一般財団法人に関する法律に吸収されて廃止)
仲裁 → 仲裁法
通則法 → 法の適用に関する通則法
DV法(ドメスティック・バイオレンス法)
→ 配偶者からの暴力の防止及び被害者の保護に関する法律
電子消費者契約法
→ 電子消費者契約及び電子承諾通知に関する民法の特例等に関する法律
動産債権譲渡特例法
→ 動産及び債権の譲渡の対抗要件に関する民法の特例等に関する法律
特定商取引 → 特定商取引に関する法律
任意後見 → 任意後見契約に関する法律
農地 → 農地法

破産 → 破産法
PL法 → 製造物責任法
不登 → 不動産登記法
身元保証法 → 身元保証ニ関スル法律
民 → 民法
民旧 → （昭和22年改正前の）民法旧第4編・第5編
民再 → 民事再生法
民施 → 民法施行法
民執 → 民事執行法
民訴 → 民事訴訟法
民保 → 民事保全法
油賠 → 船舶油濁損害賠償保障法
立木法 → 立木ニ関スル法律
労基 → 労働基準法
労組 → 労働組合法

目　次

まえがき
編著者・執筆者一覧
法令名凡例（法律の略称等と正式名称一覧）

（あ）

悪意 …………………………… 1
悪意の受益者 ………………… 1
与える債務 …………………… 1
安全配慮義務 ………………… 1

（い）

家制度 ………………………… 2
異議を留めない承諾 ………… 2
遺言 …………………………… 2
遺言執行者 …………………… 2
遺言書の検認 ………………… 3
遺言能力 ……………………… 3
遺言の撤回 …………………… 3
遺産共有 ……………………… 3
遺産分割 ……………………… 3
意思自治の原則 ……………… 3
遺失物拾得 …………………… 4
意思能力 ……………………… 4
意思の欠缺 …………………… 4
異時配当 ……………………… 4
意思表示 ……………………… 4
慰謝料請求権 ………………… 4
遺贈 …………………………… 5
委託を受けた保証人 ………… 5
委託を受けない保証人 ……… 5
一部代位 ……………………… 5
一物一権主義 ………………… 5
一部免除 ……………………… 5
一身専属権 …………………… 6
一般先取特権 ………………… 6
稲立毛 ………………………… 6
囲繞地通行権 ………………… 6
委任 …………………………… 6
違法性 ………………………… 7
違約手付 ……………………… 7
違約罰 ………………………… 7
入会権 ………………………… 7

遺留分 ………………………… 7
遺留分減殺請求権 …………… 8
遺留分の放棄 ………………… 8
姻族 …………………………… 8

（う）

請負 …………………………… 8
請負契約における
　所有権の帰属 ……………… 9
請負人の担保責任 …………… 9
請負報酬請求権 ……………… 9
受取証書 ……………………… 9
受戻権 ………………………… 9
氏の取得・変更 ……………… 10
売主の担保責任 ……………… 10

（え）

永小作権 ……………………… 10
縁氏続称 ……………………… 11

（お）

温泉専用権 …………………… 11

（か）

解除 …………………………… 12
解除権の不可分性 …………… 12
解除条件 ……………………… 12
買戻し ………………………… 12
解約手付 ……………………… 13
改良行為 ……………………… 13
隔絶地遺言 …………………… 13
隔地者に対する
　意思表示 …………………… 13
確定期限ある債務 …………… 13
確定日付ある証書 …………… 13
隠れた瑕疵 …………………… 14
加工 …………………………… 14
瑕疵 …………………………… 14
瑕疵ある意思表示 …………… 14

瑕疵修補請求権 ……………… 14
家事審判 ……………………… 15
瑕疵担保責任 ………………… 15
家事調停 ……………………… 15
過失 …………………………… 15
果実 …………………………… 15
果実収取権 …………………… 16
過失責任の原則 ……………… 16
過失相殺
　（債務不履行の）………… 16
過失相殺（不法行為の）…… 16
家庭裁判所 …………………… 16
家督相続 ……………………… 17
可分物・不可分物 …………… 17
仮差押え・仮処分 …………… 17
仮差押え・仮処分
　（時効中断事由）………… 17
仮登記 ………………………… 17
仮登記担保 …………………… 18
簡易の引渡し ………………… 18
監事 …………………………… 18
慣習法 ………………………… 18
間接強制 ……………………… 18
間接効果説 …………………… 18
監督義務者の責任 …………… 18
元本債権 ……………………… 19
管理行為 ……………………… 19
管理費用 ……………………… 19

（き）

期間 …………………………… 19
危急時遺言 …………………… 20
期限 …………………………… 20
危険責任 ……………………… 20
期限の到来 …………………… 20
期限の利益 …………………… 20
期限の利益喪失約款 ………… 20
危険負担 ……………………… 21
既成条件 ……………………… 21

2 目次

帰責事由 …………………21
帰属清算型 ………………21
寄託 ………………………22
寄託物返還請求権 ………22
寄附行為 …………………22
基本代理権 ………………22
求償権 ……………………22
給付義務 …………………23
共益費用 …………………23
協議離婚 …………………23
強行規定 …………………23
(強制)競売 ……………23
強制執行 …………………23
強制認知 …………………24
強制履行 …………………24
供託 ………………………24
供託原因 …………………24
供託物引渡請求権 ………24
共同遺言の禁止 …………24
共同抵当 …………………25
共同根抵当 ………………25
共同不法行為 ……………25
共同保証 …………………25
強迫 ………………………25
共有 ………………………26
共有物 ……………………26
共有物の管理 ……………26
共有物の使用 ……………26
共有物の分割 ……………26
共有物の変更 ……………26
許可主義 …………………27
虚偽表示 …………………27
極度額 ……………………27
寄与分 ……………………27
緊急事務管理 ……………27
緊急避難 …………………27
近親婚 ……………………28
金銭賠償の原則 …………28

(く)

クーリングオフ …………28
区分所有権 ………………28
組合 ………………………28
組合員の持分処分 ………29
組合契約 …………………29
組合財産 …………………29
クリーン・ハンズ

(clean hands) の原則 …29
クレジット契約 …………30

(け)

形成権 ……………………30
契約 ………………………30
契約自由の原則 …………30
契約譲渡 …………………31
契約上の地位の移転 ……31
契約責任 …………………31
契約締結上の過失 ………31
契約の成立時期 …………32
結果回避義務 ……………32
結果債務 …………………32
血族 ………………………32
権原 ………………………32
検索の抗弁権 ……………32
原始取得 …………………33
現実の提供 ………………33
現実の引渡し ……………33
原始的不能・
　後発的不能 ……………33
原状回復義務 ……………33
懸賞広告 …………………33
現存利益 …………………34
限定承認 …………………34
顕名(主義) ……………34
権利外観法理 ……………34
権利質 ……………………34
権利能力 …………………35
権利能力なき社団 ………35
権利の瑕疵 ………………35
権利保護資格要件 ………35
権利濫用 …………………35

(こ)

故意 ………………………36
公益法人 …………………36
更改 ………………………36
効果意思 …………………36
交換 ………………………36
後見監督人 ………………37
後見人 ……………………37
後見人の欠格事由 ………37
工作物責任 ………………37
工作物設置・
　保存の瑕疵 ……………37

交叉申込み ………………37
公示(の原則) …………38
公序良俗 …………………38
公信の原則 ………………38
公信力 ……………………38
公正証書遺言 ……………38
合同行為 …………………39
口頭の提供 ………………39
公物 ………………………39
抗弁の接続 ………………39
合有 ………………………39
戸籍制度 …………………40
戸籍届出 …………………40
子供の権利条約 …………40
子の監護者 ………………40
子の引渡し ………………40
雇用 ………………………40
婚姻意思 …………………41
婚姻障害 …………………41
婚姻適齢 …………………41
婚姻の取消し ……………41
婚姻の無効 ………………41
婚姻費用の分担 …………42
婚氏続称 …………………42
混同〔債権〕……………42
混同〔物権〕……………42
婚約 ………………………42

(さ)

債権 ………………………44
債権契約(債権行為)……44
債権者主義 ………………44
債権者代位権 ……………44
債権者平等の原則 ………45
債権譲渡 …………………45
債権譲渡禁止特約 ………45
債権譲渡登記 ……………45
債権譲渡の対抗要件 ……45
債権侵害 …………………46
債権の準占有者への
　弁済 ……………………46
債権の消滅原因 …………46
催告 ………………………47
催告
　(時効中断事由)………47
催告の抗弁権 ……………47
再婚禁止期間 ……………47

目 次 3

財産管理権……………47
財産分与………………48
財産分離………………48
祭祀財産の承継………48
財団法人………………48
再売買の予約…………48
裁判上の請求…………49
裁判上の請求
　（時効中断事由）………49
裁判離婚………………49
債務者主義……………49
債務者対抗要件………49
債務の不存在を
　知ってした弁済………50
債務の本旨……………50
債務引受………………50
債務不履行……………50
詐害行為………………50
詐害行為取消権………51
詐害の意思……………51
詐欺……………………51
先取特権………………51
先取特権の物上代位…51
錯誤……………………52
差押え…………………52
差押え・仮差押え………52
差押え（時効中断事由）…52
指図債権………………52
指図による占有移転……53

（し）

死因贈与………………53
敷金……………………53
敷金返還請求権………53
敷引特約………………53
事業の執行……………54
時効……………………54
時効制度の存在理由……54
時効中断事由…………54
時効の援用……………54
時効の中断……………55
時効の停止……………55
時効利益の放棄………55
自己契約………………55
自己の財産に対するのと
　同一の注意義務………55
死後離縁………………56

持参債務………………56
事実たる慣習…………56
使者……………………56
自主占有………………56
事情変更の原則………56
事前求償権……………57
自然債務………………57
自然法…………………57
下請負…………………57
示談……………………58
質権……………………58
質物……………………58
失火責任法……………58
失踪宣告………………58
実体法…………………58
実定法…………………58
指定充当………………59
指定相続分……………59
私的自治の原則………59
児童虐待防止法………59
自働債権・受働債権……59
自動車損害賠償保障法…60
自筆証書遺言…………60
試味売買………………60
事務管理………………60
指名債権………………60
指名債権質……………60
借地借家法……………61
社団法人………………61
収去義務………………61
集合動産譲渡担保……61
重婚……………………61
重婚的内縁……………62
住所……………………62
終身定期金……………62
修繕義務………………62
従たる権利……………62
重利……………………62
受益の意思表示………63
受寄者…………………63
熟慮期間………………63
授権行為………………63
手段債務………………63
出資……………………63
取得時効………………64
受忍限度………………64
受任者…………………64

受任者の報告義務………64
主物・従物……………64
受領遅滞………………65
種類債権………………65
準委任…………………65
準事務管理……………65
準消費貸借……………65
準正……………………65
準占有…………………66
準則主義………………66
準法律行為……………66
承役地…………………66
承継取得………………66
承継人
　（包括承継人を含む）……67
証券的債権……………67
使用者責任……………67
使用貸借………………67
承諾……………………67
承諾期間のある申込み…67
承諾転質………………68
承諾転貸………………68
譲渡禁止特約…………68
承認……………………68
承認
　（時効中断事由）………68
消費寄託………………68
消費者契約法…………69
消費貸借………………69
消費貸借の予約………69
消滅時効………………69
証約手付………………69
将来債権譲渡…………69
条理……………………70
除斥期間………………70
譲渡担保………………70
処分行為………………70
処分清算型……………70
所有権…………………71
所有権絶対の原則………71
所有権的構成…………71
所有権留保……………71
所有の意思……………71
自力救済の禁止………72
事理弁識能力…………72
人格権…………………72
信義誠実の原則………72

目次

- 親権……72
- 新権原……73
- 親権者……73
- 親権者と子の利益相反行為……73
- 親権の喪失……73
- 人事訴訟法……73
- 身上監護権……73
- 身上配慮義務……74
- 親族……74
- 人的担保……74
- 親等……74
- 信用保証……74
- 信頼関係破壊の理論……75
- 信頼利益……75
- 心裡留保……75

(す)

- 随意条件……75
- 推定の及ばない子……75
- 推定を受けない嫡出子……76
- 随伴性……76
- 数量指示売買……76

(せ)

- 生活扶助義務……76
- 生活保持義務……77
- 制限行為能力者……77
- 制限種類債権……77
- 制限超過利息……77
- 制限物権……77
- 製作物供給契約……77
- 清算金支払義務……78
- 清算法人……78
- 生殖補助医療……78
- 製造物責任……78
- 性同一性障害者特例法……78
- 正当防衛……79
- 成年擬制……79
- 成年後見開始の審判……79
- 成年後見制度……79
- 成年後見人……79
- 成年後見人の職務……80
- 成年被後見人……80
- 責任財産……80
- 責任転質……80
- 責任なき債務,

- 債務なき責任……80
- 責任能力……81
- 絶対的効力・相対的効力……81
- 絶対的定期行為……81
- 絶対的無効・相対的無効……81
- 説明義務・告知義務……81
- 善意……81
- 善管注意義務……82
- 1996年民法改正要綱……82
- 選択債権……82
- 選択債権の特定……82
- 占有(権)……82
- 占有意思……83
- 占有改定……83
- 占有の訴え(回収・保持・保全)……83
- 占有の承継……83
- 占有の推定力……83
- 占有補助者……83
- 占有離脱物……84
- 先履行義務……84

(そ)

- 増価競売……84
- 相殺……84
- 相殺禁止……84
- 相殺契約……85
- 相殺適状……85
- 相殺予約……85
- 造作買取請求権……85
- 相続……85
- 相続回復請求権……86
- 相続欠格……86
- 相続財産……86
- 相続財産法人……86
- 相続人……86
- 相続人の廃除……87
- 相続分……87
- 相続分の譲渡……87
- 相続放棄……87
- 相対的定期行為……87
- 相対的取消……87
- 相当因果関係……88
- 送付債務……88
- 双方代理……88

- 双務契約……88
- 総有……88
- 贈与……89
- 相隣関係……89
- 遡及効……89
- 遡及効(相殺)……89
- 即時取得……89
- 損益相殺……89
- 損害賠償額の予定……89
- 損害賠償請求権……90
- 損害賠償の範囲……90

(た)

- 代価弁済……91
- 対抗要件……91
- 第三者……91
- 第三者のためにする契約……91
- 第三者の弁済……91
- 第三取得者……92
- 代襲相続……92
- 代償請求権……92
- 代替執行……92
- 代替物・不代替物……92
- 代諾縁組……93
- 代物弁済……93
- 代理……93
- 代理意思……93
- 代理監督者……93
- 代理権……93
- 代理権の範囲……94
- 代理行為……94
- 代理行為の瑕疵……94
- 代理受領……94
- 代理占有……94
- 代理人(法定代理人を含む)……94
- 諾成契約……95
- 諾約者……95
- 他主占有……95
- 多数当事者の債権・債務……95
- 建物買取請求権……95
- 他人物贈与……95
- 他人物売買……96
- 単一物・集合物……96
- 短期消滅時効……96

短期賃貸借……………96
単純承認………………96
単独行為………………96
担保権的構成…………97
担保物権………………97
担保不動産収益執行……97

（ち）

地役権…………………98
遅延損害金……………98
地上権…………………98
父を定める訴え………98
嫡出子…………………98
嫡出推定制度…………99
嫡出否認の訴え………99
中間省略登記…………99
中間責任………………99
中間法人………………99
注文者の責任………100
注文者の任意解除………100
直接強制……………100
直接効果説…………100
直系・傍系…………100
賃借権………………100
賃借権の譲渡・転貸……101
賃借権の対抗要件……101
賃借権の物権化………101
賃借物の一部滅失……101
賃貸借………………101
賃貸借契約の
　解約申入れ………102
賃貸借の終了………102
賃貸借の存続期間……102
賃貸人の地位の移転……102

（つ）

追完…………………103
追及力………………103
追認…………………103
追認拒絶……………103
通行地役権…………103
通知・承諾…………104
強い付合・弱い付合……104

（て）

DV防止法……………104
定款…………………104

定期借地権…………105
定期贈与……………105
停止条件……………105
停止条件付贈与………105
定着物………………105
抵当権………………105
抵当権消滅請求………105
抵当権侵害…………106
抵当権の効力の
　及ぶ範囲…………106
抵当権の順位………106
抵当権の順位の
　譲渡・放棄・変更……106
抵当権の譲渡・放棄……107
抵当権の消滅………107
抵当権の処分………107
抵当権の物上代位……107
手付…………………107
電子記録債権………108
電子消費者契約法……108
転質（権）……………108
転抵当………………108
天然果実……………109
添付…………………109
転付命令……………109
転用物訴権…………109

（と）

登記…………………110
登記権利者・
　登記義務者………110
登記請求権…………110
登記の欠缺を主張する
　正当な利益………110
動機の錯誤…………110
登記の推定力………111
動機の不法…………111
登記の流用…………111
同居義務……………111
動産…………………111
動産債権譲渡特例法……112
動産先取特権………112
動産質………………112
動産の付合…………112
同時死亡の推定………112
同時履行の抗弁権……113
到達主義……………113

盗品・遺失物
　回復請求権………113
動物占有者の責任……113
登録自動車…………113
特定…………………113
特定遺贈……………113
特定債権……………114
特定商取引法………114
特定物・種類物………114
特定物債権…………114
特別縁故者…………114
特別失踪……………115
特別受益……………115
特別養子……………115
特許主義……………115
届出婚主義…………115
取消し………………115
取消権者……………116
取立債務……………116

（な）

内縁（事実婚）………117
内容の錯誤…………117
なす債務……………117

（に）

日常家事債務………118
任意規定……………118
任意後見制度………118
任意代位……………118
任意認知……………119
認可主義……………119
認知…………………119
認定死亡……………119

（ね）

根抵当権……………119
根抵当権の
　消滅請求権………120
根抵当権の処分………120
根保証………………120

（は）

賠償者代位…………121
背信的悪意者………121
売買…………………121
売買の一方の予約……121

破綻主義……………121
発信主義……………122
パンデクテン方式………122

(ひ)

引取義務……………122
引渡し………………122
非嫡出子……………123
被保佐人……………123
秘密証書遺言………123
表見代理……………123
表示主義……………123
表示上の錯誤………124

(ふ)

不安の抗弁権………124
夫婦間の契約取消権…124
夫婦共同縁組………124
夫婦財産契約………125
夫婦同氏の原則……125
付加一体物…………125
不可分債権・
　不可分債務………125
不可分性……………125
不完全履行…………126
復委任………………126
復代理………………126
袋地…………………126
付合…………………126
不在者………………126
付従性………………127
不受理申出制度……127
扶助義務……………127
不真正連帯債務……127
付随義務……………127
負担付遺贈…………128
負担部分……………128
普通失踪……………128
普通養子……………128
物権…………………128
物権契約（物権行為）…128
物権的請求権………129
物権の放棄…………129
物権変動……………129
物権法定主義………129
物上代位（性）……130
物上保証人…………130

物的担保……………130
不動産………………130
不動産先取特権……130
不動産質……………130
不動産の付合………131
不当利得……………131
不能条件……………131
不法原因給付………131
不法行為……………131
不法条件……………131
扶養…………………132
プライバシー………132
振込指定……………132
分割債権・分割債務…132
分筆…………………132
分別の利益…………132

(へ)

併存的債務引受……133
弁済…………………133
弁済による代位……133
弁済の充当…………133
弁済の提供…………134
弁済の費用…………134
片務契約……………134

(ほ)

ボアソナード旧民法…134
妨害排除請求権……135
妨害予防請求権……135
包括遺贈……………135
報償責任……………135
法人…………………135
法人の不法行為能力…135
法定解除権…………136
法定果実……………136
法定充当……………136
法定重利……………136
法定相続分…………136
法定代位……………137
法定担保物権………137
法定地上権…………137
法定中断……………137
法定追認……………137
法定夫婦財産制……137
法定利率……………138
法律行為……………138

法律行為の解釈………138
保護義務……………138
保佐人………………138
保証…………………139
保証契約……………139
保証債務の範囲……139
保証債務の付従性…139
保証債務の補充性…139
補助人………………139
保存行為……………140
本権の訴え…………140

(ま)

埋蔵物発見…………141
増担保請求…………141

(み)

未成年後見制度……141
未成年後見人………141
未成年者……………142
身分権………………142
身分行為……………142
見本売買……………142
身元保証……………142

(む)

無過失責任…………143
無記名債権…………143
無権代理……………143
無権代理人の責任…143
無権代理の相手方の
　催告権・取消権…143
無効…………………144
無効行為の転換……144
無主物先占…………144
無償契約……………144
無体財産（権）……144

(め)

明認方法……………145
名誉毀損……………145
免除…………………145
免責的債務引受……145
面接交渉権…………145

(も)

申込み………………146

申込みに変更を加えた
　承諾……………………146
申込みの拘束力…………146
黙示の更新………………146
目的範囲外の行為………147
持分…………………………147
持分譲渡請求権…………147
物……………………………147
物の瑕疵…………………147

(や)

約定解除権………………148
約定担保物権……………148
約款…………………………148

(ゆ)

遺言…………………………149
結納…………………………149
有償契約…………………149
優先弁済的効力…………149
有体物・無体物…………149

(よ)

養育費……………………150

要役地……………………150
用益物権…………………150
養子…………………………150
要式契約…………………150
要素の錯誤………………151
要物契約…………………151
要約者……………………151
予約完結権………………151

(り)

リース契約………………152
利益相反事項……………152
離縁…………………………152
履行期……………………152
履行遅滞…………………152
履行不能…………………153
履行補助者………………153
履行利益…………………153
離婚…………………………153
理事…………………………153
理事の代表権……………153
利息…………………………154
利息債権…………………154
流質契約…………………154

流水利用権………………154
留置権……………………154
立木…………………………155
利用行為…………………155

(る)

類推適用…………………155
累積共同根抵当…………155

(れ)

連帯債務…………………156
連帯債務の
　絶対的効力事由………156
連帯の免除………………156
連帯保証…………………156

(ろ)

労働者派遣法……………157
労務供給契約……………157

(わ)

和解…………………………158
割付け……………………158

索　引……………………………………………………………………159

あ

悪意（あくい）
　加害の気持ち，悪気などの道徳的な意味は含まず，一般には，人が一定の事情について認識を有している状態をいう。疑いを有していても「不知」であれば善意であるが，占有に関しては，疑いを有している者も悪意と解される（民162, 190, 191など）。また，他人への加害についての認識にとどまらず，それを意図することや（本旨弁済の詐害性の判断，民698），行為の反倫理性（民770Ⅰ②など）が悪意の内容となる場合もある。⇒善意
（岡本裕樹）

悪意の受益者（あくいのじゅえきしゃ）
　自己の受益が法律上の原因に基づかないことを知っている者。悪意の受益者は，受けた利益の全部とそれに対する受領時からの利息を付けて返還しなければならず，また，それによっては償われない損害が損失者に生じたときは，その賠償義務を負う（民704）。なお，ここでの悪意は善意有過失を含まず，また，民法704条にいう損害賠償の法的性質は不法行為責任であるとされている（通説）。⇒不当利得, 現存利益
（花本広志）

与える債務（あたえるさいむ）
　与える債務とは，売買契約における売主の目的物引渡債務や，買主の代金支払債務のように，主としては物権（占有）の移転を内容とする債務をいう。労務やサービスの提供を内容とする「なす債務」と対比されるもので，フランス法での分類に由来する。このような区別は，強制履行の方法（民414）や債務不履行の成立判断に関して意義を有する。⇒なす債務
（池田真朗）

安全配慮義務（あんぜんはいりょぎむ）
　安全配慮義務とは，「ある法律関係に基づいて特別な社会的接触の関係に入った当事者間において，当該法律関係の付随義務として，当事者の一方または双方が相手方に対して信義則上負う義務」として判例法理上認められたものである。雇用契約において，使用者が被用者の生命・健康について特別の注意義務を負うとされた（最判昭50.2.25, 民集29巻2号143頁）のが最初である。このような義務を契約上の付随義務として認める実際上の意義は，①消滅時効と②過失の立証責任の所在にある。不法行為の損害賠償請求の場合，損害および加害者を知った時から3年で短期消滅時効（民724）にかかるが，一般の債権の消滅時効は10年であり（民167），また不法行為の場合には加害者の過失を立証する責任が被害者にあるのに対し，債務不履行の場合は債務者が帰責事由の不存在を立証しなければならない。最近の判例は，雇用契約に限定せず，請負等についてもこの義務を認めている。⇒付随義務, 保護義務
（池田真朗）

い

家制度（いえせいど）

1898年の明治民法の下で，家族法の中心におかれたのが家制度であった。家制度は統率者である戸主とその他の家族員から構成される家父長制家族をモデルとした。戸主は家族の身分行為に対する同意権などを通じて家族員に対する支配権（戸主権）を持ち，家の財産（家産）は戸主に帰属する。長男単独相続制を原則とする家督相続により戸主の地位と家産を代々承継させることで家制度の維持が図られた。

（犬伏由子）

異議を留めない承諾（いぎをとどめないしょうだく）

債権譲渡の債務者は，通知を受けるまでに譲渡人に生じた抗弁事由を譲受人に対抗しうるが（民468Ⅱ），例外的に，異議を留めないで（無留保で）承諾をすると，それらの抗弁事由を一切譲受人に対抗できなくなる（民468Ⅰ前段）。この場合，債務者が譲渡人に払い渡したものがあるときは取り戻し，譲渡人に対して負担した債務があるときは成立しないものとみなすことができる（民468Ⅰ後段）。条文では「前条の承諾」とあるので，この承諾は対抗要件としての観念表示で足りるが，それで抗弁が切断（喪失）されるという強い効果を生ずる点が疑問視されてきた。かつての通説は公信説であるが，譲渡後に承諾がある場合，公信力という外観信頼保護法理で説明するのは不適切であり，近年は，前段と後段で二重の法定効果を定めた特殊の規定との説明もされている（二重法定効果説）。

（池田真朗）

遺言（いごん）

作成者の最終意思の効力を，その者の死後に生じさせる制度。私的自治の原則を権利能力を喪失した後にも拡大する制度であると説明される。遺言できる事項は，民法，商法，信託法，一般社団・一般財団法所定および法解釈上できるとされている事項（祭祀承継者の指定（民897），特別受益の持ち戻し免除の意思表示（民903Ⅲ），保険金受取人死亡の際の受取人の再指定（商676）であり，祭祀方法の指定等それ以外の事項を記載しても法的効力は生じない。

（中川忠晃）

遺言執行者（いごんしっこうしゃ）

遺言者あるいは遺言で委託された受託者による指定（民1006）や家庭裁判所による選任（民1010）で選ばれ，相続財産の管理その他遺言の執行に必要な一切の行為をする権利義務を有する者（民1012）。遺言執行者に就職するか否かはその者の自由である。遺言執行者は相続人の代理人とみなされる（民1015）。また，遺言執行者の管理・処分権と抵触する限度において，相続人の処分や遺言執行を妨げる行為は制限される（民1013, 1014）。　（中川忠晃）

遺言書の検認（いごんしょのけんにん）

遺言書の現状を確認して証拠を保全するために，遺言者の住所地を管轄する家庭裁判所でなす手続。ただし，あくまでも証拠保全手続に過ぎないので，遺言の効力には無関係であるため，遺言の効力は別途訴訟で争わなければならない。遺言書の保管者あるいは保管者がいない場合に遺言書を発見した相続人は，相続開始後遅滞なくこの手続をとらなければならないが，偽造・変造のおそれがない公正証書遺言の場合は，この手続は不要である。

（中川忠晃）

遺言能力（いごんのうりょく）

自らが作成しようとする遺言の内容を正確に理解し，その効力が生じることによる結果を弁識しうるに足る能力。この能力は15歳に達した者が有するとされ（民961），遺言作成時に備えている必要があるが（民963），この年齢に達していても意思無能力ならば無効である。成年被後見人が遺言をなす場合には，二人以上の医師が立ち会い，遺言作成時に心神喪失の状況になかったことを遺言書に付記し，署名捺印する必要がある（民973）。　（中川忠晃）

遺言の撤回（いごんのてっかい）

遺言者はいつでも遺言の全部または一部を撤回できるが（民1022），この撤回権は，代理人による行使や相続人による承継はできない。撤回の方法には，遺言の方式によるだけでなく（民1022），矛盾する内容の遺言（民1023Ⅰ）あるいは生前処分その他の法律行為（民1023Ⅱ）や遺言者による遺言書または遺贈目的物の破棄（民1024）がある。また，撤回する遺言や矛盾する遺言・生前処分その他の法律行為が取り消されても，それが詐欺や強迫（民96）によるものでない限り復活しない（民1025）。

（中川忠晃）

遺産共有（いさんきょうゆう）

共同相続では，相続財産は，共同相続人全員によって包括的に承継され，遺産分割がなされるまでその「共有」に属する（民898）。この「共有」の意味につき，判例は物権法上の共有と解するが，学説では合有説も有力であり，また，共有か合有かですべての場合を整合的に説明することは困難との指摘もある。そこで，今日では，これを遺産共有という特殊な共有ととらえて，各共同相続人が遺産分割前の相続財産にどのような権利を持つかに関する具体的検討に焦点が当てられるようになってきている。⇒相続財産

（常岡史子）

遺産分割（いさんぶんかつ）

共同相続において，共同相続人らがその共有（遺産共有）に属している遺産を分割して，遺産共有を解消し，個々の相続財産の帰属先を決定すること。共同相続人は，遺言で禁じられた場合を除き，いつでも協議によって遺産分割をすることができる（民907）。協議が調わないか協議できないときは，各共同相続人は家庭裁判所に分割を請求できる。遺産分割がされると相続開始時に遡って効力を生じるが，第三者の権利を害することはできない（民909）。

（常岡史子）

意思自治の原則（いしじちのげんそく）

人間は，自分に関することは自分の意思で決めるべきであるとする原則。この原則によれば，市民間の法律関係においては当事者の合意が尊重されるべきことになり，市民相互の関係に国家が権力的に介入することは嫌われる。したがって，私的自治の原則と同視されることも多いが，両者は異なるとす

4 いしつぶつ

る理解もある。⇒契約自由の原則
(滝沢昌彦)

遺失物拾得（いしつぶつしゅうとく）

占有者の意思に基づかずにその所持を離れた物のうち盗品でない物（遺失物）の占有を取得した者が、遺失物法の定めるところに従って公告をした後、3ヶ月以内にその所有者が判明しないときに、その動産に対する所有権を取得すること（民240）。民法第2編第3章第2節「所有権の取得」が列挙する所有権の取得（原始取得）原因の一つである。なお、遺失物が「家畜以外の動物」である場合には、民法195条の特則がある。
(神田英明)

意思能力（いしのうりょく）

自己の行為の効果を認識し、判断することができる精神能力をいう。契約をはじめとする権利義務の形成においては、私的自治の原則により各人の自由な意思決定が尊重されるが、自由意思に基づく権利の取得や義務の負担を正当化するための前提として要求される。したがって、意思能力がない者の行為は無効と解されている（大判明38.5.11, 民録11輯706頁）。意思能力の有無は、行為の性質・内容により個別具体的に判断される。⇒制限行為能力者
(武川幸嗣)

意思の欠缺（いしのけんけつ）

表示行為に対応する内心的効果意思が欠けている場合をいう。2004年の民法改正前は、民法101条1項にこの語が用いられていたが、改正後は「意思の不存在」という語に置き換えられた。心裡留保（民93）、虚偽表示（民94）、錯誤（民95）がこれにあたる。これと対比して、詐欺または強迫による意思表示を、瑕疵ある意思表示という（民120Ⅱ参照）。意思の欠缺のある法律行為は、一定の要件の下で無効とされている。
(鹿野菜穂子)

異時配当（いじはいとう）

共同抵当において、複数ある抵当不動産が別々の時期に実行される場合の配当。ある不動産の代価のみが配当されるときは、抵当権者は、その代価から債権の全部の弁済を受けることができるが、この場合、次順位の抵当権者は、その弁済を受ける抵当権者が同時配当のときに他の不動産の代価から弁済を受けるべき金額を限度として、その抵当権者に代位して抵当権を行使することができる（民393Ⅱ）。
(田髙寛貴)

意思表示（いしひょうじ）

法律行為とは当事者が意図的に権利や義務を変動（発生・移転など）させる行為なので「権利や義務を変動させる」旨の当事者の意思が表現されており、これを意思表示と呼ぶ。例えば、売買契約という法律行為は、「これを買おう」という買主の意思表示（申込み）と「では売ろう」という売主の意思表示（承諾）とが合致して成立する。ある一定の場合には（民93以下）意思表示が無効とされたり取り消されたりすることがある。なお、法律行為と意思表示とを厳密に区別せずに、全く同じ意味で用いることも多い。⇒法律行為, 効果意思
(滝沢昌彦)

慰謝料請求権（いしゃりょうせいきゅうけん）

被害者が精神的損害（非財産的損害）に対する賠償たる慰謝料を請求する権利（民710）。なお、不法行為の直接の被害者が死亡した場合、遺族たる父母・配偶者・子には固有の慰謝料請求権が生じる（民711）。判例は、この遺族の範囲が拡張し得ること（最判昭

49.12.17，民集28巻10号2040頁)，死亡以外にこれと比肩し得べき場合にも近親者固有の慰謝料請求権が発生すること (最判昭42.6.13，民集21巻6号1447頁) を認めている。 (大塚　直・手塚一郎)

遺贈 (いぞう)

遺言によって無償で財産的利益を他人に与える行為。遺言により利益を受ける者を受遺者といい，胎児も受遺者になれるが，相続欠格者はなれない (民965による民886，891の準用)。また，法人も受遺者になることができる。受遺者はいつでも遺贈を放棄することができ，その効果は遺言者死亡時に遡って効力を生じる (民986)。また，遺言法に定めるもの (民994，996) のほか，公序良俗 (民90) に違反するものは無効である。 (中川忠晃)

委託を受けた保証人 (いたくをうけたほしょうにん)

主たる債務者から保証人になることを依頼された保証契約をした保証人のことである。委託を受けた保証人が，保証債務を履行した場合には，免責額を主たる債務者に求償でき，免責以後の利息を請求できる (民459)。また，事前求償権も認められる。委託を受けた保証人が，主たる債務者から委託を受けるに際して，虚偽の事実を告げられることが多いが，保証契約は債権者・保証人間で締結されるので，第三者による詐欺 (民96Ⅱ) となってしまう。⇒委託を受けない保証人 (平野裕之)

委託を受けない保証人 (いたくをうけないほしょうにん)

主たる債務者の委託を受けずに，保証契約をした保証人である。保証契約は，主たる債務者の委託を受けることは必要ではなく，主たる債務者の意思に反してさえ行うことができる。保証人の主たる債務者への求償権は，主たる債務者の意思に反しない場合には，免責の当時に主たる債務者が受けた利益の限度に限られ (民462Ⅰ)，主たる債務者の意思に反する場合には，主たる債務者が現に利益を受けている限度でのみ求償できるに過ぎない (民462Ⅱ)。⇒委託を受けた保証人 (平野裕之)

一部代位 (いちぶだいい)

債権の一部について代位弁済があったときは，代位者は，その弁済をした価額に応じて，債権者とともにその権利を行使することができる (民502Ⅰ)。例えば，物上保証人の不動産が実行され，債権者が一部の弁済を受けた場合において，物上保証人は，債権者とともに債権者の有する他の抵当権を行使することができる。ただし，その代金の配当については，債権者が優先する (最判昭60.5.23，民集39巻4号940頁)。なお，契約の解除は，債権者のみがすることができる (民502Ⅱ)。⇒法定代位，任意代位，弁済による代位 (野澤正充)

一物一権主義 (いちぶついっけんしゅぎ)

一つの物の上には一つの物権しか成立せず，一つの物権の客体は一つの物でなければならないとする原則。前者は物権の排他性を，物権の客体の側面から言い直したものである。後者はさらに，独立性の原則 (一つの物の一部には独立の物権は存在し得ない) と，単一性の原則 (数個の物の上には一個の物権は存在し得ない) に分かれる。独立性に関しては一筆の土地・建物の一部，単一性に関しては集合物等に対する物権の成立が問題となる。 (七戸克彦)

一部免除 (いちぶめんじょ)

債権者が債務の一部を免除すること。連帯債務者の一人に対する一部免除の

効力をめぐり種々の説がある。判例は、全部免除の場合に比例した割合で他の債務者も債務を免れるとする。例えばABCが平等の割合で90万円の連帯債務を負う場合、Aが18万円の一部免除を受けると、債権者との関係では、Aの債務が72万円、BCの債務が、30万円×18/90＝6万円の範囲で絶対的効力が生じる結果、各84万円となる（負担部分は、A24万円、BC各30万円である）。⇒連帯の免除　　　　　　　　（平林美紀）

一身専属権（いっしんせんぞくけん）
　一身専属権とは、その主体との間に密接な関係があるために、その主体しか享有または行使できない権利をいう。「帰属上の一身専属権」は、その主体のみが享有できる権利であり、相続や譲渡の対象とならない（民896ただし書）。「行使上の一身専属権」は、その主体のみが行使できる権利であり、債権者代位権の客体とならない（民423Ⅰただし書）。親権（民820）や婚姻の取消権（民743）などの身分関係およびその変動そのものを目的とする権利は一身専属権であるが、離婚に伴う財産分与請求権（民768）など身分関係に伴う財産関係の変動を目的とする権利については、一身専属性について争いがある。
（片山直也）

一般先取特権（いっぱんさきどりとっけん）
　債務者の総財産を目的物とする先取特権（民306）。民法の定める被担保債権は、共益の費用、雇用関係、葬式費用、日用品の供給の4種類であり、一般先取特権相互間では、この順序で優先順位が定まる（民329）。債務者の総財産に効力が及び、動産のみならず不動産についても、一般債権者に対して、登記なしに対抗できる（民336）から、一般債権者に不測の損害を与えるおそれがあり、被担保債権額が比較的小さい債権につき認められている。
（下村信江）

稲立毛（いなたちげ）
　田に生成中の稲のこと。成熟した稲立毛は、蜜柑や桑葉などとともに、いわゆる未分離の果実として独立の所有権の対象となりうる。すなわち、本来、物の一部は物権の客体にならないところ（⇒「一物一権主義」）、判例・学説上、土地とは独立した経済的価値があり、独立に取引する慣行が認められ、慣習法上の公示方法である明認方法が施されていることを前提に、独立して物権の対象となることが認められている。
（神田英明）

囲繞地通行権（いにょうち（いじょうち）つうこうけん）
　ある土地が他の土地に囲まれて公道にアクセスできないとき、および池、沼、河川、水路、海または崖などに接していて公道にアクセスできないときは、公道に出るために周りの土地（隣地）を通行することができる（民210）。これを囲繞地通行権という。囲繞されている土地を袋地ということから袋地通行権ともいう。平成16年民法改正により「囲繞地」という言葉は、「その土地を囲んでいる他の土地」と置き換えられた。
（江口幸治）

委任（いにん）
　委任とは、一方当事者（委任者）が、契約を代わりに締結してもらう等の法律行為（民643）、および、会計帳簿の検査等、法律行為でない事務を委託し〔準委任〕（民656）、他方当事者（受任者）がこれを承諾することにより成立する契約である。他人から何らかの労務を提供される点で、雇用・請負と共通するが（役務型契約）、受任者は自己の裁

量で事務を処理し，独立性を有する点で雇用と異なり，また，仕事が完成しなくても有償委任においては報酬を請求できる点で，請負とは異なる。また，民法典の委任は，特別な信頼関係を基礎とし，かつ，無償契約を原則として構成されているところから，信頼関係が損なわれれば，請負の場合に比して広く解除を認めている（民651Ⅰ）。しかし，有償委任の場合にはこの程度の拘束力では不十分であるため，この任意解除権を制限すべきとの主張がなされている。⇒準委任，復委任

（前田美千代）

違法性（いほうせい）

一般的には，法に反する行為や状態のことを意味するが，その内容は各領域で異なる。不法行為においては，違法性を故意・過失という主観的要件とは別の客観的要件として位置付け，結果と行為態様の相関関係で判断するのが伝統的理解である。もっとも，過失の客観化に伴い，違法性を独自の要件としない見解も有力である。これに対して，債務不履行においては，不履行があれば違法性が認められる（ただし違法性阻却事由という形で問題となる）。しかし，今日では，債務不履行の領域で違法性を問題としない立場が多い。⇒不法行為，債務不履行，故意，過失

（池田真朗・白石友行）

違約手付（いやくてつけ）

将来において当事者の一方に債務不履行があった場合に，手付の没収または倍額償還する趣旨に基づいて交付される手付を，違約手付という。これには，手付をもって債務不履行によって生じた損害を填補する「損害賠償額の予定」，すなわち違約金（民420）としての意味が込められている。なお，判例は，違約手付は解約手付と両立しうるものと解しており，当事者が双方の機能を兼ねる趣旨で手付を交付することを認めている。⇒解約手付，証約手付

（武川幸嗣）

違約罰（いやくばつ）

将来において当事者の一方に債務不履行があった場合に，手付の没収または倍額償還することを予定して交付される手付であっても，損害賠償の予定としてではなく，手付の没収または倍額償還を違約そのものに対するペナルティとした上で，これとは別にさらに損害賠償責任が発生することを妨げない趣旨で交付される場合，これを違約罰と呼ぶ。⇒損害賠償額の予定

（武川幸嗣）

入会権（いりあいけん）

一定の地域の住民が，一定の山林原野等において，薪炭用雑木，馬草，あるいは山菜やキノコを共同して採集する権利が集落の慣習によって認められていた。民法は，このような慣習上の権利を入会権（いりあいけん）として認め，「共有の性質を有する入会権」（民263）と「共有の性質を有しない入会権」（民294）の2種類を規定している。前者は入会地をムラ等の入会集団が所有する場合であり，後者は他人の所有地に対する入会権である。⇒共有，総有

（江口幸治）

遺留分（いりゅうぶん）

遺言による財産処分は自由に行いうるが（遺言自由の原則），被相続人の全財産が相続人以外の第三者に贈与されたり遺贈されたりすると，相続人（遺族）は生活に困窮する事態になりかねない。そこで，一定範囲の相続人に，相続財産の一定割合の取り戻し権を認める。このような相続人を遺留分権利者，割合を遺留分という。配偶者，第

一・第二順位の相続人が遺留分権利者だが，第三順位の相続人（兄弟姉妹）は含まれない（民1028）。また，遺留分は第二順位（直系尊属）だけが相続人の場合は算定の基礎となる財産（民1029）の3分の1，それ以外の場合は2分の1である（民1028）。　（本山　敦）

遺留分減殺請求権（いりゅうぶんげんさいせいきゅうけん）

遺留分権利者が侵害された遺留分を取り戻す根拠となる権利（民1031）。条文に「請求」とあるので，遺留分減殺請求権と称されるが，性質は形成権と解されている。遺留分権利者の受遺者・受贈者に対する裁判内外の一方的な意思表示によって取り戻しの効果（物権的効力）を生じ（最判昭41.7.14，民集20巻6号1183頁），受遺者らは原則的に現物を返還しなければならないが，価額弁償の選択もできる（民1041）。権利行使期間は，遺留分権利者が遺留分の侵害を知った時から1年間，相続開始の時から10年間とされる（民1042）。学説は短期を消滅時効，長期を除斥期間と解するが，判例は共に消滅時効と解する。　（本山　敦）

遺留分の放棄（いりゅうぶんのほうき）

相続開始後に遺留分の侵害が明らかとなっても，遺留分権利者は遺留分減殺請求権の不行使により遺留分を事実上放棄することができる。遺留分の放棄とは，相続開始前に遺留分権利者が家庭裁判所の許可を得て遺留分を放棄することを指す（民1043，家審9Ⅰ甲㊴）。相続開始後にのみ可能な相続放棄とは対照的である。家庭裁判所は，遺留分権利者（放棄者）の意思や放棄の事情を考慮して，放棄の可否を判断する。
　（本山　敦）

姻族（いんぞく）

姻族とは婚姻を媒介として一方の血族との間に生じる関係である。したがって，本人から見て姻族に該当するのは，自己の配偶者の血族（例えば，夫または妻の父母・祖父母・兄弟姉妹・子・孫など）および自己の血族の配偶者，例えば，自分の父（母）の妻（夫）や兄弟姉妹の配偶者等である。姻族にも直系・傍系の区別があり，自己の配偶者の直系血族あるいは自己の直系血族の配偶者が直系姻族に当たる（民735参照）。⇒親族　（犬伏由子）

う

請負（うけおい）

一方（請負人）が仕事の完成を約し他方（注文者）がその仕事の結果に対して報酬を与えることを約することで効力を生じる諾成・双務・有償・不要式の契約（民632）。学説上，仕事の結果の実現が義務づけられる点および継続的契約ではない点において雇用・委任と区別され，原則として権利移転義務がないという点または不代替物を目的とする点で売買と区別されるが，請負人が主たる材料を供する場合には売買に近似する。建設請負は請負の主要例。　（黒田尚樹）

請負契約における所有権の帰属（うけおいけいやくにおけるしょゆうけんのきぞく）

もっぱら注文者の土地上に請負人側の供する材料を主として目的物が建設される場合に問題となる。付合の法理から完成目的物は材料所有者である請負人に帰属し注文者に移転する（大判明37.6.22, 民録10輯861頁。ただし特約による注文者帰属を認めたものに大判大5.12.13, 民録22輯2417頁, 注文者への原始的帰属を認めたものに最判昭44.9.12, 判時572号25頁）。一括下請負が行われ下請負人が材料を供した場合において注文者帰属を認める（最判平5.10.19, 民集47巻8号5061頁。注文者と請負人間に注文者帰属の特約があり代金支払をほぼ終えていた事案）。　　　　　　（黒田尚樹）

請負人の担保責任（うけおいにんのたんぽせきにん）

目的物に瑕疵ある場合, 注文者は瑕疵修補請求, それに代えてまたはその修補とともに損害賠償請求できる（民634）。解除は瑕疵により契約目的不到達となる場合に限定される（民635）。建物など土地工作物の解除はできないが（民635ただし書）建替費用相当額の損害賠償請求を妨げるものでない（最判平14.9.24, 判時1801号77頁）。注文者が損害賠償を選択した場合には報酬債権全額につき同時履行の抗弁を主張できる（民634Ⅱ, 最判平9.2.14, 民集51巻2号337頁）。注文者は損害賠償債権を自働債権として報酬債権と相殺できる（最判昭53.9.21, 判時924号54頁）。相殺後の報酬残債務は相殺をした日の翌日から履行遅滞となる（最判平9.7.15, 民集51巻6号2581頁）。住宅新築工事につき「住宅の品質確保の促進等に関する法律」が特例を定める。　（黒田尚樹）

請負報酬請求権（うけおいほうしゅうせいきゅうけん）

注文者は請負人に対し報酬支払債務を負う（民632）。支払時期につき民法は任意規定を有し, 目的物の引渡しと同時・引渡しを要しない場合は労務完了時を弁済期とする（民633）。引渡前の報酬債権の差押え・転付命令は, 契約成立時に債権発生として可能とされる（大判昭5.10.28, 民集9巻1055頁）。請負人不履行により建設請負が解除されたが工事が可分で完成済部分が利益を有するときは未完成部分解除のみが認められる結果（最判昭56.2.17, 判時996号61頁）一部報酬が許容される。

　　　　　　　　　　　　（黒田尚樹）

受取証書（うけとりしょうしょ）

債権者が債務の弁済を受けたことを証明する書面であり, 領収書がこれに当たる。弁済者は, 受領者に対して, 受取証書の交付を請求することができ, 両者は同時履行の関係にある（大判昭16.3.1, 民集20巻163頁）。また, 受取証書の持参人を債権者であると過失なく誤信した者の弁済は有効となる（民480）。ただし, 受取証書は真正のものでなければならず, 偽造の受取証書には民法480条の適用はない（大判明41.1.23, 新聞479号8頁）。⇒弁済

　　　　　　　　　　　　（野澤正充）

受戻権（うけもどしけん）

譲渡担保や仮登記担保のように, 担保権の私的実行が行われる類型の担保権においては, 担保権の実行がされ目的物が担保権者に確定的に帰属させられても, 清算金の支払があるまで, 設定者は被担保債権額と同額を担保権者に支払って, 目的物の所有権を取り戻すことができ, これを受戻権という。担保権の実行によって債権は消滅しているはずであるが, 債権者は目的物の

取得が目的ではないので、設定者保護のために認められているのである。仮登記担保法11条本文は受戻権を明記しており、譲渡担保についても解釈によって受戻権が認められている。仮登記担保法11条ただし書によれば、未だ清算金の支払がされていなくても、第三者が目的物の所有権を取得したり、または、5年が経過した場合には、受戻権が消滅することになっている。

(平野裕之)

氏の取得・変更 (うじのしゅとく・へんこう)

嫡出子は父母の氏を、非嫡出子は母の氏を称する (民790)。氏は、生来取得され、婚姻 (民750)、縁組 (民810) によって新たな氏を称する以外は、原則不変である (氏不変の原則)。氏の変更は、難解・珍奇などやむを得ない事情がある場合に家庭裁判所から氏の変更許可を得た後に届け出て (戸籍107Ⅰ)、または外国人と婚姻している日本人が外国人配偶者の氏に変更する場合に届け出て行う (戸籍107Ⅱ)。⇒夫婦同氏の原則

(本山 敦)

売主の担保責任 (うりぬしのたんぽせきにん)

売主は、売買の目的物に原始的な瑕疵があれば、それについて債務不履行とは異質な責任を負わねばならない。そもそも債務の不履行とは、いったん有効に成立した債務について、その後に生じた事由によって履行が妨げられる場合をいう。そのため、契約締結時にすでに履行を妨げる事由があれば、それは債務不履行の問題ではない。例えば、売買された目的物が売主の所有物でなければ、契約時には売主にとってその所有権を買主に移転することはできない。そこで、法律は売主に債務不履行とは異なる特別な責任を課すことで、当事者の公平を図り、売買の信用を維持することを目指した。これが、売主の担保責任と呼ばれる制度である。契約時にすでに存在する瑕疵を知らなかった善意の買主に対して、売主が無過失で損害賠償の責任を負わねばならない点に、売主の担保責任の特色がある。さらに、買主に契約の解除権や代金減額の権利も認められることがある (民560以下参照)。⇒瑕疵担保責任、債務不履行

(北居 功)

え

永小作権 (えいこさくけん)

耕作または牧畜のために、小作料を支払って、他人の土地を利用する用益物権 (民270)。存続期間は、20年以上50年以下の範囲で定めることができる (民278)。また、小作料については、昭和27年制定の農地法の規定が適用され、小作人の保護が図られている (農地21～24)。今日、小作のほとんどは、賃貸借契約によって行われており、永小作権の設定件数は、農地法の規制もあり、非常に少ない。⇒用益物権

(江口幸治)

縁氏続称（えんしぞくしょう）

養子は，離縁によって，縁組前の氏に復する（民816Ⅰ）。これを離縁復氏の原則という。ただし，縁組の日から7年を経過した後に離縁により復氏した者は，離縁の日から3ヶ月以内に戸籍法の定めるところにより届け出ることによって，離縁の際に称していた氏を称することができる。これを縁氏続称という（民816Ⅱ）。氏の継続使用に対する利益保護を目的とするが，濫用を防ぐために，7年間の縁組を要件としている。⇒氏の取得・変更

（床谷文雄）

お

温泉専用権（おんせんせんようけん）

温泉の泉源を独占的に利用する権利。泉源の汲み上げのみならず，泉源から引湯する権利をも含む場合があり，また，名称に関しても，温泉権，源泉権，湯口権など一定していない。泉源から湧出する温泉水は，民法の原則からすれば土地の構成部分であるが，地盤から独立して取引されることがあり，判例は，明認方法の存在する温泉利用権に関しては，慣習法上の物権としての効力を承認している（大判昭15.9.8，民集19巻1611頁）。⇒慣習法

（七戸克彦）

か

解除（かいじょ）
　契約が締結された後に，その一方の当事者の意思表示によって契約関係を解消し，未履行の債務は履行する必要がないものとし，すでに履行されたものがあるときは相互に返還することにして，法律関係を清算すること。契約の相手方の債務不履行によって生じる法定解除，契約により当事者の一方または双方が解除権を留保する約定解除，契約の当事者が既存の契約を解除するよう合意する合意解除（解除契約）がある。民法は，契約総則の民法540～548条に解除に関する規定を置く。民法541～543条は，法定解除の要件を定め，民法540条，544～548条は，法定解除と約定解除に共通する事項を定める。各典型契約に即しても，売買における売主担保責任に伴う解除（民561～563Ⅱ，565，566Ⅰ，567，568，570）があり，さらに，賃貸借（民610～612），雇用（民626，628），請負（民641），委任（民651），組合（民684）などに重要な特則がある。⇒法定解除権，約定解除権
　　　　　　　　　　　　　（渡辺達徳）

解除権の不可分性（かいじょけんのふかぶんせい）
　解除権者が数人いる場合には解除はその全員から行い，解除の相手方が数人いる場合には解除はその全員に対してのみ行うことができる（民544Ⅰ）。また，解除権が当事者のうちの一人について消滅したときは，他の者についても消滅する（民544Ⅱ）。これを解除権の不可分性という。通常の当事者意思を慮ったものであるが，これは任意規定であって，特約により排除することも可能である。
　　　　　　　　　　　　　（渡辺達徳）

解除条件（かいじょじょうけん）
　その成就により法律行為の効力を消滅させる条件（民127Ⅱ）。「大学を留年したら，すでに贈与した時計を返してもらう」旨の合意における大学の留年という条件がその例である。条件の成否未定の段階で法律行為の効力がすでに生じている点で停止条件と異なる。停止条件と同様に，条件成就前の法律関係に関する諸規定（民128～130）は解除条件にも適用されるが，法律行為の効力がすでに発生している解除条件では，それらの規定が適用される具体例は多くない。
　　　　　　　　　　　　　（高橋智也）

買戻し（かいもどし）
　広義では，売主が一旦買主に売却した物を取り戻すことをいうが，狭義では，民法上の買戻しを指す（民579以下）。いずれも，非典型担保として用いられることが多い。民法上の買戻しは，解除権留保付きの不動産売買である。売主は，売買契約と同時にした買戻しの特約により，買主が支払った代金および契約の費用を返還して，売買の解除をなすことができる（民579前段）。原則として，買主への占有移転がなされるので，別段の意思表示がな

ければ，代金の利息は不動産の果実と相殺されたものとみなされる（民579後段）。近時の判例は，買戻特約付売買契約の形式を採りながら目的不動産の占有の移転を伴わず債権担保目的で締結された契約は，譲渡担保契約であると解して，清算義務を課している。⇒売買の一方の予約，再売買の予約，譲渡担保　　　　　　　　　　　　（片山直也）

解約手付（かいやくてつけ）
　当事者が解除権を留保する趣旨で交付する手付を，解約手付という。その効果として，債務不履行のような解除事由がなくても，手付を交付した当事者が手付を放棄するかまたは，交付を受けた側がその倍額を償還することにより，契約を解除することができる。なお，解約手付に基づく解除が認められるのは，当事者が履行に着手するまでである（民557）。手付は原則としてこの解約手付であると推定される。⇒違約手付，証約手付　　　　（武川幸嗣）

改良行為（かいりょうこうい）
　管理行為の一種。管理行為は保存行為と利用行為・改良行為からなり，処分行為（変更行為を含む）に対立する。権限の定めのない代理人および不在者の財産管理人は，改良行為を含む管理行為全般につき権限を有する（民103, 28）。一方，共有物の改良行為については，各共有者の持分の過半数により決する（民252本文）。なお，占有者は所有者に対して改良行為により支出した費用（有益費）の償還請求権を有する（民196Ⅱ）。　　　　　　（七戸克彦）

隔絶地遺言（かくぜつちいごん）
　隔絶地遺言は，伝染病による交通遮断の場合に利用される伝染病隔離時遺言（民977）と，在船中による陸地との交通遮断の場合に利用される在船時遺言（民978）に分類される。また，伝染病隔離時遺言は，伝染病による隔離の場合以外にも，刑務所収監中・戦闘・暴動・災害などによって一般社会との交通が遮断されている場合にも利用することができる。なお，普通方式遺言が可能になってから6ヶ月間生存するときは失効する（民983）。（中川忠晃）

隔地者に対する意思表示（かくちしゃにたいするいしひょうじ）
　郵便で通信しているときのようにコミュニケーションに時間がかかる場合を，隔地者という。電話で会話しているときは，距離が離れていても，対話者である。隔地者間では意思表示を発信してから相手方に到達するまでに時間がかかるので，意思表示は，いつ効力を生じるのか（発信した時か到達した時か）という問題が生じる。日本の民法では原則として相手方に到達した時に効力を生じるとされているが（民97Ⅰ），例外もある（民526Ⅰ）。
　　　　　　　　　　　　（滝沢昌彦）

確定期限ある債務（かくていきげんあるさいむ）
　履行期が確定している債務。例えば，12月31日までに支払うというように，期限到来の時期が確定している債務である。債務者は，確定期限の到来したときから，遅滞の責任を負う（民412Ⅰ）。ただし，取立債務（債権者が債務者のところに行って受け取る債務）の場合など債務の履行についてまず債権者の協力が必要なときは，期限が過ぎただけでは取立などの協力がなければ遅滞の責任を負わない（通説）。⇒履行期，履行遅滞，取立債務　　　（難波譲治）

確定日付ある証書（かくていひづけあるしょうしょ）
　確定日付とは，それが存する証書は，

その日にあるいはその日までに作成されていたという完全な証拠力が与えられるものである（民施4）。確定日付ある証書は，民法施行法5条に規定されるが，債権譲渡の対抗要件具備のためによく利用されるのは，郵便局の内容証明郵便（郵便認証司の認証による。民施5Ⅰ⑥），公証人の作成する公正証書（民施5Ⅰ①），私署証書への公証人役場での確定日付の付与（民施5Ⅰ②）などである。指定された公証人がコンピュータ上の電磁的記録で確定日付ある証書を作成することもできる（民施5Ⅱ）。⇒債権譲渡の対抗要件，通知・承諾　　　　　　　　　　　（池田真朗）

隠れた瑕疵（かくれたかし）

売主の瑕疵担保責任は，目的物に契約締結前に存在する隠れた瑕疵についての売主の責任をいう（民570）。契約の締結に際して，すでに買主が瑕疵を知っていたなら，瑕疵ある目的物について売買代金を合意できるため，売主と買主の給付に不均衡は存在しないはずである。したがって，契約締結時に買主が知らず，また，通常の注意を払っても知り得なかった隠れた瑕疵についてだけ，売主は瑕疵担保責任を負うものとされている。⇒瑕疵，権利の瑕疵，物の瑕疵，瑕疵担保責任，売主の担保責任　　　　　　　　　　（北居　功）

加工（かこう）

他人の動産に工作を加えて，新たな物（加工物）を作出すること。加工物の所有権は，当事者の特約や契約の趣旨から明らかな場合は別として，材料の所有者に帰属する。ただし，工作によって生じた価格が材料の価格を著しく超えるとき，あるいは，加工者が材料の一部を供した場合でその価格に工作によって生じた価格を加えたものが他人の材料の価格を超えるときは，加工者がその加工物の所有権を取得する（民246）。⇒添付　　　　　（神田英明）

瑕疵（かし）

瑕疵とは本来，物質的な欠陥を意味するため，製造物に通常期待される安全性が欠けることを意味する製造物責任法の「欠陥」（PL法3）や，土地工作物が本来備えている性質・性状を欠いていることを意味する土地工作物の設置・保存の「瑕疵」（民717）とも共通する意味を持つ。しかし，瑕疵担保責任における瑕疵は，安全性の欠如に限られず，また，当事者が特に約束した品質を欠く場合も含む点で，より広い概念である。⇒権利の瑕疵，物の瑕疵，隠れた瑕疵，製造物責任

（北居　功）

瑕疵ある意思表示（かしあるいしひょうじ）

表示行為に対応する内心的効果意思は存在するが，その意思形成過程に他人の違法な行為が作用して，自由な意思決定が妨げられて行われた意思表示をいう。詐欺による意思表示および強迫による意思表示がこれにあたる。内心的効果意思を欠く意思の欠缺（意思の不存在）に対する概念である。意思の欠缺の場合には一定の要件の下で意思表示が無効とされるのに対し，瑕疵ある意思表示は，取消しができるに過ぎない（民96）。　　　（鹿野菜穂子）

瑕疵修補請求権（かししゅうほせいきゅうけん）

完成・引渡後の目的物に瑕疵がある場合には注文者に瑕疵修補請求権が認められる（民634Ⅰ）。請求は相当期間の定めを要する。瑕疵が重要でなく修補に過分費用を要する場合には修補請求できず（民634Ⅰただし書），その法意に照らし修補請求が制限される場合に

は損害賠償請求もできない（最判昭58.1.20, 判時1076号56頁）。瑕疵修補請求権の法的性質は本来的履行請求権の一種である（学説）。⇒請負, 請負人の担保責任
（黒田尚樹）

家事審判（かじしんぱん）

家庭裁判所が行う審判で, 手続は非公開（裁31の3Ⅰ①, 家審9～16・23～25の2, 家審規6）。原則として家事審判官が参与員立会いの下またはその意見を聴き, 職権で事実調査および証拠調べ等をして行う（家審規3・7）。審判事項は, もっぱら審判対象となる甲類と審判・調停両方の対象となる乙類とに分かれる（家審9Ⅰ）。他の法律で特に家庭裁判所の権限に属させた事項についても審判を行うことができる（家審9Ⅱ）。合意に相当する審判, 調停に代わる審判は, 異議申立により効力を失う（家審23～25）。⇒家庭裁判所
（山田美枝子）

瑕疵担保責任（かしたんぽせきにん）

売買の目的物に隠れた瑕疵があった場合, 買主は売主に対して損害賠償または契約の解除を請求できる（民570, 566）。契約締結時に, すでに売買目的物に瑕疵があれば, その部分について契約は原始的に一部不能であるから, 売買契約は一部無効と考えられる。その場合, 売主が売買契約に基づいて負担する引渡債務は, その瑕疵ある目的物自体の引渡しに尽きることとなる。つまり, 売主がその瑕疵ある目的物を引き渡したなら, それで売主は引渡債務を履行したこととなるから, 債務不履行とはならない。あとは買主が代金の支払義務を履行することが残るに過ぎない。しかし, 代金額は瑕疵のない目的物を想定して定められているため, 買主にとって瑕疵のある目的物に瑕疵のない目的物に相当する代金を支払うのは公平に反する。そこで, 法はこの両当事者の給付間の不公平を是正するために, 買主に特別な権利を与えた。これが売主の瑕疵担保責任の制度趣旨と解されている。⇒売主の担保責任, 隠れた瑕疵
（北居　功）

家事調停（かじちょうてい）

家庭裁判所が行う調停で, 手続は非公開（裁31の3Ⅰ①, 家審17～26, 家審規6, 129～143）。家庭事件については, 訴訟提起前に調停申立を要する（調停前置主義）。原則として, 家事審判官または家事調停官と家事調停委員とから成る調停委員会が行うが, 家事審判官単独の調停も行われる。当事者の合意で調停が成立し（家審法23条事件（特殊家事調停事件）では, 合意し調査を経た上で正当と認めるとき, 合意に相当する審判を行う），調停条項は確定判決と同一の効力をもつ。調停不成立の場合, 乙類事件は審判に移行し他は訴訟提起可能となる。⇒家庭裁判所
（山田美枝子）

過失（かしつ）

不法行為の成立要件たる過失は, 一定の状況下での行為義務違反である。多数説が過失の中核を予見可能性ないし予見義務違反とみるのに対し, 判例は, 結果発生の予見可能性があるのにこれを回避するための措置をとらなかったこと（結果回避義務違反）を過失と捉える（大判大5.12.22, 民録22輯2474頁）。行為時を基準時とし, 通常人（合理人）ならば尽くしただろう注意を基準として存否が判断されることから抽象的過失と呼ばれる。⇒結果回避義務
（大塚　直・手塚一郎）

果実（かじつ）

ある物から何らかの収益が生じる場合, 前者を元物, 後者を果実という。

果実は性質上天然果実と法定果実に区分され(民88)、それぞれの帰属に関する規定が置かれている(民89)。もっとも、果実について問題となるのは、元物の所有者とは別の者が果実を収取することができるかという点であるところ、このような果実収取権にとっては、具体的な法律関係ごとの個別規定が重要となる(民189, 265, 297, 371, 601など)。　　　　(一木孝之)

果実収取権(かじつしゅうしゅけん)
　果実の取得は使用収益権能に含まれ、原則としてこの権能を有する物権に基づくことを要するが(民89Ⅰ)、ある物の占有者が、自己に果実収取権を含む本権があるものと信じて事実的支配を行っていた場合、本権を有していなくても、果実の取得が認められる(民189Ⅰ)。したがって、このような善意占有者は本権を有する者に果実を返還しなくてよい。⇒物、不当利得　(武川幸嗣)

過失責任の原則(かしつせきにんのげんそく)
　権利または法律上保護される利益に対する侵害が生じても、加害者に故意または過失がなければ不法行為に基づく損害賠償責任は発生しないとの原則(民709)。自由な経済活動を保障する近代私法の大原則の一つ(他に「私的所有権絶対の原則」「契約自由の原則」)とされるが、賠償責任発生に過失を要しない無過失責任による立法や、過失の立証責任を転換する中間責任の考え方、さらには注意義務の高度化などにより修正が図られている。⇒不法行為、過失、中間責任　　　(大塚　直・手塚一郎)

過失相殺(債務不履行の)(かしつそうさい(さいむふりこうの))
　債務不履行に関して債権者に過失があったときは、裁判所は、それを考慮して、損害賠償の責任およびその額を定める(民418)。これを過失相殺という。損害賠償法においては、自己の行為から生じた損害についてのみ賠償を義務付けられるのが原則であり、不履行や損害の発生・拡大に債権者が関与している場合、責任と賠償額の算定に際し、それを考慮するのは当然である。過失相殺については、不法行為にも規定があり(民722Ⅱ)、文言に相違はあるが、その趣旨は同じであり、こうした相違が実際上の意味を持つわけではない。⇒過失相殺(不法行為の)
　　　　　　　　　(池田真朗・白石友行)

過失相殺(不法行為の)(かしつそうさい(ふほうこういの))
　不法行為に基づいて発生した損害について、被害者の過失が関係している場合にはこれを賠償額の算定にあたって斟酌することによって、賠償額を減額し、損害の公平な分担を図ることができる(民722Ⅱ)。過失相殺における過失とは、不法行為の成立要件の過失とは区別されており、責任能力は前提とされず、被害者に事理弁識能力があることで足りる。過失相殺は過失概念から離れ、損害額を調整する機能を果たすものであるからである。

　　　　　　　　　　　(加藤雅之)

家庭裁判所(かていさいばんしょ)
　主として、家事審判法で定める家庭事件の審判および調停、人事訴訟法で定める人事訴訟第一審の裁判、少年法で定める少年保護事件の審判および未成年者の飲酒、喫煙、労働等に関する成人事件の訴訟第一審の裁判を扱う権限をもつ、地方裁判所と同格の下級裁判所(裁2, 31の3)。審判または裁判を行うときは、通常は裁判官1名の1人制で、特別の場合は3名の合議制で行う(裁31の4)。家庭裁判所調査官は、

審判・調停に必要な調査を行う。⇒家事調停，家事審判　　　　（山田美枝子）

家督相続（かとくそうぞく）

　家産のみならず，祭祀の主宰者たる地位，家名・家督など厳密には財産といえない社会的地位や価値をも含めた家長の地位の相続。明治民法は，「家」制度のもとで，戸主の地位の承継を目的とした単独相続である家督相続を相続制度の中心とした。家督相続は，戸主の死亡に限らず，隠居，国籍喪失，去家，入夫婚姻等戸主の地位の交代に伴って開始した（民旧964）。また，家督相続人は嫡出長男を原則とし，庶出男子と嫡出女子があるときは前者を優先した（民旧970，972）。⇒家制度
　　　　　　　　　　　　　　（常岡史子）

可分物・不可分物（かぶんぶつ・ふかぶんぶつ）

　分割による性質変化や価値減少の有無を基準とした場合に，これらが認められないものを可分物，不可避となるものを不可分物という。金銭や穀物が前者の，自動車や生きた牧畜が後者の代表例として挙げられる。一個の物に複数の権利者が存在する場合に重要な区別であり，例えば共有物分割においては，可分物を前提とする現物分割が原則であるが，不可分物の場合は競売による代価分割（民258）が可能であるほか，価格賠償が認められる。
　　　　　　　　　　　　　　（一木孝之）

仮差押え・仮処分（かりさしおさえ・かりしょぶん）

　仮差押えとは，金銭債権につき強制執行が将来可能であるか不安な場合に，債務者の財産を仮に差押えて確保し執行を保全すること（民保20）。仮処分とは，金銭債権以外の権利に関し現状変更があると権利実現が不安となる場合にする目的物の現状維持処分（係争物に関する仮処分）と，争いがある権利関係について債権者の著しい損害や急迫の危険を避けるため債権者につき仮の地位を定める処分（仮の地位を定める仮処分）との総称である（民保23）。
　　　　　　　　　　　　　　（小川　健）

仮差押え・仮処分（時効中断事由）（かりさしおさえ・かりしょぶん（じこうちゅうだんじゆう））

　何れも将来の執行確保を目的とした保全処分で，原則として対象となる権利につき通常訴訟による訴え（本案の訴）の提起（裁判上の請求）を予定する。すなわち保全命令を受けた債務者は債権者に相当期間内の本案の訴提起を求めることができ，これがない場合は保全命令の取消しを求めうる（民保37）。しかし，保全手続だけで紛争に決着がつき本案手続がなされない場合もあること等から，裁判上の請求とは独立した時効中断理由となっている（民147②）。
　　　　　　　　　　　　　　（小川　健）

仮登記（かりとうき）

　①実体法上の権利変動は生じているが，登記手続上必要な要件が整わない場合，②実体法上の権利変動に関する請求権があるにとどまり，将来において権利変動の発生が予定されている場合において，これらの権利を保全するために行われる登記を，仮登記という（不登105）。仮登記は本登記の準備のための予備登記であり，それ自体に本登記と同様の効力は認められないが，これに基づいて後に本登記がされた場合，その順位は仮登記の順位による（不登106）。これを仮登記の順位保全効といい，この点に仮登記の意義が存する。⇒対抗要件　　　　　　　　（武川幸嗣）

仮登記担保（かりとうきたんぽ）

担保目的で，債務不履行があるときは，債務者または第三者に属する所有権その他の権利を債権者に移転をすることを目的としてされた代物弁済の予約，停止条件付代物弁済契約その他の契約で，その契約による権利について仮登記または仮登録がされている場合，これを仮登記担保という。現在では，仮登記担保法が制定され，担保制度として規制され，清算金，受戻金，実行の手続などの詳細が規定されている。

（平野裕之）

簡易の引渡し（かんいのひきわたし）

動産譲渡においてすでに目的物を譲受人が所持している場合，当事者の意思表示のみによって引渡しを行うことができる。このような観念的な引渡方法を簡易の引渡しという（民182Ⅱ）。この場合，対抗要件の具備のために，譲渡人に目的物を返還した上で，あらためて現実の引渡しを行う必要はなく，譲受人は簡易の引渡しをもって対抗要件を備えたことになる。⇒現実の引渡し，占有改定，指図による占有移転

（武川幸嗣）

監事（かんじ）

一般社団法人では，監事は，任意的機関であるが，理事会設置・会計監査人設置の法人では必要的機関であり，社員総会の決議で選任・解任される（一般法人60Ⅱ，61，63Ⅰ，70Ⅰ）。他方，一般財団法人では監事は必要的機関であり，評議員会の決議で選任・解任される（一般法人170Ⅰ，176Ⅰ，177）。監事は，理事の職務の執行，計算書類・事業報告・附属明細書を監査する（一般法人99，124，197，199）。（山田創一）

慣習法（かんしゅうほう）

慣習は，公序良俗に反しないときには，法律で認められたもの（民217など）および法律に規定がない事項に関するもの（内縁関係の法的効力など）に限り，法律と同一の効力がある（法例2）。これを慣習法という。慣習法は法律を補充するものに過ぎないが，商取引における慣習（商慣習）は，民法に優先する効力を有する（商1Ⅱ）。なお，慣習が，法律行為の解釈の基準とされることもある（民92）。⇒事実たる慣習

（滝沢昌彦）

間接強制（かんせつきょうせい）

強制執行・強制履行の方法の一つで，履行しないときには金銭支払義務が発生することを予告して，債務者に心理的圧迫を加え，債務者自身に債務（義務）を履行させる（民執172）。間接強制の適用範囲は，かつては直接強制・代替執行ができない債務に限定されたが，現在では，不動産および動産の引渡しの直接強制・代替執行ができる債務，扶養義務等に係る金銭債務にも間接強制が認められる（民執173，167の15，167の16）。⇒直接強制，代替執行　（大濱しのぶ）

間接効果説（かんせつこうかせつ）

解除は契約の遡及的消滅をもたらすのでなく，解除によって，未履行の債務については債務者に履行拒絶の抗弁権が生じ，履行済みの債務については当事者に新たな返還義務が生じるとする考え方。折衷説とともに直接効果説に対する。この説によれば，解除権の行使により第三者の権利を害することができないと定める民法545条1項ただし書は，当然のことを確認的に定めたものにすぎないとされる。⇒直接効果説

（渡辺達徳）

監督義務者の責任（かんとくぎむしゃのせきにん）

責任無能力者により不法行為が行わ

れた場合に，その無能力者を監督する法定の義務を負う者（監督義務者）が被害者に対して負担する損害賠償責任（民714Ⅰ）。この責任は監督上の義務違反を根拠とする監督義務者の自己責任であり責任無能力者の代理責任ではない。法定監督義務者としては，①未成年者の親権者・親権代行者・後見人・児童福祉施設の長，②成年被後見人の後見人，③精神障害者の保護者等が挙げられる。⇒中間責任，代理監督者

(大塚　直・手塚一郎)

元本債権（がんぽんさいけん）

　例えば，AがBに100万円貸した場合（金銭消費貸借契約），貸した100万円と同額の金銭の支払を，期限にAがBに請求できる権利を元本債権という。Bは借りた物をそっくりそのまま返すのではなくて，同一種類の物を返す債務を負う。この元本債権を基礎にして，利息の支払を請求できる利息債権が生まれる。元本債権は金銭に限らないが，実際はほとんど金銭である。⇒利息債権

(手塚宣夫)

管理行為（かんりこうい）

　処分行為に対する語で，保存行為，利用行為，改良行為よりなる。保存行為には，財産の現状を維持するための事実的行為（建物の修繕等）と法律的行為（建物の修繕契約，消滅時効の中断等）があり，利用行為には，財産をその性質に従って適切に利用する事実的行為（山野に植林すること等）と法律的行為（金銭を利息付きで貸し付けること等）があり，改良行為には，財産の性質を変えないでその価値を増加させる事実的行為（建物に造作を付けること等）と法律的行為（上の造作設置のための請負契約等）がある。民法は行為能力や権限を定めるについてこの語を用いる（民103）。⇒処分行為

(鎌野邦樹)

管理費用（かんりひよう）

　管理行為に要した費用のこと。このうち保存行為に要した費用を必要費，利用・改良行為に要した費用を有益費という。民法典には，必要費・有益費（民196, 299, 391, 583Ⅱ, 595, 608, 993Ⅱ），事務管理（民702）のほか，工作物の設置・保存の費用負担（民221Ⅱ, 224, 226, 288Ⅱ），共有物の管理費用（民253），質物の管理費用（民357），担保責任における費用償還請求権（民567Ⅱ）等に関する規定がある。

(七戸克彦)

き

期間（きかん）

　ある時点からある時点までの一定の時間的な長さを期間という。「4月1日から10日間」などがその例である。期間の定め方には様々なものがあり得るが，民法は，時間（分・秒も含む）によって期間を定めた場合と日・週・月・年によって定めた場合とを分けて規律している。前者は瞬間から瞬間までが期間となり（起算点につき民139参照），後者は，原則として初日を算入せずに（初日不算入の原則：民140本文）

末日の終了までが期間となる（民141）。また，特に後者については，期間の満了点について細則的な規定が存在する（民142, 143参照）。
(高橋智也)

危急時遺言（ききゅうじいごん）
危急時遺言は，病気などで死が差し迫った状況下で，自筆証書を作成する体力も公証人を呼ぶ余裕もない場合に利用される死亡危急時遺言（民976Ⅰ）と，船舶遭難の場合において，船舶中にあって死亡の危急に迫った場合に利用される難船時遺言（民979Ⅰ）に分類される。なお，前者は20日以内（民976Ⅳ），後者は遅滞なく（民979Ⅲ）家庭裁判所に請求して確認を得なければ効力がなく，普通方式遺言が可能になってから6ヶ月間生存するときは失効する（民983）。
(中川忠晃)

期限（きげん）
法律行為の効力発生・消滅または債務の履行が，将来確実に到来する日時・事実に左右される場合の当該日時・事実を期限という。「〇月〇日から債務の弁済を開始する」あるいは「△月△日まで時計を賃貸する」という契約における「〇月〇日」（始期：民135Ⅰ）あるいは「△月△日」（終期：民135Ⅱ）がその例である。期限到来の日時が確定している確定期限（上の例）と，それが確定していない不確定期限（例えば「次に雨が降るまで」）がある。
(高橋智也)

危険責任（きけんせきにん）
無過失責任を基礎づける理論の一つであり，「危険を支配するものは，絶対的な責任を負う」というものである。報償責任と並んで無過失責任の根拠となる。報償責任と危険責任は相互に矛盾するものではなく，とりわけ企業の無過失責任を導くためには，両者がともに根拠となりうる。⇒使用者責任，報償責任
(加藤雅之)

期限の到来（きげんのとうらい）
法律行為に定められた期限が到来すること。始期付法律行為は期限の到来までその効力を生じず（民135Ⅰ），終期付法律行為は期限の到来によりその効力を消滅する（民135Ⅱ）。法律行為の効力発生・消滅に期限が付されている場合，期限到来前の段階でも，期限到来により利益を得られるという期待が一方当事者に発生する。この期待は条件以上であることから（条件成就は不確定だが，期限は必ず到来する），条件に関する民法128条および129条は期限付法律行為に類推適用されると解されている。
(高橋智也)

期限の利益（きげんのりえき）
期限が到来しないことにより当事者が受ける利益。「4月1日から債務の弁済を開始する」という合意における，4月1日までは弁済をしなくても債務不履行責任を問われないという債務者の利益が典型例である。期限の利益は債務者のために定めたものと推定され（民136Ⅰ），その受益者は，相手方を害しない限り期限の利益を放棄することができる（民136Ⅱ）。また，受益者は，民法137条各号の事実の発生により期限の利益を喪失するが，期限の利益の喪失を生み出す事実を当事者間の契約によって定めることも可能である（銀行取引などにおいて多用され，「期限の利益喪失約款」などと称されている）。
(高橋智也)

期限の利益喪失約款（きげんのりえきそうしつやっかん）
民法137条は期限の利益の法定喪失事由を規定するが，これ以外に，契約の当事者が特約で，一定の事実が生じ

たときは期限の利益が失われると定める場合があり、これを期限の利益喪失約款という。例えばクレジット契約などでは、割賦払債務を負う債務者が1回でも支払を怠った場合とか、他の債権者から強制執行を受けたとき、債務者は期限の利益を失い、残債務全額を直ちに弁済すべきものとする条項が含まれる場合が多い。　　　（草野元己）

危険負担（きけんふたん）

双務契約の成立後、債務の一部または全部が履行できなくなり、しかも、それが債務者の帰責事由によらない場合に、そこから生じた不利益（これを「危険」と呼ぶ）をいずれの当事者に引き受けさせるべきかの問題をいう（民534〜536）。前提として、債務者の帰責事由によらずに障害が生じた債務は、その限りで履行が不要になる（債務が縮減ないし消滅する）。そのため、危険負担は、双務契約上の債務の一方の縮減ないし消滅に対して、他方（反対給付）も縮減ないし消滅するか（債務の存続に関して牽連関係を認めるべきか）の問題としても把握できる。例えば、売買目的物の家屋が地震で全壊し引渡しができなくなった場合には、買主が代金支払義務を負い続けるか、免れるかが問題になる。前者ならば買主が、後者ならば売主が不利益を引き受けることとなり、これを「危険を負担する」という。同時に、この不利益は、契約締結前は売主、契約実現後は買主が引き受けるものゆえ、契約の進行過程においてどの時点で両者間の受渡しがなされるのかという観点からも議論される（危険の移転）。⇒双務契約、債権者主義、債務者主義　　　　　（前田　敦）

既成条件（きせいじょうけん）

条件付法律行為が成立した当時、すでに条件の成否が確定している条件を既成条件という。条件は成否未定の事実に法律行為の効力発生・消滅等を係らせるものであるから、既成条件は厳密な意味での条件ではないと解されている。条件成就が法律行為時に確定している場合、停止条件付法律行為は無条件となり、解除条件付法律行為は無効となる（民131Ⅰ）。これとは逆に、条件不成就が法律行為時に確定している場合、停止条件付法律行為は無効となり、解除条件付法律行為は無条件となる（民131Ⅱ）。　　　（高橋智也）

帰責事由（きせきじゆう）

債務者の故意・過失または信義則上これと同視すべき事由のこと。信義則上これと同視すべき事由として最も重要なものは、履行補助者の故意・過失である。同視すべき事由が含まれる点において、故意・過失よりも広い。民415条は、履行不能についてのみ帰責事由を要求するようにも見えるが、過失責任の原則から、全ての債務不履行について帰責事由が必要であるとされている。もっとも、今日では、契約の拘束力を前提に、債務を履行しなかったことに帰責の根拠を求め、帰責事由と不履行を一体的に評価する見解が有力である。⇒債務不履行、契約責任、故意、過失、履行補助者

（池田真朗・白石友行）

帰属清算型（きぞくせいさんがた）

譲渡担保権の実行方法として、譲渡担保権者が目的物を自分に帰属させ、目的物の価格から債権回収を図り、評価額が被担保債権を超える場合にその差額を清算金として支払う方法を、帰属清算という。譲渡担保権の法的構成について、所有権的構成を採用すると、担保権者はこの実行により確定的に所有権を取得し、担保権的構成では、この実行の意思表示によりはじめて所有

権を取得することになる。⇒処分清算型
（平野裕之）

寄託（きたく）

寄託とは，物の保管を目的とする契約であり，一方当事者（受寄者）が他方当事者（寄託者）のために目的物を保管することを約束して，その物を受け取ることによって成立する契約である（民657）。物の保管という比較的限られた役務を内容とする点で委任と区別される。その物を受け取ることによって成立するため，要物契約であり，また，対価の支払も要件ではないから，原則的には無償であり，よって寄託者は債務を負わない片務契約である。しかし現実には，報酬の支払を伴う有償・双務契約が多く，そのような有償寄託の場合には，要物契約でなく諾成契約であると解することも可能である。なお，商法上の倉庫業者の行う有償寄託が実際に重要な役割を果たしている。⇒消費寄託，受寄者，寄託物返還請求権
（前田美千代）

寄託物返還請求権（きたくぶつへんかんせいきゅうけん）

当事者が，寄託期間を定めない場合はもとより（民663Ⅰ），寄託期間を定めた場合であっても，寄託者は，いつでも寄託契約を解除（告知）して寄託物の返還を請求できる（民662）。他方で，寄託期間を定めた寄託につき，受寄者からは，やむを得ない事情がない限り，解除（告知）して期限前に寄託物を返還することはできない（民663Ⅱ）。寄託期間を定めた有償寄託の場合における，寄託者による期限前返還請求では，受寄者は，解除（告知）までの保管料を請求でき（民665→民648Ⅲ準用），また，期限前返還により被った損害（得べかりし利益）の賠償を請求し得ると解されている。⇒寄託
（前田美千代）

寄附行為（きふこうい）

従前の民法では，財団法人の根本規則を寄附行為と称する一方（民旧39），設立者が財産を拠出して行う財団法人の設立行為も寄附行為と称していた（民旧41，42）。しかし，2008年施行の一般社団法人及び一般財団法人に関する法律では，一般財団法人の根本規則を定款と称する一方（一般法人152），設立者が財産を拠出して行う財団法人の設立行為も，寄附行為という名称を用いていない（一般法人157，158）。
（山田創一）

基本代理権（きほんだいりけん）

民法110条の表見代理の成立要件である。民法110条の表見代理は，本人から与えられた代理権（基本代理権）の範囲を超えて無権代理行為がなされた場合の表見代理である。基本代理権は，本人側の事情（帰責性）を考慮する要件として機能する。ただし，近時の裁判例では，基本代理権の要件を緩やかに解し，「正当な理由」で表見代理の成否を判断する傾向があるとされる。
（鈴木清貴）

求償権（きゅうしょうけん）

自己の出捐によって債務を消滅させた者が，その債務の消滅により利益を受ける者に対して行使しうる請求権。民法上，連帯債務（民442，443），保証債務（民459〜465），使用者責任（民715），土地工作物責任（民717）について明記されるが，不可分債務，物上保証，第三者弁済，事務管理，不当利得，共同不法行為の場面にも認められ，内部関係における公平な分担が実現される。一般には事後的に行使できる（事前求償権につき民460）。
（平林美紀）

給付義務（きゅうふぎむ）

債務者が債権者に対して負う一定の行為をなすべき義務のこと。債権の本質を特定人が特定をして一定の行為をなさしめる権利であると理解するならば、給付義務は、債権の対概念である債務と等しいことになる。もっとも、今日では、債務の履行によって実現されるべき状態（給付結果）を実現する義務として給付義務を捉える見解や、更に進んで、給付義務という概念それ自体に意味を認めない立場が有力となっている。⇒債権，付随義務，保護義務
（池田真朗・白石友行）

共益費用（きょうえきひよう）

同一の債務者に対する、各債権者の共同の利益のために支出された費用。債務者の財産の保存費用（例えば、民423の債権者代位権あるいは民424の詐害行為取消権の行使のための費用等）、清算費用および配当費用がある。このような費用を支出した債権者には、公平の観念に基づいて、一般の先取特権が認められる（民306①，307）。ただし、その費用によって利益を受けない債権者に対しては、先取特権を主張することができない（民307Ⅱ）。（下村信江）

協議離婚（きょうぎりこん）

夫婦の協議による離婚（民763）。夫婦の合意（自由な離婚意思の合致）と戸籍法が定める届出により、離婚原因にかかわらず有効に成立。未成年の子の親権者を定めないと離婚届は受理されない。必ず裁判所が関与する欧米の離婚手続に比べ、離婚意思・離婚条件（養育費や財産分与等）の確保の観点から問題が指摘される。戸籍実務における離婚届不受理申出制度により一方の離婚意思を無視した離婚届の受理を阻止している。合意された離婚条件は公正証書にしないと執行力がない。⇒離婚，不受理申出制度（山田美枝子）

強行規定（きょうこうきてい）

法律の規定には、当事者がそれと異なる合意をすればその合意が優先し、その適用が排除される規定（任意規定）と、その規定に違反する合意が無効である規定（強行規定）とがある。例えば、従物は主物の処分に従うという民法87条2項は任意規定であり、配偶者がいる者は重ねて結婚をすることができないという民法732条は強行規定である。強行規定違反の合意が無効であることの法的根拠は民法91条の反対解釈に求められてきたが、最近では民法90条に求める見解も有力である。
（後藤巻則）

（強制）競売（（きょうせい）けいばい）

物権を執行対象財産とした金銭債権の満足を目的とする執行の方法には、執行対象物を強制的に売却してその交換価値である売得金により執行債権の満足を得る「強制競売」と、執行対象物から生ずる天然果実や法定果実（賃料等）等の収益すなわちその使用価値により執行債権の満足を得る「強制管理」とがある。不動産を対象とする執行についてはこの両者の方法を用いうる（民執43）が、船舶（民執112）や動産（民執129等）を差押対象とする場合は強制競売のみが可能となる。
（小川　健）

強制執行（きょうせいしっこう）

私法上の請求権を強制的に実現する行為または手続。請求権の強制的実現は現在は国家が行う。請求権の存在を証する書面のうち法（民執22）に列記された「債務名義」に基づいてのみ強制執行はなされる。実現される請求権の種類により金銭債権の執行（民執43以下）とそれ以外の請求権の執行（民

執168以下）が区別され，前者はさらに，執行対象財産の別により，不動産執行，船舶執行，動産執行，債権その他の財産権に対する執行に分けて規定されている。⇒強制履行　　　　　（小川　健）

強制認知（きょうせいにんち）
　裁判による認知のこと。子，その直系卑属またはこれらの者の法定代理人は，父（父死亡後は検察官）を被告として（人訴41），家庭裁判所に（人訴4），認知の訴えをすることができる。ただし，父の死亡の日から3年以内に限る（民787）。判例は，認知の訴えは，形成の訴えであるとする（最判昭29.4.30，民集8巻4号861頁）。親子関係の証明方法として，人類学的鑑定，血液鑑定に加え，近時DNA鑑定の利用が問題となっている。⇒認知　　　　（床谷文雄）

強制履行（きょうせいりこう）
　多義的であるが，普通は，債権の効力の一つで，債務が履行されない場合に，国家機関により本来の債権の内容を強制的に実現することをいう。類似の手続法上の概念として，強制執行がある。これは債権を含む私法上の請求権を強制的に実現する手続をいい，民事執行法に定めがある（民執22以下）。強制執行・強制履行の方法としては直接強制・代替執行・間接強制があり，民法414条の「強制履行」は直接強制の意味と解するのが通説である。
　　　　　　　　　　　　　（大濱しのぶ）

供託（きょうたく）
　債権の消滅原因としての供託とは，弁済することができる者（弁済者）が目的物を供託所に寄託して債務を消滅させる制度である（民494）。弁済の受領拒絶のように，債権者が弁済に協力しない場合，債務者は供託によって債権を消滅させることで不安で不利な状態を解消できるのであり，これが供託制度の趣旨である。供託の法的性質については，供託者と国家機関である供託所との間に締結される第三者のための寄託契約，つまり私法的関係であると考えるのが一般的である。弁済供託の他に執行法上の執行供託がある。
　　　　　　　　　　　　（山田八千子）

供託原因（きょうたくげんいん）
　供託の要件としては，①債権の目的物が供託可能であること，②供託原因があること，ならびに③供託内容が債務の本旨に従っていることが必要であるが，②の供託原因として，「債権者の受領拒絶」「債権者の受領不能」ならびに「弁済者の過失なき債権者の確知不能」が挙げられる（民494）。判例によれば，債権者が予め受領を拒絶しても，債務者は口頭の提供をした後に供託すべきであるとされる。また債権者の受領不能については，債権者に帰責事由がある必要はない。
　　　　　　　　　　　　（山田八千子）

供託物引渡請求権（きょうたくぶつひきわたしせいきゅうけん）
　供託がなされた結果，債権者は供託所に対し供託物の引渡請求権を取得する（参照供託法8）。ただし，供託を第三者のためにする契約と解する通説的立場でも，債権者が民法537条2項の受益の表示をすることは必要ではないとされる。なお，債権者が債務者に対し引換給付義務を負う場合には，債権者は自己の反対給付をしなければ供託物を受け取ることはできない（民498）。債務者の同時履行の抗弁権を実質的に保障するためである。　（山田八千子）

共同遺言の禁止（きょうどういごんのきんし）
　共同遺言とは，二人以上の者が同一

の証書でなす遺言のことであるが，各遺言者の遺言内容および撤回の自由を侵すだけでなく，一部に無効原因があった場合の法的処理が複雑になるために禁止されている（民975）。ただし，遺言の内容に相互関連性が無く，かつ，当事者間にその点についての合意が欠けるため，物理的・内容的に分離可能であり，かつ，それぞれが遺言の方式を備えている場合には，別個独立の遺言が成立していると解される。

（中川忠晃）

共同抵当（きょうどうていとう）

同一の債権を担保するために複数の不動産の上に抵当権が設定されること。共同抵当における各抵当不動産は，いずれも被担保債権の全額を担保するものとなる。共同抵当は，複数の不動産の価値を集約して被担保債権に見合った目的物を作り出したり，ある不動産につき価値が低下しても他の不動産から弁済を受けられる等の点において意義を有し，実際に広く用いられている。

（田髙寛貴）

共同根抵当（きょうどうねていとう）

複数の不動産に共通の根抵当権を設定する場合が，共同根抵当である。設定と同時に同一の債権の担保として数個の不動産に根抵当権が設定されたことを登記する場合に限り，共同抵当についての民法392条の割付主義が適用される（民398の13）。逆にいうと，上記のような特約をし，かつ，設定と同時に登記をしておかないと，根抵当権を共同抵当とした場合には，次述の累積共同根抵当と扱われるのである。

（平野裕之）

共同不法行為（きょうどうふほうこうい）

数人が共同の不法行為によって他人に損害を加えた場合には，各行為者は連帯して責任を負う（民719）。共同不法行為に関する規定は，一般不法行為に比べて，因果関係の成立を緩和する機能を果たす。共同不法行為が成立するには，加害者間に客観的関連共同性があることが必要とされ，各行為者の行為と損害の間に個別に因果関係の存在は必要ではない。共同不法行為の効果としての加害者の連帯責任であるが，この責任は不真正連帯債務であるとされている。⇒連帯債務，不真正連帯債務

（加藤雅之）

共同保証（きょうどうほしょう）

同一の債務について，複数の者が行う保証のことである。原則として保証債務は保証人の数に応じて分割債務になる（⇒分別の利益）。分別の利益が認められない場合に，保証人の1人が，自己の負担割合を超えて保証債務を履行した場合には，超えた額を他の保証人に求償することができる（民465）。保証債務の間に連帯債務の関係がある場合には（保証連帯），連帯債務の規定により，保証人の一つについて生じた事由が，他の保証人に効力を及ぼすことになる。共同保証人間では，弁済者代位は規定されず（民501後段参照），頭数に応じた固有の求償権が認められている（民465）。

（平野裕之）

強迫（きょうはく）

他人に害悪を示して畏怖させ，それによって意思表示をさせる違法な行為をいう。畏怖させる点とそれによって意思表示をさせる点の両方に故意（二重の故意）が必要と解されている。強迫によってなした意思表示は，取り消すことができ（民96Ⅰ），取り消された意思表示は初めから無効であったものとみなされる（民121）。詐欺の場合と異なり，強迫に基づく取消しの効果は，

共有 (きょうゆう)

共同所有の3類型（共有・合有・総有）の一つ（狭義の共有）。あるいは、それら共同所有の総称（広義の共有）。民法典は、すべての共同所有につき共有の用語を用いる。一方、狭義の共有とは、民法第2編（物権）第3章（所有権）第3節（共有）で規律される共同所有を指す。同節で規定されている共有は、団体的拘束が薄弱で個人主義的色彩が強く、各共有者の持分の存在を前提に、持分譲渡の自由と共有物分割請求権が認められている。 (七戸克彦)

共有物 (きょうゆうぶつ)

共有ないし共同所有の客体たる不動産または動産のこと。狭義の共有者は、共有物の全部について持分に応じた使用をする権利を有する。これに対して、共有物の処分は、共有者全員で行わなければならない。一方、共有物の管理は、変更行為については共有者全員、保存行為については単独、それ以外の管理行為については各共有者の持分の価格に従い過半数で決する。なお、各共有者は、共有物分割により共有関係を解消する自由を有する。 (七戸克彦)

共有物の管理 (きょうゆうぶつのかんり)

狭義の共有では、共有物の①処分行為に関しては共有者全員で行う必要があるが（変更行為につき民251）、②保存行為（民103①）以外の管理行為（利用行為・改良行為。民103②）については、各共有者の持分の価格に従い過半数で決し（民252本文）、③保存行為については、各共有者が単独で行うことができる（民252ただし書）。しかし、具体的にどの行為が①・②・③に当たるかにつき、判例・学説の理解は一様ではない。 (七戸克彦)

共有物の使用 (きょうゆうぶつのしよう)

狭義の共有に関して、各共有者は、共有物の全部について、その持分に応じた使用（収益も含む）をすることができる（民249）。例えば、ABCが各3分の1の持分割合で共有する別荘につき、Aは1月あるいは1年の3分の1の割合で別荘の全部を使用する権利を有する（別荘の部屋の3分の1ではない）。一方、他の共有者がこの使用権を侵害しても、この者にもまた共有物の全部の使用権があるため、物権的返還請求権を行使することはできない。 (七戸克彦)

共有物の分割 (きょうゆうぶつのぶんかつ)

共有の目的物あるいはその価格を各共有者に分配して、共有関係を解消すること。狭義の共有においては、各共有者はいつでも共有物の分割を請求でき、不分割契約も5年を超えることができない（民256）。分割は、まず協議分割を試み、協議の調わないとき裁判分割が行われる（民258Ⅰ）。裁判分割の方法につき、民法典は、現物分割と代金分割の二つしか規定していないが（民258Ⅱ）、判例は、価格賠償の方法も認めている。 (七戸克彦)

共有物の変更 (きょうゆうぶつのへんこう)

変更行為とは、処分行為の一種であって、管理行為の域を越えて目的物の現状や性質を改変する行為をいい、事実行為と法律行為の両者を含む。狭義の共有の目的物に関して、管理行為が共有者の持分の過半数（保存行為については各共有者の単独）で行うことが

できるのに対して，処分行為は共有者全員で行わなければならず，民法は，特にその中でも変更行為に関して，他の共有者の同意を要する旨の条文を設置している（民251）。　　　（七戸克彦）

許可主義（きょかしゅぎ）

許可主義とは，法人の設立を許可するか否かを主務官庁の自由裁量に委ねる主義をいう。公益法人が，従来これに属していたが（民旧34），2008年施行の公益社団法人及び公益財団法人の認定等に関する法律で，準則主義により設立された一般社団法人・一般財団法人が，行政庁による公益認定を受けて公益法人とされることになり，許可主義に属さないこととなった。特別法上の医療法人・学校法人等も，許可主義は採られていない。　　　（山田創一）

虚偽表示（きょぎひょうじ）

相手方と通じて真意でないことを知りながらする意思表示をいう。例えば，Aが，債権者の差押えを免れるために，Bと通謀して，自己の財産をBに売却したように仮装する場合である。意思の欠缺（不存在）の一場合であり，しかも，心裡留保と異なり，相手方の保護を問題とする必要がないから，虚偽表示は無効である（民94Ⅰ）。しかし，取引安全のため，この無効は，善意の第三者に対抗できないとされている（民94Ⅱ）。⇒類推適用　　（鹿野菜穂子）

極度額（きょくどがく）

根抵当権によって担保される債権の限度額のことを，極度額という。例えば，極度額を5,000万円とした場合，根抵当権の確定時に被担保債権が6,000万円あっても，抵当権によって担保されるのは5,000万円を限度とすることになる。民法は，元本のみを極度額に限界づけ，利息や遅延損害金は限界づけられないという元本極度額ではなく，利息など一切の債権を含めて制限する債権極度額によっている（民398条の3）。　　　（平野裕之）

寄与分（きよぶん）

被相続人の財産の維持や増加について特別の寄与をした相続人があるときは，共同相続人の協議によってその者の寄与分を定め，相続開始の時における被相続人の財産の価格から寄与分を控除したものを相続財産とみなす（民904の2）。寄与相続人は，この相続財産をもとに法定相続分ないし指定相続分に従って算定した相続分に寄与分を加えた額を取得する。寄与分について共同相続人の協議が調わないときや協議できないときは，家庭裁判所がこれを定める。⇒相続分　　　（常岡史子）

緊急事務管理（きんきゅうじむかんり）

事務管理者は，本人の意思に従い，あるいはそれに最も適合するよう，善管注意義務をもって事務管理をする義務があり（民697），その違反は債務不履行として損害賠償責任を発生させるが，本人の身体，名誉，財産に対する急迫の危害を避けるために事務管理をするとき，すなわち緊急事務管理の場合は，管理者に悪意または重過失がない限り，損害賠償責任を負わない（民698）。⇒事務管理　　　（花本広志）

緊急避難（きんきゅうひなん）

不法行為の成立を否定する事由の一つ。他人の物から生じた急迫の危難を避けるため，その物を損傷した場合には，不法行為責任は成立しない（民720Ⅱ）。刑法における緊急避難と異なり，他人の物より生じた急迫の危難について，その物以外の物を毀損した場合には，緊急避難は成立せず，不法行為責任を負うこととなる。　　　（加藤雅之）

近親婚（きんしんこん） （三宅篤子）

近親者間の婚姻。民法は，優生学上，社会倫理上の配慮から，一定の親族間の婚姻を禁止している。直系血族間または三親等内の傍系血族間では，婚姻をすることができない（民734Ⅰ）（もっとも養子と養方の傍系血族との間では婚姻が許される。民734Ⅰただし書参照）。直系姻族間（民735），養子もしくはその配偶者または養子の直系卑属もしくはその配偶者と養親またはその直系尊属との間（民736），特別養子と実方の父母やその血族との間は（民734Ⅱ），姻族関係や親族関係が終了した後も，近親婚の制限が存続する。⇒婚姻障害，親族

金銭賠償の原則（きんせんばいしょうのげんそく）

損害賠償の方法として，損害を金銭に評価してその金銭を支払わせるという原則。民法はこの原則を採用している（民417, 722）。その他の賠償の方法としては，実際にもとの状態に戻すことを求める，原状回復という方法もあり，民法も例外的に名誉毀損の場合には謝罪広告などの原状回復を認めており（民723），鉱業法（111②）も原状回復を認めている。 （難波譲治）

く

クーリングオフ（くーりんぐおふ）

一定の取引に関して，申込者に対して付与される当該申込みの撤回権または契約の解除権。訪問販売・電話勧誘販売・特定継続的役務提供については8日間，連鎖販売取引・業務提供誘引販売取引については20日間の期間制限がある。クーリングオフの意思表示は相手方に対して書面で発信した時に無条件でその効力が生じ，また，事業者は，クーリングオフに伴う損害賠償等の請求をすることができない。⇒特定商取引法 （西原慎治）

区分所有権（くぶんしょゆうけん）

区分所有建物における専有部分（一棟の建物について，構造上区分され，かつ，独立して住居・店舗・事務所・倉庫その他建物としての用途に供することができる数個の部分）を目的とする所有権（区分所有2Ⅰ）。マンション（二以上の区分所有者が存する建物で人の居住の用に供する専有部分のあるものをいう。マンションの建替えの円滑化等に関する法律（平成14年法律78号）2①）の各戸についての所有権がその典型例。 （七戸克彦）

組合（くみあい）

組合とは，数人の当事者が，金銭その他の財産あるいは労務などを出資して，共同事業を営むことを約束することによって成立する契約である（民667Ⅰ・Ⅱ）。「組織」を形成して共通の利益を実現するタイプの契約類型であり，人の集合という側面で，より団体性の強い社団法人と連続性があり，また，財産の所有という側面で，物権法の共有との関係が問題となる。マンション

など建物区分所有者間の管理組合や，生活協同組合，建設会社の共同企業体（ジョイントベンチャー），投資のためのスキームあるいはマンション建替えのためのスキームとして，組合が利用されており，各種の特別法の下で規律されている。⇒組合契約　　　（前田美千代）

組合員の持分処分（くみあいいんのもちぶんしょぶん）

　組合財産に対する組合員の権利に関し，民法上の組合財産は，団体的な拘束を有する合有であり，各組合員は持分の処分ができない（民676Ⅰ）。その結果，組合員の個人債権者は，組合財産を引当てにできず，組合員の組合財産上の持分を差押さえることもできない。この意味では，組合財産は，その構成員たる各組合員の個人財産から独立しているといえるが，逆に，組合に対する債権者は，組合財産のみならず，並存的に，損失分担の割合に応じて，構成員たる各組合員の個人財産を引当てにできる。⇒合有，組合財産

（前田美千代）

組合契約（くみあいけいやく）

　組合契約とは，組合という団体を成立させる契約であり，一つの典型契約として，契約各論に置かれている。民法は，人の団体について，組合の他に，法人についての規定を有する（民33以下）。なかでも，人の団体である社団法人と組合との区別が問題となり，社団法人が合同行為により設立される法人格を有する団体である一方で，組合は契約によって成立し，法人格を有さず，構成員を離れて組合自体が独立して権利主体となることのない団体であると説明される。しかし，法人格の有無は，合同行為か契約かによって決まるのではなく，人の集合という点で共通する，社団法人と組合との連続性を考慮して，団体の実体に応じて柔軟に解釈されるべきである。すなわち，組合のうち，代表者の定めなどの一定の特色を備えたものを社団と呼び，また，社団と呼ぶべき団体でありながら法人格のない「権利能力のない社団」が存在する。⇒組合，法人，社団法人

（前田美千代）

組合財産（くみあいざいさん）

　組合財産とは，組合員の出資から成る，組合の財産のことである。組合がその目的を達成するために必要なものとして，各組合員に合有的に帰属し，団体的な拘束を有する。組合の債権債務につき，まず組合の債権（組合債権）については，組合の債務者は，組合からの請求に対して，組合員に対して有する債権と相殺できず（民677），このように，組合の債権は各組合員の分割債権となるわけではない点で，団体的な拘束が見出される。次に組合の債務（組合債務）についても，各組合員の分割債務となるわけではなく，組合に対する全額請求も，組合員の個人財産に対する割合額請求も並存的に可能であり，こうして，組合員は割合に応じて無限責任を負う（民675）。なお，2005年に制定された有限責任事業組合契約法で，民法上の組合と同じ団体でも，一定の要件を満たせば構成員が有限責任しか負わないものが認められた。⇒合有，組合員の持分処分　　（前田美千代）

クリーン・ハンズ（clean hands）**の原則**（くりーん・はんずのげんそく）

　「法の助力を求める者は自らの手を汚していてはならない」とする原則。すなわち，一方では，法を犯しておきながら，他方で，そのことを原因として法律上の救済を求めることは許されないということである。信義則の派生原則の一つ。「クリーン・ハンズ」と

いう言い方は，英米法に由来するものであり，不法原因給付の返還請求権を排除する民法708条本文は，系譜的には異なるのだが，同様の発想に立つものだとされる。⇒不法原因給付

(花本広志)

クレジット契約（くれじっとけいやく）

信用（クレジット）とは，金銭の支払を猶予することをいう。クレジット契約は後日支払う契約で多種類あるが，当事者は企業と個人消費者である。クレジットカードは，カード契約上その保有者に信用が与えられているので，カードを使ってショッピングしたりキャッシングしたりすると，翌月やボーナス月に支払ったり，何回か分割で支払ったりできる。カードがなければ，その都度個別にクレジット契約を結ぶことになる。

(手塚宣夫)

け

形成権（けいせいけん）

例えば，解除権を行使すれば，契約を清算するべき原状回復義務がお互いに生じる（民545Ⅰ）。このように，一方的な意思表示によって法律関係を形成することができる権利を形成権という。また，一方的に法律関係を形成する法律行為を単独行為というが，単独行為の多くは形成権の行使である。なお，借地借家法の地代等増減額請求権などは，その権利を行使すれば（増額または減額の）効果が生じると解釈されているので，請求権と呼ばれているが，これも形成権なのである。⇒単独行為

(滝沢昌彦)

契約（けいやく）

複数の当事者間における相互に対立する意思表示の合致によって成立する法律行為。一個の意思表示のみによって成り立つ単独行為や複数の意思表示が同一方向に向けられる合同行為に対立する概念。申込みに対する承諾によって成立するのが原則であるが，例外的に，交叉申込みや意思実現による場合もある。契約は，資本主義社会における富の流通手段として中心的な役割を果たしている。契約から生じる債権債務関係は，契約自由の原則の下で広い多様性を持つとともに，典型契約・非典型契約，有償契約・無償契約，双務契約・片務契約，諾成契約・要物契約などの分類がなされている。

(笠井　修)

契約自由の原則（けいやくじゆうのげんそく）

人間は，自由に契約をすることができるとする原則。所有権絶対の原則，過失責任主義とともに，近代的な民法の大原則とされる。かつては契約には様々な規制がされていたが，取引社会が進展するにつれて契約自由が強調されるようになった。さらに細かく，①締結の自由（契約を締結する・しないの自由），②相手方選択の自由，③内容決定の自由，④方式の自由（公正証書などの方式を必要としない）に分けられ

ることもある。もっとも、そうは言っても多少の規制は残っていることにも注意を要する（民446Ⅱなど）。⇒意思自治の原則，私的自治の原則　　（滝沢昌彦）

契約譲渡（けいやくじょうと）

契約上の地位の移転を、フランスでは契約譲渡（cession de contrat）といい、また、ドイツでは契約引受（Vertragsübernahme）という。いずれも、①法律に基づく契約譲渡と②合意に基づく契約譲渡の二つの類型が認められる。①では、目的物の譲渡に伴う契約関係の移転が規定され（民605）、相手方の承諾は要件とならない。しかし、②では、賃借人の地位（賃借権）の譲渡（民612）におけるように、相手方の承諾が要件とされている。⇒債権譲渡，債務引受，契約上の地位の移転，賃貸人の地位の移転　　　　　　（野澤正充）

契約上の地位の移転（けいやくじょうのちいのいてん）

契約当事者の地位を第三者に移転する制度であり、民法に規定はないが、契約自由の原則に基づいて認められる。個別の債権譲渡・債務引受では認められない解除権等の形成権の移転が認められるのみならず、当事者の一方が交代しても、従前の契約関係が維持されるため、継続的契約の安定性をもたらすこととなる。要件は、譲渡人と譲受人の合意と相手方の承諾であるが、賃貸人の地位の移転では、賃借人の承諾は不要である。⇒契約譲渡，債権譲渡，債務引受，賃貸人の地位の移転
（野澤正充）

契約責任（けいやくせきにん）

一般的には、契約あるいは契約関係から生ずる債務や義務の不履行に基づく損害賠償責任のことを指す。契約責任の中には、概念上、契約以外を発生原因とする債務の不履行に基づく損害賠償責任は含まれず、この点において、契約責任は、債務不履行責任よりも狭い概念である。今日では、契約と契約違反を理由とする損害賠償責任の関連性を強調するために、債務不履行責任ではなく、契約責任という表現が用いられることがある。⇒債務不履行，損害賠償請求権　　（池田真朗・白石友行）

契約締結上の過失（けいやくていけつじょうのかしつ）

契約の準備段階において、一方当事者の過失によって、相手方に損害を与えた場合にその損害を賠償する責任が、「契約締結上の過失」責任である。これには、①契約が不成立または無効な場合、②契約が準備段階に留まり締結されなかった場合、③契約が有効に成立した場合の三つの類型がある。伝統的な理論では①のみを指していたが、近時は、この三つを認めるのが一般である。判例においても、②の場合につき、「契約類似の信頼関係に基づく信義則上の責任として、相手方が該契約が有効に成立するものと信じたことによって蒙った損害（いわゆる信頼利益）の損害賠償を認めるのが相当」とした原審を認めたものがある（最判昭59.9.18，判時1137号18頁）。

この責任は、契約当事者が負う、無効な契約を締結することによって相手方に損害を発生させないようにする信義則上の義務に基づくとみる見解が多い。しかし、さらにその位置づけについては、不法行為責任とみる説、契約責任とみる説、両者の中間的な独自の責任とみる説などが対立しており帰一していない。⇒不法行為，債務不履行
（難波譲治）

契約の成立時期 (けいやくのせいりつじき)

例えば、「これを買わないか」という契約の申込みに対して、「では買おう」という承諾の意思表示を2月1日に投函して2月3日に相手方の郵便受けに入った場合には、承諾を発信（投函）した時（2月1日）に契約が成立する（民526Ⅰ）。しかし、これでは郵便の事故などにより相手方に到達しなかった場合でも契約が成立することになるので、立法論としては批判も多い。なお、申込みの際に「1週間以内に返事が欲しい」などと承諾期間を定めた場合には期間内に到達しなければならず（民521Ⅱ）、また、消費者がインターネットなどで取引をする場合も例外とされる（電子消費者契約法4）。⇒到達主義，発信主義　　　　　（滝沢昌彦）

結果回避義務 (けっかかいひぎむ)

発生が予見される（または予見可能な）結果を回避すべき義務。判例はこれを不法行為における過失の中核とみる。戦前の判例は、被告が事業の性質に従った相当程度の被害防止措置を採れば結果回避義務は尽くされるとした（大判大5.12.22, 民録22輯2474頁）が、戦後の下級審判決は、要求される防止措置に被告企業の操業停止まで含めるなど（新潟地判昭46.9.29, 判時642号96頁等）回避可能性の判断基準を厳しくしている。⇒不法行為，過失

（大塚　直・手塚一郎）

結果債務 (けっかさいむ)

結果債務とは、特定物の引渡しや建物の建築のように、一定の結果の実現を目的とする債務である。結果の実現にあたっての過程が重要な「手段債務」と区別される。フランス民法に由来する分類である。結果債務の場合、その結果が生じなければいくら履行を試みたとしても債務不履行となるので、債務不履行の成立判断について区別の実益がある。⇒手段債務　　（池田真朗）

血族 (けつぞく)

血族とは、血統（血のつながり）を前提として用いられる言葉ではあるが、法的には自然血縁関係のみによって生じる関係ではない。血族は法的親子関係（実親子関係および養親子関係）の存在によってつながっていく関係である。したがって、血族には、自然血族と法定血族があり、前者は、血縁に基礎をおく実親子関係により結びついた者であり、後者は養子縁組に基づく養親子関係により結びついた者であり（民727）、法律によって血縁を擬制したものと考えられる。⇒親族　　（犬伏由子）

権原 (けんげん)

物の利用ないし支配によって得られる実質的利益の帰属を正当化する権利である本権（物の事実上の支配が実力によって害されないようにひとまず保護する仮の権利としての占有権に対する）のうち、物の占有を正当化する権利のこと。権原は、所有権、地上権、地役権、質権などの物権に限られず、債権の場合もある。例えば、所有者に対して物の使用・収益を請求する債権である使用借権、賃借権などは債権的な権原である。

（松尾　弘）

検索の抗弁権 (けんさくのこうべんけん)

保証人は、債権者から保証債務の履行を求められた場合には、原則として、まず主債務者に弁済の資力があり、かつ、執行が容易であることを証明して、まず主債務者の財産に強制執行を行えといって履行を拒絶でき（民453）、この抗弁権を検索の抗弁権という。主債務者に債務全額の弁済に十分な財産が

ある必要はなく，主債務者から回収しえなかった残余額ついてだけ保証人は責任を負えばよいということである。催告または検索の抗弁権を保証人が行使したのに，債権者が催告又は執行を怠り，そのために弁済を受けられなくなった場合には，その限度で保証人は責任を免れる（民455条）。なお，連帯保証では催告の抗弁権は認められない（民454）。⇒催告の抗弁権　　　（平野裕之）

原始取得（げんししゅとく）

所有権の取得形態のうち，前主の権利とは無関係に，客体に対して新たに何らの負担もない所有権を取得する方法。例えば，①無主物先占（民239），②遺失物拾得（民240），③埋蔵物発見（民241），④添付（付合・混和・加工。民242～248），⑤時効取得（民162），⑥即時取得（民192），⑦家畜外動物の取得（民195），⑧土地収用法101条1項に基づく権利取得などがある。⇒物権変動
（松尾 弘）

現実の提供（げんじつのていきょう）

持参債務において債務者が弁済の提供を行うには，債権者の住所で給付の準備を披瀝して，債権者に受領を要請しなければならない。このように，債権者が給付を受領すれば，直ちに履行が完成することになる給付準備を現実の提供という（民493本文）。債権者が商品を一定の期日・場所で受領する場合にその場所で引渡し準備を整えること，また，登記移転に際して期日に必要書類を準備して登記所に赴くことも，現実の提供となる。⇒弁済の提供，口頭の提供，持参債務　　　（北居 功）

現実の引渡し（げんじつのひきわたし）

動産譲渡において，譲渡人から譲受人に対して，目的物に関する現実の占有すなわち物理的支配の移転を行うこ とをいう（民182Ⅰ）。本来の引渡方法はこのような所持の移転を指し，これが動産物権変動に関する対抗要件となるが，民法はこれ以外にも，簡易の引渡し，占有改定，指図による占有移転といった，観念的な方法による引渡しを認めている。⇒占有（権），簡易の引渡し，占有改定，指図による占有移転
（武川幸嗣）

原始的不能・後発的不能（げんしてきふのう・こうはつてきふのう）

債権が成立する以前または契約が成立する以前からその債務の履行が不可能であった場合を原始的不能といい，成立時には可能であったが後に不可能になった場合を後発的不能という。原始的不能の場合は，そもそも債権は成立せず契約は無効とみるのが通説であるが，近時は後発的不能と区別すべきでないという説も有力である。後発的不能の場合は，広義の債務不履行であるが，さらに債務者に帰責事由があって損害賠償責任を負う場合と帰責事由がなく責任を負わない場合がある。⇒履行不能　　　（難波譲治）

原状回復義務（げんじょうかいふくぎむ）

契約解除の効果として，各当事者が，その相手方に対して給付されたものを返還し，契約がなかったのと同じ状態をもたらす義務。（民545Ⅰ本文）。不当利得返還の性質を持つが，返還の範囲が現存利益（民703）よりも拡大されている。そのほか，使用貸借の借主，賃貸借の賃借人に原状回復義務が課されているが（民598, 616），これは，借用物を原状に復して，付属させた物を収去する義務を意味する。（渡辺達徳）

懸賞広告（けんしょうこうこく）

ある行為をした者に一定の報酬を与

える旨の広告を懸賞広告といい，例えば，迷い犬を発見した者に謝礼を払う旨の張り紙などが例として挙げられる。これをも契約と呼ぶことができるか否かは問題であるが，いずれにせよ，広告をした者は，その行為をした者に報酬を払うべき義務を負う（民529）。なお，学術論文の募集のように，優秀なもののみに報酬を払うべき場合もあり，これを優等懸賞広告という（民532）。
（滝沢昌彦）

現存利益（げんそんりえき）
　ある利益を受けた者がその利益を本来の帰属者に返還すべき場合において，利益を受けた当時よりも現在得ている利益が小さくなっているとき，その範囲，すなわち現存利益の範囲でのみ返還ないし賠償すれば足りる場合がある。多くは，受益者の善意が要求されているが（民191，703，748など），善意・悪意を区別しない場合もある（民32，462Ⅱなど）。なお，利益の現存は推定されるのが通常である。⇒不当利得，悪意の受益者
（花本広志）

限定承認（げんていしょうにん）
　単純承認（→「単純承認」）は無限に被相続人の権利義務を承継し，相続放棄（→「相続放棄」）は相続人とならないことで被相続人の権利義務の承継を免れる。これらに対して，限定承認は，相続によって得た積極財産の限度で被相続人の相続債務を弁済しさえすれば，相続人がその固有財産からの弁済を免れる制度である（民922）。相続財産が債務超過の場合，相続人は限定承認を選択すれば，債務超過分については免責されると解されている。ただし，限定承認の申述は相続人全員でしなければならず（民923），また申述後の手続も煩瑣なため（民927），利用は少ない。
（本山　敦）

顕名（主義）（けんめい（しゅぎ））
　例えば，Aが，Bの代理人としての立場で取引をするときには，自分（A）のために取引をするのではなく，Bのために取引をするのである旨を相手方に示さなければならない（民99）。これを顕名という。具体的には，契約書に「B代理人A」と肩書を付けて署名する。ただし，商取引においては，顕名は必ずしも必要ではない（商504）。代理に際しては必ず顕名が必要であるとする政策を顕名主義というが，商法では顕名主義は採用されていないのである。
（滝沢昌彦）

権利外観法理（けんりがいかんほうり）
　登記や占有など，一定の権利関係を表象する外観が存在するが，それが実体において真正の権利関係に合致していないにもかかわらず，その権利外観を信頼して新たな利害関係を形成するに至った第三者の利益を保護するために，その信頼通りの効果の発生を認め，もって取引安全を図ることを基礎づけるための法理を指す。表見法理ともいう。第三者の外観に対する信頼保護が図られる一方において，真正権利者が不利益を蒙るため，両者の利益を調和するため，第三者の信頼が保護に値する正当なものであることを求めるとともに，真正権利者の側にも，権利外観の作出・存続に関する帰責事由など，その不利益を正当化するに足りる事情が要求される。民法94条2項，表見代理制度，192条，478条などの善意者保護制度の趣旨を一般化して説明するための基礎理論として活用されている。
⇒公信の原則，公信力，即時取得
（武川幸嗣）

権利質（けんりしち）
　動産および不動産以外の財産権を目的とする質権を権利質という。とりわ

け，指名債権や手形・知的財産権の担保化のために利用される。それぞれの規律は，個々の関連する法律による。例えば，特許権ないしその専用実施権を目的とする質権の設定は，特許原簿に登録することによって効力を生ずる（特許法27Ⅰ③）。また，株式を目的とする場合には，証券保管振替機構の顧客口座簿上の記載又は記録によって質権が設定され，かつ，対抗要件が具備されたことになる（株券保振15Ⅱ③，27）。⇒指名債権，証券的債権，無体財産（権） （小山泰史）

権利能力（けんりのうりょく）

私法上の権利義務の帰属主体となることができる地位・資格をいう。人は出生とともに，誰でも平等に完全な権利能力を享有しうる（民3Ⅰ）。ただし，外国人については，法令または条約により制限されることがある（民3Ⅱ）。なお，このことと，実際にいかなる場合にどのような権利を取得し，義務を負担することができるかという問題とは，段階を異にする（意思能力参照）。自然人の権利能力は死亡により終了し，相続による権利義務の承継が開始する。

（武川幸嗣）

権利能力なき社団（けんりのうりょくなきしゃだん）

権利能力なき社団とは，実体が社団であるにもかかわらず法人格をもたない団体をいう。判例は，①団体としての組織の具備，②多数決の原則による運営，③構成員の変更にかかわらず団体が存続，④団体としての主要な点の確定をその成立要件とする。また，財産の帰属形態は構成員の総有とされ，不動産の登記方法は，代表者の個人名義ないし構成員全員の共有名義の登記とする。なお，訴訟上の当事者能力は認められる（民訴29）。 （山田創一）

権利の瑕疵（けんりのかし）

売買目的物の所有権の全部または一部が他人に帰属する場合に，売主はその所有権を取得して買主に移転する義務を負う（民560）。敷衍すれば，目的物に用益物権や担保物権などが設定されていれば，売主はそれを排除して，負担のない完全な所有権を買主に移転しなければならない。このように，売買の目的物について所有権移転ないし負担のない円満な所有権移転を妨げる事情が，権利の瑕疵と呼ばれる。⇒瑕疵，物の瑕疵，隠れた瑕疵 （北居 功）

権利保護資格要件（けんりほごしかくようけん）

権利保護のために特に要求される登記や引渡しを指す。登記や引渡しに，二重譲渡のような両立し得ない権利の帰属をめぐる争いとは異なる場面での機能を認める概念である。例えば，賃借人が賃貸人に権利主張するために要求される登記や，取消しや解除において第三者の権利を保護するために必要とされる登記などを説明するために用いられている。なお，これは，登記の持つ多様な機能を整理するために学説が提唱した概念であり，判例において，この表現が用いられているわけではない。⇒対抗要件 （武川幸嗣・渡辺達徳）

権利濫用（けんりらんよう）

ある権利の行使につき，外形的・形式的には権利行使にあたるが，行使のしかたが個別具体的・実質的にみて，社会秩序または，その権利を認める制度の趣旨・目的を逸脱していると評価できる場合，権利行使として認められず，権利者はその効果を享受することができない。このことを権利濫用という。権利者は権利自体を失うわけではなく，あくまで当該局面における行使の効果が否認されるにとどまる。⇒信

こ

故意 (こい)
結果発生を認識しつつそれを認容して行為をする主観的な意思の態様。結果発生の確実性を認識したり，結果発生を意欲したりしていた場合はもちろん，結果発生の可能性を認識しつつこれを認容して行為をした場合も「未必の故意」として故意を認め得る。また判例では，特定の人に対する結果発生を認識する必要はなく，不特定の誰かに対する結果発生が認識されれば足りるとされる（最判昭35.3.5，民集11巻3号395頁）。　　　（大塚　直・手塚一郎）

公益法人 (こうえきほうじん)
公益法人とは，学術・技芸・慈善その他の公益に関する種類の事業で，不特定かつ多数の者の利益の増進に寄与する事業を行う法人として，行政庁の公益認定を受けた一般社団法人または一般財団法人をいう（公益社団財団法人法2）。公益法人は，従来，民法に基づき主務官庁の許可により設立されたが（民旧34），2008年施行の公益社団法人及び公益財団法人の認定等に関する法律で認定されることになり，主務官庁の許可は不要となった。（山田創一）

更改 (こうかい)
更改とは，債務の要素（債権者，債務者，債務の目的）のいずれかを変更することで旧債務を消滅させるとともに旧債務と同一性のない新債務を成立させる契約である（民513Ⅰ）。債権の消滅原因であり，更改により旧債務の担保権や抗弁権は消滅する。更改の成立には，旧債務の存在と新債務の成立が必要である。更改は，債権譲渡・債務引受が認められない制度の下では，重要な意義を有していたが，現代ではその役割は相対的に低下している。
（山田八千子）

効果意思 (こうかいし)
ある権利や義務の発生を欲する意思を効果意思という。効果意思としては，内心的効果意思と表示上の効果意思を区別する必要がある。例えば，Aが甲土地と乙土地を間違えて乙土地を買うつもりで「甲土地を買う」とBに表示した場合，BはAが「甲土地を買う」と思うのが通常であるから，「乙土地を買う」というAの内心に存在した真意（内心的効果意思）ではなく，表示から推断される「甲土地を買う」という効果意思（表示上の効果意思）を問題とし，内心的効果意思がなくても契約は成立し，あとは錯誤（民95）の問題として処理される。⇒意思表示
（後藤巻則）

交換 (こうかん)
民法上の典型契約の一種であり，当事者が互いに金銭の所有権以外の財産権を移転することを約する契約である（民586Ⅰ）。売買と同様に，有償の財産

権移転を目的とする双務・諾成の契約であり、売買に関する民法の規定が準用される（民559）。両当事者の債務がともに金銭の所有権以外の財産権の移転を目的とする点において、売買と異なる。
〔森山浩江〕

後見監督人（こうけんかんとくにん）
後見監督人は、後見人の事務の監督・後見人が欠けた場合の選任の請求・急迫な場合の処分・後見人等の利益相反行為について代表することを職務とする（民851）。後見監督人は、後見人に事務の報告や目録の提出を求め、財産状況を調査し（民864）、後見人が同意を得ずに行った所定の行為を取り消すことができる（民864, 865）。後見人の欠格事由該当者と後見人の近親者は、後見監督人になることができない（民850, 852）。
〔冷水登紀代〕

後見人（こうけんにん）
判断能力の不十分な者を、主として法律行為を通じて支援する保護機関。原則として成年者を対象とする成年後見人（民8等）と、親権者を欠く等の事情のある未成年者を対象とする未成年後見人（民838）の2種があり、いずれも、被保護者の財産管理権、包括的法定代理権（民859Ⅰ）を持つ。加えて、後者は、監護教育、居所の指定等、被保護者の身上監護についても、親権者と同一の権利義務を持つ（民857, 820～823）。また、後者は1人に限られる（民842）。
〔上山　泰〕

後見人の欠格事由（こうけんにんのけっかくじゆう）
後見人は成年被後見人または未成年者の保護の目的で選任されるため、民法847条は一定の者は後見人になることができないとする（後見人の欠格事由）。すなわち、未成年者（民847①）、家庭裁判所で免ぜられた法定代理人、保佐人または補助人（民847②）、破産者（民847③）、被後見人に対して訴訟をし、またはした者ならびにその配偶者および直系血族（民847④）、行方の知れない者（民847⑤）である。
〔冷水登紀代〕

工作物責任（こうさくぶつせきにん）
土地の工作物の設置または保存に瑕疵があり、これによって他人に損害が発生した場合に、工作物の占有者または所有者は損害賠償責任を負う（民717）。占有者が損害発生防止に必要な注意をなしたことを証明した場合には免責される。したがって、占有者の責任の性質は立証責任が転換された中間責任である。占有者が責任を負わない場合には、所有者が二次的に責任を負うが、所有者の責任は免責規定のない無過失責任である。⇒工作物設置・保存の瑕疵
〔加藤雅之〕

工作物設置・保存の瑕疵（こうさくぶつせっち・ほぞんのかし）
土地工作物責任の要件として工作物設置または保存に瑕疵があることが必要となる（民717）。工作物設置・保存の瑕疵とは、工作物が本来有すべき安全性についての性質・設備を欠いていることをいい、客観的に決せられる。判例においては、性状についての瑕疵に限定せず、機能的瑕疵についても民法717条の瑕疵に含まれるとしている（最判昭46.4.23、民集25巻3号351頁、保安設備を有していない踏み切りにつき瑕疵があるとした事例）。⇒工作物責任
〔加藤雅之〕

交叉申込み（こうさもうしこみ）
通常は「これを買わないか」という契約の申込みに対して「では買おう」と承諾をすることにより契約が成立す

るが,「これを買わないか」という申込みと「それを売ってくれないか」という申込みが偶然に重なった場合を,交叉申込みという。これでも契約は成立するが,どちらの意思表示も承諾ではないので民法526条1項は適用されず,後の方の意思表示が相手方に到達した時に契約が成立すると解釈されている。⇒申込み　　　　　　（滝沢昌彦）

公示（の原則）（こうじ（のげんそく））

公示とは,一定の事実・行為・権利・地位を予め第三者の認識可能な状態に置くことまたは置く行為をいう（総選挙の公示など）。一方,公示の原則は,①物権の性質（直接支配性と排他性）から,強力な第三者効力（優先的効力と物権的請求権）が導かれ,その結果,第三者が不測の損害を被らないよう,物権の所在ないし変動を予め第三者の認識可能な状態に置く必要があり（公示の要請）,この公示の要請に応えるため,公示に種々の効力（物権変動の成立要件としての効力,対抗力,推定力,公信力など）が付与されている,との論理の全体を指す場合（広義の公示の原則）と,②上記の論理の中でも,特に公示の効力を指して用いられる場合（狭義の公示の原則）とがある。しかし,この用語の母国ドイツにおける狭義の公示の原則が公信力を指すのに対して,日本では対抗要件主義（対抗の法理）を指して公示の原則といい,これを公信の原則（無権利の法理）と対置させるのが通例である。⇒対抗要件,公信の原則
　　　　　　　　　　　（七戸克彦）

公序良俗（こうじょりょうぞく）

公の秩序または善良の風俗（公序良俗）に反する事項を目的とする法律行為は無効である（民90）。判例・学説は,公序（公の秩序）と良俗（善良の風俗）を必ずしも区別せずに,公序良俗違反の行為とは,社会的に妥当でない行為であるとしている。犯罪やこれに類する不法な行為,個人の尊厳ないし基本的人権に反する行為,婚姻秩序や性道徳に反する行為,不公正な取引行為などが,公序良俗に違反する行為である。　　　　　　　　　　（後藤巻則）

公信の原則（こうしんのげんそく）

ドイツでは,権利外観法理の中でも,特に登記その他の公簿に対する国民の一般的・抽象的信頼（公の信頼）を保護して（第三者の過失は要件とならない。純粋権利外観）,公簿の記載通りの権利取得を認める原則をいう。これに対して,日本では,権利外観法理ないし無権利者からの取得者保護法理と同義に理解され,狭義の公示の原則（対抗要件主義。通説（不完全物権変動説等）は公示の原則を権利者からの取得法理と理解する）に対置される。⇒権利外観法理
　　　　　　　　　　　（七戸克彦）

公信力（こうしんりょく）

ドイツでは,権利外観法理の中でも,特に登記その他の公の帳簿に関して,その記載通りの権利取得を認める効力を指す。公の帳簿に対する国民一般の抽象的信頼（公の信頼）を保護する制度であるため,第三者の悪意が立証された場合にのみ例外的に権利取得効果が否定される（純粋権利外観）。これに対して,日本では,第三者が善意のほか無過失も立証すべき制度と理解され,公の帳簿への信頼ではない即時取得についても占有の公信力という。⇒権利外観法理,即時取得　　　　（七戸克彦）

公正証書遺言（こうせいしょうしょいごん）

証人二人以上の立ち会いの下で遺言者が遺言の趣旨を公証人に口授し,公証人が遺言者の口述を筆記し,これを

遺言者および証人に読み聞かせ，または閲覧させて，彼らが筆記の正確性を承認した後に各自が署名捺印することによってなす遺言。字が書けない人でも利用でき，内容や方式も正確であるだけでなく，偽造・変造のおそれがないので検認不要という利点があるが，内容の秘密保持不可能・手数料・証人確保の煩雑さという欠点がある。⇒遺言

(中川忠晃)

合同行為（ごうどうこうい）

法律行為とは当事者が意図的に権利や義務を変動（発生・移転など）させる行為なので，会議での決議なども法律行為である。複数の者の意思表示からなる点では契約に似ているが，契約においては例えば売主と買主のように当事者の立場は向き合っているが，決議にはこのような対立はない。そこで，契約とは区別して，合同行為と呼ぶ。会社を設立する行為なども合同行為である。決議や会社設立などはその後の取引の基礎とされる行為なので，民法93条以下を適用して無効としたり取り消したりするべきではないとされるが，他方，一部の者の意思表示が無効であるとしても合同行為自体が当然に無効となるわけではないとの反論もある。

(滝沢昌彦)

口頭の提供（こうとうのていきょう）

債務者が履行の準備ができたことを債権者に通知して履行の協力を求めることが，口頭の提供である（民493ただし書）。取立債務や債権者が履行の場所を指定する場合など，履行に先立って債権者が一定の行為を行う場合に，口頭の提供が行われる。また，持参債務のように現実の提供が必要な場合であっても，債権者が予め受領を拒絶している場合には，現実の提供は無駄となるおそれがあるから，債務者は口頭の提供をすれば足りる。⇒弁済の提供，現実の提供，取立債務，持参債務

(北居 功)

公物（こうぶつ）

民法上の権利の客体とは，私法上の取引の対象でなければならない。この点，いわゆる融通物と不融通物の区別が問題となりうるところ，後者の一例として公物がある。公物とは，国をはじめとする行政主体が公の目的のために供する有体物であり，一般公衆のために供用される公共用物（道路・河川・公園など），および行政主体が公務のために利用する公用物（庁舎およびその敷地など）に分かれる。公物への私権行使は一定の制限に服する。

(一木孝之)

抗弁の接続（こうべんのせつぞく）

2ヶ月以上の期間で，3回以上分割して一定額以上の代金を支払う指定商品等の割賦販売のうち，信販会社等が加盟店である販売業者に代金を立替えて，立替代金を買主が割賦で支払う形態を割賦購入あっせん（立替払）契約という（割賦2）。商品の未引渡しや瑕疵の場合，売買と立替払とは別の契約であるが，買主の抗弁は切断されず，未引渡し・瑕疵を理由に，買主は割賦金の支払を拒絶できる（割賦30の4）。

(手塚宣夫)

合有（ごうゆう）

組合の財産は総組合員の共有とされるが（民668），ここにいう共有は，物権法上の共有とは異なる概念であり，それと区別する意味で合有と呼ぶ。具体的に合有が共有と異なる点として，合有では，各組合員は持分の処分ができず（民676Ⅰ），清算前の分割請求もできない（民676Ⅱ）。このように，組合財産には団体的な拘束があり，これは，組合の組織としての継続性を保障

するためである。⇒総有，共有
（前田美千代）

戸籍制度（こせきせいど）
　戸籍は日本国民の家族関係や属性（氏名，性別，年齢）を登録・公証する役割を持つ。現在の戸籍制度が作られたのは1981年の戸籍法による。当時は国民を現住地において家族単位で把握管理する行政目的のために戸籍が作られた。欧米諸国の身分登録制度が個人単位で，出生・婚姻・養子縁組などの事項別に作られているのとは異なり，戸籍は家族単位（夫婦と未婚の子）で，各個人の出生から死亡に至るまでの家族関係事項を一括記載する。
（犬伏由子）

戸籍届出（こせきとどけで）
　戸籍に個人の出生から死亡までの家族関係事項が記載されるのは届出による。戸籍届出には創設的届出と報告的届出の2種類がある。前者は，婚姻，協議離婚，普通養子縁組，協議離縁，任意認知など身分関係の形成をもたらす届出で，身分行為の要式性を示すものである。後者は，事実の発生，判決・審判などによりすでに生じている身分関係の発生・変更・消滅などを報告する届出であり，出生届出・死亡届出などである。これについては届出義務が定められている。　（犬伏由子）

子供の権利条約（こどものけんりじょうやく）
　「児童の権利に関する条約（Convention on the Rights of the Child）」が正式名称。1989年の国連総会で採択，同年に発効。わが国の批准は94年。本条約の「児童」とは18歳未満の者をいい（1条），児童に対する差別の禁止（2条），児童の最善の利益の確保（3条），児童の意見表明権の確保（12条）など，児童を保護の客体とするだけでなく，児童の主体的な発達を促進し，それに必要な環境整備を締約国に求める。本条約を契機として「児童買春，児童ポルノに係る行為等の処罰及び児童の保護等に関する法律（児童買春等処罰法）」が99年に制定された。　（本山　敦）

子の監護者（このかんごしゃ）
　婚姻中の共同親権は離婚後単独親権へ移行するが，その場合民法は親権者とは別に監護者を置くことを認めている。通常親権者と監護者は同一であるが，親権争いがある場合，親権者が子の養育をできない場合は親権と監護権の分離分属が行われることがある。従来は親権者には財産管理権が監護者には養育権が分属するとしていたが，今日では諸外国で行われている離婚後の共同監護の一形態としてこれを用いることを提案する説もある。なお，第三者が監護者となることもできる。
（山口亮子）

子の引渡し（このひきわたし）
　婚姻中および離婚後に父母間で子どもの奪い合い紛争が生じた場合，親権に基づく引渡請求，家庭裁判所による審判，および人身保護法による請求が可能である。人身保護請求はその手続の迅速性という特徴のため活用されやすいが，最判平5.10.19, 民集47巻8号5099頁は婚姻中の夫婦間には適用を限定する方向性を示し，以後このパターンでは，家裁による手続に任せられている。その執行方法には間接強制と直接強制とがあり，従来は前者が通説であったが，近年は後者を支持する説が有力である。　（山口亮子）

雇用（こよう）
　雇用とは，民法上，請負，委任，寄託とならんで，他人の労務を利用する

契約であり，とりわけ，雇用と委任の区別に関しては，使用者の指揮命令に服する場合が雇用であり，委任者の信頼の下に，労務者（受任者）自身の裁量で独立性を保って働く場合が委任である。雇用は，民法623条以下にその規定があり，雇用も契約である以上，理論的には契約自由の原則があてはまるはずであるが，今日では，労働基準法を中心とする労働法と呼ばれる領域が存在し，民法の雇用に関する規定は，判例法理も含めこの労働法によって大きく修正されている。また，就業形態の多様化により，労働契約に適用される基本的ルールを整備するため，2008年3月1日より，労働契約法が施行された。⇒請負，委任，寄託

（前田美千代）

婚姻意思（こんいんいし）

婚姻の効果が発生するためには当事者間に婚姻意思が存在しなければならず（実質的要件），婚姻届出がなされていても婚姻意思を欠く場合，婚姻は無効となる（民742）。婚姻意思とは何かについては，実質的意思説と形式的意思説の対立がある。通説・判例は前者に立ち，届出意思だけではなく，社会習俗上の定型的身分関係を設定しようとする意思（実質的意思）が必要であるとする。後者は，届出意思のみで足りるとする。

（犬伏由子）

婚姻障害（こんいんしょうがい）

婚姻障害事由の不存在が，婚姻意思の合致とともに，婚姻の実質的成立要件である。婚姻障害事由は，民法731条から738条に規定されている。これらの規定に反する婚姻届は受理されず，誤って受理されたとしても，取消しの対象になる（民743以下）。ただし，未成年者が父母の同意を得ることなく婚姻し，誤ってそれが受理されている場合には取り消されない。（三宅篤子）

婚姻適齢（こんいんてきれい）

男は，満18歳に，女は満16歳にならなければ，婚姻をすることができない（民731）。なぜならば，健全な家庭生活を営むためには，肉体的，精神的に成熟した年齢に達していることを要するからである。民法改正要綱（1996年）では，男女とも満18歳を婚姻適齢とすることが提案されている。また，未成年者が婚姻をするには父母の同意を得なければならない（民737）。他方，成年被後見人が婚姻をする場合，意思能力を回復している状態にあるならば，その成年後見人の同意を要しない（民738）。

（三宅篤子）

婚姻の取消し（こんいんのとりけし）

婚姻の取消原因には，婚姻障害に関する規定（民731～民736）に抵触する婚姻（民744）（公益的取消原因）と詐欺・強迫による婚姻（民747）（私益的取消原因）がある。これらの取消原因が存在する場合，一定の取消権者から，その婚姻の取消しを家庭裁判所に請求することができる。婚姻の取消しは，将来に向かってのみその効力を生じ（民748Ⅰ），離婚の効果の規定が準用される（民749）。また，婚姻によって財産を得たとき，取消原因について善意の当事者は現に利益を受ける限度で返還義務を負い（民748Ⅱ），悪意の当事者は利益の全部を返還しなければならないだけではなく，相手方が善意であったときは，損害賠償の責任も負う（民748Ⅲ）。

（三宅篤子）

婚姻の無効（こんいんのむこう）

婚姻意思を伴わない届出によっては夫婦としての法的拘束力は生じない（民742）。婚姻の無効は意思表示や訴えによることなく当然に生じる（当然

無効説)。ただし、戸籍上は夫婦としての記載が為されているため、戸籍記載を訂正するには、婚姻無効訴訟（確認訴訟）による必要がある（戸籍116）。届出時（受理時）に婚姻意思がないため無効となる婚姻について、後に婚姻意思が備わった場合、学説・判例は民法116条を類推適用し、追認を認めている。
(犬伏由子)

婚姻費用の分担（こんいんひようのぶんたん）

夫婦は、その資産、収入その他一切の事情を考慮して、婚姻から生ずる費用を分担する（民760）。婚姻費用とは、夫婦とその間の未成熟子で構成される家族の共同生活に必要な費用であり、具体的には、夫婦の衣食住費・交際費・医療費、子の監護費用や教育費などである。実際には夫婦関係が破綻し別居しているときに請求されるケースが多く、どの程度の費用を分担すべきかが問われる。婚姻費用負担額の算定方式としては、生活保護基準方式や労研方式等があるが、最近の実務では、婚姻費用・養育費の簡易算定表が利用されている。過去に遡っても婚姻費用を請求できる（最大決昭40.6.30、民集19巻4号1114頁）。⇒扶助義務
(三宅篤子)

婚氏続称（こんしぞくしょう）

婚姻によって氏を改めた夫または妻は、離婚によって婚姻前の氏に復するが（民767Ⅰ、771）、復氏した配偶者が、離婚の日から3ヶ月以内に戸籍法の定める届出（戸籍77の2）をしたならば、離婚の際に称していた氏を称することができる（民767Ⅱ）。離婚によって復氏が強制される者（多くは妻）に不利益がもたらされるという理由で、1976年、民法767条に2項が加えられた。婚氏続称を選択した者が、その後生来の氏に変更しようとする場合には、戸籍法107条1項の「やむを得ない事由」を広く解釈する傾向にある（東京高決平15.8.8、家月56巻4号141頁）。⇒夫婦同氏の原則
(三宅篤子)

混同[債権]（こんどう[さいけん]）

混同とはある一個の債権について債権と債務とが同一人に帰属することであり、混同により、その債権は消滅するのが原則である（民520本文）。例えば債権者が債務者を相続する場合や、ある債権の債務者が当該債権を譲り受ける場合には、混同により債権は消滅する。ただし、その債権が第三者の権利の目的になっている場合には、第三者の権利を害さないために、例外的に、混同が生じても債権は消滅しない（民520ただし書）。
(山田八千子)

混同[物権]（こんどう[ぶっけん]）

併存させておく意味がない二つの法律上の地位が同一人に帰属することを混同という。混同は物権の消滅原因であり、同一物に対する所有権と他の制限物権が同一人に帰属するに至った場合、制限物権は消滅する。所有権以外の制限物権とこれを目的とする他の権利が混同するときも（地上権とこれについて設定された抵当権が同一人に属する場合など）、他の権利が消滅する。ただし、物または権利が第三者の権利の目的となっている場合は消滅しない（民179）。
(武川幸嗣)

婚約（こんやく）

婚約とは、将来夫婦になろうという男女間の合意（婚姻の予約）である。民法に直接規定はないが、学説・判例（婚姻予約有効判決—大連判大4.1.26民録21輯49頁）は婚約に一定の法的効果を認めている。婚約は、当事者間に婚姻届出の強制力を生じることはないが、正当理由なしに婚約を解消（不当破棄）

した者に対し損害賠償責任（債務不履行責任）を発生させる。判例は婚約を法律婚の前段階にあるものと広くとらえ，内縁も婚約に含める。⇒内縁（事実婚） （犬伏由子）

さ

債権（さいけん）
　債権は，債務者に対する給付を請求し，給付を受領し・保持できる権利であり，物に対する支配権である物権と対比される。給付とは，物の引渡し，金銭の支払，あるいは労務の提供など債務者が行わねばならない一定の行為であり，「債権の目的」である。債権の発生原因としては不法行為，不当利得，事務管理の外，重要なものは契約であるが，契約から生じる債権の場合，給付の内容は，契約当事者が原則として自由に定めることができる。

（赤松秀岳）

債権契約（債権行為）（さいけんけいやく（さいけんこうい））
　物権と債権との区別を前提として，相手方に何らかの債権を発生させる契約（法律行為）。例えば，売買・贈与・交換のように最終的に所有権移転を目的とする債権契約には，買主・受贈者・相手方に所有権移転請求権，目的物引渡請求権，移転登記請求権（登記可能な物を目的とする場合）などの債権を発生させる（民555, 549, 586）。不動産に関する債権契約には公正証書を求めるなど，一定の債権契約の成立に方式を求める立法例もある。　　　（松尾　弘）

債権者主義（さいけんしゃしゅぎ）
　履行の一部または全部ができなくなった債務の債権者に危険を負担させる解決法。民法534条1項は「特定物に関する物権の設定又は移転を目的とした場合」，つまり特定物の売買・交換・負担付贈与につき，債権者主義の危険負担を規定する。売買では，目的物が滅失・損傷し，引渡しが約束通りできなくても，その債権者である買主は（反対給付として）代金全額を支払わなければならない。また，民法534条2項は，不特定物につき，その確定（特定）時以降，債権者が危険を負担する旨を定める。⇒債務者主義，特定，特定物・種類物　　　　　　　（前田　敦）

債権者代位権（さいけんしゃだいいけん）
　債権者代位権は，債権者が，債務者に対して有する債権を保全するために，債務者に属する権利を自己の名で債務者に代わって行使する権利である（民423）。債権者代位権を行使するためには，被保全債権につき債権保全の必要性がなければならない。金銭債権の債権者が責任財産を保全するために債権者代位権を行使する場合には，債務者が「無資力」（債務超過）でなければならない。これを無資力要件という。なお判例は，賃借権や登記請求権を保全するためにも債権者代位権を行使することを認めるが，その場合には無資力要件は不要である。これを一般には「債権者代位権の転用」と呼ぶ。

（片山直也）

債権者平等の原則（さいけんしゃびょうどうのげんそく）

ある債務者に対する複数の債権者は、債権発生の時期や原因を問わず、債務者の財産から満足を受けるのに平等の立場に置かれるという原則。破産など債務者の総財産が総債務額を下回る債務超過の状態では、各債権者とも全額の満足を得られなくなるが、その際には、この原則により、各債権者は債権額に応じて按分比例した額のみの満足を債務者の財産から受けることとなる。優先弁済的効力をもつ担保物権があれば、この原則の適用を免れられる。

（田髙寛貴）

債権譲渡（さいけんじょうと）

債権譲渡は、広義には様々な債権の譲渡契約を指すが、一般には民法上の指名債権の譲渡の意味で用いられる（相続等によって起こる債権の包括的移転は含まない）。指名債権の譲渡契約は、譲渡人と譲受人との合意で成立し、対抗要件として債務者への通知もしくは債務者の承諾が要求される第三者対抗要件とするにはそれらを確定日付のある証書でする必要がある（民467）。効果としては、債権がその同一性を維持したまま譲受人に移転される。かつては譲渡人の経営悪化の状態で行われることも多かったが、現在では、企業の資金調達のために、真正譲渡または譲渡担保の形で多用される重要な取引になっている。⇒債務引受、契約譲渡、契約上の地位の移転 （池田真朗）

債権譲渡禁止特約（さいけんじょうときんしとくやく）

債権は基本的に譲渡性を認められているが（民466Ⅰ）、当事者が反対の意思を表示すると譲渡を禁ずることができる（民466Ⅱ）。これを譲渡禁止特約という。当事者間では契約自由の観点から有効であるとしても、明文で譲渡禁止特約の対外効を認めるのは世界の近代民法典では稀である。わが国でも、この禁止特約は善意の第三者には対抗できないと規定されているが（民466Ⅱただし書）、判例多数説は、第三者に善意無重過失を要求し、禁止特約の付された債権の譲渡は物権的に無効であるとしている。わが国では、大企業が債務者である債権を中心に相当数の債権にこの譲渡禁止特約が付されており、近年は、債権の流動化等の阻害事由になっているという評価も強い。

（池田真朗）

債権譲渡登記（さいけんじょうととうき）

1998年制定の債権譲渡特例法によって創設された、民法467条2項の確定日付のある通知を代替する電子的登記。法人のする金銭債権の譲渡について、法務局のコンピュータに電子的に譲渡記録をするもので、一枚の磁気ファイルに大量の譲渡情報を記載して登記申請をして第三者対抗要件を具備することができる。資金調達の目的で多数の債権を売却したり譲渡担保に供する取引では、個々の譲渡について民法上の対抗要件を具備する負担が取引の障害となるため、このような方法が実務からも強く要請されていた。わが国のオンライン登記の第一号である。さらに上記の法律が2004年に動産債権譲渡特例法として増補修正され、新たに第三債務者不特定の将来債権譲渡についても登記が可能となり、またその場合にこれまで必要とされた譲渡総額の記載も不要となった。⇒債権譲渡の対抗要件、動産債権譲渡特例法 （池田真朗）

債権譲渡の対抗要件（さいけんじょうとのたいこうようけん）

民法467条は、当事者の合意だけで

成立する債権譲渡について，債務者への通知もしくは債務者の承諾を，対抗要件として要求する（民467）。虚偽の通知を防止するため，通知は譲渡人からすると規定されている。譲受人が自己の債権取得を他の第三者に対抗するためには，通知もしくは承諾が確定日付のある証書でなされなければならず（民467Ⅱ），債務者に対抗する（権利行使をする）だけのためには，無方式の通知・承諾でよい（民467Ⅰ）。この対抗要件では，債務者に譲渡情報を集中させ，債務者は，債権を譲り受けようとする者の問合せに答える形で，不完全ながらいわば生ける公示機関として機能する（フランス民法からボアソナード旧民法を経由して導入された考え方である）。第三者対抗要件に確定日付を要求するのは，通知自体は複数行われうるので，先後の決定機能が必要だからである。なお二重譲渡等で通知が複数到達した場合の優劣基準は，通知書に付された確定日付の先後ではなく，確定日付のある通知書が債務者に到達した時の先後による（到達時説。最判昭49.3.9，民集28巻2号174頁。債務者の正式な認識時を問題とする）。法人の金銭債権譲渡については，確定日付ある通知を動産債権譲渡特例法による登記で代替することができる。⇒動産債権譲渡特例法，債権譲渡登記，債務者対抗要件，確定日付ある証書，通知・承諾　（池田真朗）

債権侵害（さいけんしんがい）

債権が不法行為制度により保護される権利であることは判例でも認められている（大判大4.3.10，刑録21輯279頁）。例えば，債務者による債務不履行に加担する第三者の行為は，自由競争の原則を逸脱した債権侵害として不法行為となる。多数説は，第三者による債権侵害が不法行為となるには原則として故意が必要だとする。債権者以外の者が弁済を受け（民478等参照），債権の帰属自体が侵害された場合なども債権侵害が不法行為となり得る。

（大塚　直・手塚一郎）

債権の準占有者への弁済（さいけんのじゅんせんゆうしゃへのべんさい）

債権の準占有者とは，真の債権者ではないのに，債権者らしい外観を有する者をいう。例えば，相続権がないのに相続財産に属する債権を相続人として行使する者（表見相続人）や，無効な債権譲渡による債権の譲受人が典型である。このような，受領権限のない者に対してなされた弁済は有効ではない。しかし，債権の準占有者に対してした弁済は，弁済者が善意であり，かつ，過失がなかったときに限り，有効となる（民478）。例えば，銀行取引においては，預金通帳と届出印を持参すれば，それらを盗取した者であっても準占有者と認められ，その者に対する銀行の弁済が有効となることがある（最判昭41.10.4，民集20巻8号1565頁）。また，債権者の代理人であると称して債権を行使する者（詐称代理人）も，債権の準占有者である。なお，民法205条の準占有は，自己のためにする意思もって権利を行使することを要求する。しかし，民法478条は権利者らしい外観を過失なく信じた者を保護する規定であり，民法205条とは関連しない。
⇒弁済，第三者の弁済，権利外観法理

（野澤正充）

債権の消滅原因（さいけんのしょうめつげんいん）

民法の債権総則では，債権の本来的な消滅原因である弁済のほか，相殺（民505），更改（民513），免除（民519）および混同（民520）を規定する。ただし，相殺は，債権の消滅原因であるだけでなく，担保手段としての機能が大きい。

このほか，終期の到来（民135Ⅱ），消滅時効（民144以下），債務者の責めに帰することができない事由による履行不能なども，債権の消滅原因である。

（野澤正充）

催告（さいこく）

例えば，土地の所有者が不法占拠者に対して明渡しを請求する場合のように，ある人が他の人に対して一定の行為をなすよう要求すること。権利者が義務者に催告すれば，時効が中断する（民147，153）。また，債権者の催告に債務者が応じなければ，債務者の履行遅滞（民412），契約解除権の発生（民541）という効果が生ずる。一方，権利者に対する催告としては，制限行為能力者や無権代理人の行為を追認するかどうかの確答を求める催告（民20，114），解除権者・予約完結権者に対する催告（民547，556Ⅱ）などがある。

（草野元己）

催告（時効中断事由）（さいこく（じこうちゅうだんじゆう））

わが民法は，裁判外で義務者に義務の履行を請求する催告を，時効中断事由の一つとして規定する（民147，153）。このため，内容証明郵便等で弁済の請求をするだけでも，時効が中断する。ただし，催告は暫定的な中断事由であるにすぎず，6ヵ月以内に裁判上の請求や差押えなどの完全な中断手続をとらなければ，中断の効力は生じない。①時効完成間際，訴え提起などの時間的余裕がない場合や，②突然の訴え提起を回避する場合に，その意義がある。

（草野元己）

催告の抗弁権（さいこくのこうべんけん）

保証人は，債権者から保証債務の履行を求められた場合には，原則として，まず主債務者に請求せよといって履行を拒絶することができ（民452），このような抗弁権を催告の抗弁権という。しかし，債権者は，口頭で主債務者に請求するだけでよく，また，一度請求すればそれでよく，実際上，催告の抗弁権は全く意味のない抗弁権である。なお，連帯保証では催告の抗弁権は認められない（民454）。⇒検索の抗弁権

（平野裕之）

再婚禁止期間（さいこんきんしきかん）

前婚の解消または取消しの日以後，女性が再婚することのできない一定の期間。待婚期間ともいう。民法733条は，この期間を6ヶ月と定めている。再婚後に出生した子の父親が，前婚の夫か，後婚の夫か，父性推定が重複するのを避けるためと説明される（民772参照）。女性の再婚のみを制限することについての違憲性が争われたが，最高裁は合憲とした（最判平7.12.5，判時1563号81頁）。民法改正要綱（1996年）は，この期間を100日に短縮することを提案している。⇒婚姻障害

（三宅篤子）

財産管理権（ざいさんかんりけん）

親権者の未成年の子の財産を管理する権限（民824）。この権限から，子の財産行為の代理権および子の法律行為への同意権が派生。財産管理とは，財産の保全（家屋の修繕等），財産の性質を変えない範囲での利用（収益目的の賃貸等），改良（価値増加のための増築等）を目的とする一切の事実上・法律上の行為で，目的範囲内の処分行為（価値下落中の売却）も含む。親権者は，管理権行使に際し自己のためにするのと同一の注意義務を負う（民827）。管理失当から子の財産を危うくしたときは，家庭裁判所は子の親族等の請求で管理権喪失を宣告できる（民835）。⇒親権

(山田美枝子)

財産分与（ざいさんぶんよ）

離婚の財産上の効果であり、離婚に際して、一方が他方に財産の給付を請求できる（民768）。その財産分与請求権の性質について、解釈上清算的要素、扶養的要素、離婚慰謝料的要素の三つがあるといわれている。財産分与を清算と扶養に限定すべきとする説（限定説）と、慰謝料的要素も含むとする説（包括説）の対立があるが、最高裁判所は、両者は性質を異にするが、慰謝料をも含めて財産分与額を定めることもできるとする（最判昭46.7.23、民集25巻5号805頁）。清算的要素について、民法改正要綱（1996年）は、夫婦が婚姻中に財産を取得しまたは維持するについての各当事者の寄与の程度を2分の1と推定するものとしている。⇒離婚

(三宅篤子)

財産分離（ざいさんぶんり）

相続財産（被相続人の財産）と相続人の固有財産とを分離することで、相続債権者（被相続人の債権者）または相続人の債権者の債権を保全する手段。相続債権者または受遺者の請求による場合を第一種財産分離（民941）、相続人の債権者の請求による場合を第二種財産分離と呼ぶ（民950）。通常、債権の保全には、担保の設定や保証を利用するのが大勢であるし、被相続人ないし相続人の財産減少行為に対しては詐害行為取消権を行使すればよいので、財産分離はほとんど利用されない。

(本山 敦)

祭祀財産の承継（さいしざいさんのしょうけい）

系譜や祭具、墳墓は、その性質上共同相続や遺産分割に適さない。そのため被相続人の相続財産とは区別されて、通常の相続と異なる方法で承継される。すなわち、これらの祭祀財産の所有権は、民法896条の規定によらず、慣習にしたがって祖先の祭祀を主宰すべき者が承継する（民897）。ただし、被相続人が祭祀主宰者を指定していれば、この指定が優先する。慣習または被相続人による指定のいずれによっても定まらないときは、家庭裁判所が、祭祀財産の権利の承継者を定める。

(常岡史子)

財団法人（ざいだんほうじん）

財団法人は、一定の目的のために提供された財産の集合体で、法人格が認められたものをいう。構成員は存在せず、人の組織体である社団法人と区別される。設立者の意思によって与えられた一定の目的と組織の下に他律的活動を行い（他律的法人）、社員総会は存在しない。社団法人は非営利法人においても営利法人においても認められるが、財団法人は非営利法人にしか認められない。公益財団法人と同様の目的をもつ制度に公益信託がある。

(山田創一)

再売買の予約（さいばいばいのよやく）

再売買の予約とは、当初の売買契約において、売主が目的物を将来再度の売買契約によって取り戻すために行う売買の予約である。売買の一方の予約（民556）による場合には、当初の売買契約の売主に予約完結権が与えられる。売主が一旦買主に売却した物を取り戻すという趣旨においては、広義の買戻しの一種であるが、民法上の狭義の買戻し（民579以下）の要件が厳格であるため、実務上担保目的で再売買予約が用いられることが多かった。かつては担保目的でなされる買戻しおよび再売買予約を「売渡担保」と呼ぶことがあったが、今日的にはこの呼称はあま

り用いられていない。⇒売買の一方の予約、買戻し　　　　　　　　（片山直也）

裁判上の請求（さいばんじょうのせいきゅう）

　訴えの提起のこと。国際裁判管轄（破産4Ⅱ，民再4Ⅱ，外国倒産2Ⅱ）や国内裁判所管轄（会社更生7②，破産222Ⅲ）の基準として（債権につき）「裁判上の請求をすることができる地（債権）」という表現が，また除斥期間を示すのに「…以内に裁判上の請求がされないとき」責任（請求権）が消滅するという表現が使われる（海物14Ⅰ，油賠10）。時効中断事由（民149，民訴147）としての同文言もこれらと同じく訴えの提起を指す。　　　　　　　　　　（小川　健）

裁判上の請求（時効中断事由）（さいばんじょうのせいきゅう（じこうちゅうだんじゆう））

　時効の対象となる権利や法律関係についての訴えの提起は，国による当該関係についての判断確定手続（本案訴訟）の着手であり時効中断効を有す（民149）。裁判上の請求に準じて仲裁手続における請求（仲裁29Ⅱ），会社役員の責任査定の申立て（会社545Ⅲ，会社更生100Ⅳ，破産178Ⅳ，民再143Ⅴ），さらに訴訟に前置（健保189Ⅲ，国年101Ⅲ）または前置されない（労基85Ⅴ）行政上の不服等の申立てにも一定の場合時効中断効が認められる。　（小川　健）

裁判離婚（さいばんりこん）

　夫婦の一方が他方に離婚訴訟を提起し，裁判所が法定の離婚原因（民770Ⅰ）が存在すると認める場合に判決により成立する離婚。離婚原因は，①不貞行為，②悪意の遺棄，③3年以上の生死不明，④回復の見込みのない精神病，⑤その他婚姻を継続し難い重大な事由である。①〜④は⑤の抽象的離婚原因の例示と解され，また，①〜④が存在する場合でも，裁判所は一切の事情を考慮して離婚請求を棄却できる（相対的離婚原因，民770Ⅱ）。⇒離婚　　　　　　　　　　　　（山田美枝子）

債務者主義（さいむしゃしゅぎ）

　履行の一部または全部ができなくなった債務の債務者に危険を負担させる解決法。民法536条1項は，534条に挙げる以外の契約につき債務者主義を採る。例えば，講演を依頼された（請負契約）作家が，当日の悪天候のため会場到着が遅れ講演を実施できなかった場合，その債務（仕事完成義務）の債務者である作家は，報酬（反対給付）を受けることができなくなる（仕事完成義務の消滅に伴い報酬支払義務も消滅するので，両債務間の履行上の牽連関係を肯定することになる）。⇒債権者主義，特定，特定物・種類物　　　　　（前田　敦）

債務者対抗要件（さいむしゃたいこうようけん）

　債権譲渡においては，譲受人が自己の取得した権利を他の譲受人や差押債権者に対して主張対抗する第三者対抗要件のほかに，譲受人が債務者に弁済請求をするための対債務者対抗要件（権利行使要件）が想定される。民法は，これについては第三者対抗要件よりも軽くし，方式を問わない債務者への通知または債務者による承諾と規定した（民467Ⅰ）。ただし二重譲渡等の場合には，先に債務者対抗要件を取得しても，弁済を受けないうちに他の者が第三者対抗要件（確定日付のある証書による通知・承諾）を取得すればその者に対抗できない結果，債務者にも権利行使できなくなる。なお，動産債権譲渡特例法上の登記は，第三者対抗要件ではあるが債務者対抗要件にはならないので，債務者に対抗するには登記事項証明書

を付して通知をするか債務者の承諾を得なければならない（民4Ⅱ）。⇒債権譲渡の対抗要件
　　　　　　　　　　　　（池田真朗）

債務の不存在を知ってした弁済（さいむのふそんざいをしってしたべんさい）

　債務の不存在を知らずにした弁済は給付利得としてその返還を請求できるが（民703, 704），債務の不存在を知りつつ弁済した場合に，後になって返還請求をすることは，「自己の先行行為に矛盾する行動」であって許されないし（禁反言の原則），有効な弁済があったと信じた受領者の信頼を裏切る行為である。そこで，民法は，そのような弁済者の返還請求を認めないことにし，受領者の信頼を保護している（民705）。
　　　　　　　　　　　　（花本広志）

債務の本旨（さいむのほんし）

　債務の本来の目的である給付（の内容・方法）。弁済は，原則として債務の本旨に従わなければ弁済としての効力を有せず，債権を消滅させない（弁済提供について「債務の本旨に従って現実にしなければならない」とする民法493条本文参照）。債務の履行が本旨に従わない場合は債務不履行を生ずる（民415）。債務の本旨に従うかは，法律の規定，契約の目的・性質さらに取引慣行，信義誠実の原則（民1Ⅱ）に照らして解釈される。⇒債務不履行　（山下りえ子）

債務引受（さいむひきうけ）

　債務引受とは，債務の同一性を維持して債務者から引受人に債務を移転すること，または，そのような契約である。広義では，引受人が債務者と並んで債務を負担する併存的債務引受を含む。さらに，引受人が債務者との関係においてのみ履行義務を負う履行引受を含むこともある。債務の移転は法律によっても生じるが，債務引受は契約による債務の移転である。民法に債務引受の規定はないが，債務引受の可能性は異論なく承認されている。⇒債権譲渡，契約譲渡，併存的債務引受，免責的債務引受
　　　　　　　　　　　　（大窪　誠）

債務不履行（さいむふりこう）

　債務者が債務の内容通りの履行をしないこと（本旨不履行），狭義では本旨不履行が帰責事由に基づくことをいう。帰責事由がないのに「債務者がその債務の本旨に従った履行をしない」（民415）ときは，債権者は，一定の要件の下に債務不履行に基づく損害賠償を請求することができる。伝統的通説は債務不履行を履行遅滞（民412）履行不能（民415後段）および不完全履行の3態様に分類するが，「本旨不履行」による一元的把握が有力に説かれる。また，日本民法は，債務不履行（広義）の場合に，債権者は，債務の強制履行（民414）を，また契約上の債務については契約の解除（民541～543）を請求することができ，ともに損害賠償を妨げない（民414Ⅳ，545Ⅲ），と定める。⇒強制履行，解除，損害賠償請求権
　　　　　　　　　　　　（山下りえ子）

詐害行為（さがいこうい）

　詐害行為（民424）とは，総債権者の共同担保である責任財産を減少させ，それによって債務者を無資力に陥らせるかあるいは無資力を増大させる債務者の行為であると解されている。判例は広く，相当な価格でなされた財産売却，担保供与，代物弁済，弁済なども，実質的には責任財産を減少させるので詐害行為となる余地があるとする。他方，債務者のなした行為でありかつ責任財産減少行為でなければならないとする。よって受益者のなす相殺の意思表示，予約完結権の行使などは取消しの対象とはならず，また対抗要件具備

行為（移転登記，債権譲渡通知）はそれを譲渡行為と切り離して取り消すことはできない。財産権を目的としない法律行為も取消しの対象とならない（民424Ⅱ）。⇒詐害行為取消権，詐害の意思

(片山直也)

詐害行為取消権（さがいこういとりけしけん）

債権者は，債務者が債権者を害することを知ってなした法律行為（詐害行為）の取消しを裁判所に請求することができる（民424）。かつては「債権者取消権」と呼ばれることもあったが，民法の現代語化（平成16年）の際に，「詐害行為取消権」に統一された。一般に，詐害行為取消権の目的は，責任財産を保全するために，詐害行為を取り消して，受益者または転得者から責任財産の回復（取戻し）を行うことにあると理解されている。類似の制度として，倒産法上の「否認権」がある（破産160以下，民再127以下，会社更生86以下）。⇒詐害行為，詐害の意思

(片山直也)

詐害の意思（さがいのいし）

債務者が債権者を害することを知ってなした法律行為でなければ，債権者はその行為を詐害行為として取り消すことはできない（民424Ⅰ本文）。債務者の主観的態様を「詐害の意思」と呼ぶことがあるが，認識があれば足りるのか，積極的な害意が必要かについては，学説間に争いが存する。判例は，贈与など詐害性の高い行為については認識で足りるが，弁済などの詐害性の低い行為については害意を要求するといういわゆる「相関関係説」に立脚しているとの分析がなされている。他方，受益者または転得者の悪意も要件となる。受益者または転得者が債権者を害すべき事実を知らないときは，債権者は取消しを請求できない（民424Ⅰただし書）。

(片山直也)

詐欺（さぎ）

民法上，他人を欺いて錯誤に陥らせ，それによって意思表示をさせる違法な行為をいう。錯誤に陥らせる点とそれによって意思表示をさせる点の両方に故意（二重の故意）が必要と解されている。詐欺によってなした意思表示は，取り消すことができ（民96Ⅰ），取り消された意思表示は初めから無効であったものとみなされる（民121）。しかし，詐欺に基づく取消しの効果は，善意の第三者に対抗することはできない（民96Ⅲ）。

(鹿野菜穂子)

先取特権（さきどりとっけん）

法律に定められた一定の債権を有する者が，その債務者の財産につき，他の債権者に優先して自己の債権の弁済を受けることができる法定の担保物権（民303）。民法では，先取特権の目的物の種類により，債務者の総財産を目的とする一般の先取特権，債務者の特定の動産を目的とする動産の先取特権，債務者の特定の不動産を目的とする不動産の先取特権の3種に区別される。政策的理由に基づき民法以外の多数の法律においても認められている（税徴8，借地借家12等）⇒法定担保物権

(下村信江)

先取特権の物上代位（さきどりとっけんのぶつじょうだいい）

先取特権の目的物に代わる金銭その他の物に先取特権の効力が及ぶこと（民304）。先取特権者は，その目的物の売却，賃貸，滅失または損傷によって債務者が受けるべき金銭その他の物および目的物に設定した物権の対価に対して物上代位権を行使することができるが，払渡しまたは引渡しの前に差

押えをしなければならない。動産の先取特権には追及力がない（民333）ので，動産の売主が，買主の有する転売代金債権に対して動産売買先取特権に基づき物上代位権を行使する例が多くみられる。
〔下村信江〕

錯誤（さくご）
　勘違いや思い違いによって意思表示をした場合には，その意思表示は，法律行為の要素に錯誤があったときは無効になる。例えば，甲土地を乙土地だと思って，甲土地を買った場合，甲土地を買うつもりはなかった買主を保護するために，この売買契約は無効になる（民95本文）。ただし，表意者に重大な過失があったきは，表意者は無効を主張することができない（民95ただし書）。重大な過失とは，表意者の職業，行為の種類，目的などに応じ普通になすべき注意を著しく欠いたことである。
⇒詐欺　　　　　　〔後藤巻則〕

差押え（さしおさえ）
　国が強制的に対象物をその支配の下に確保すること（刑訴81，99，218，関税121，税徴47，金商211，酒税36等）。民事執行において差押え（民執45，93，114，122，143）とは，金銭債権に基づき強制執行をまたは担保権の実行としての競売や収益執行（民執180）を行うため，国の執行担当機関の支配下に対象となる債務者の財産を確保することをいう。時効中断事由としての差押え（民147②，155）はこれを指す。　〔小川　健〕

差押え・仮差押え（さしおさえ・かりさしおさえ）
　差押え（民執45，93，114，122，143）は，金銭債権についての強制執行または担保権の実行（民執180）のため執行機関の支配下に対象となる債務者財産を確保すること。仮差押えは，金銭債権につき強制執行が将来可能であるか不安な場合に債務者財産を仮に差押えて確保すること（民保20）。差押債権者は執行手続により配当（目的物の売却代金等の分配）を受けるが，仮差押債権者が現実の配当を受けるには債務名義が必要（民執91，92）。　〔小川　健〕

差押え（時効中断事由）（さしおさえ（じこうちゅうだんじゆう））
　民事執行法上の差押え（民執45，93，114，122，143）とは，金銭債権について強制執行を行うためまたは担保権（抵当権等）の実行としての競売や収益執行（民執180）を行うため国の執行担当機関の支配下に対象となる債務者の財産を確保すること。これにより，対象財産の債務者による処分は禁止される。差押えは国家機関を介した権利または法律関係の強制的実現行為の着手であり，時効中断の効力を有する（民147②，155）。　〔小川　健〕

指図債権（さしずさいけん）
　証書のある債権で，証書に記載された債権者またはその者に指定（指図）された権利者に対して弁済すべき旨を定めたものである。民法上，譲渡方式についての規定はなく，通説は，指名債権と同様に意思表示のみによって効力を生ずるとする。対抗要件については，裏書をして譲受人に交付しなければ，債務者および第三者に対抗できない（民469）。債務者は，証書に記載された事項やその証書から当然生ずる結果を除いて，譲受人に抗弁を対抗できない（民472）。なお手形等と異なり善意取得の規定はない。債務者は弁済にあたり調査の権利はあるが義務はない（民470）。　〔池田真朗〕

指図による占有移転（さしずによるせんゆういてん）

譲渡人が他人に管理または利用させている動産を譲渡する場合，その占有者に対して，以後は譲受人のために占有するように命じ，同人がこれを承諾することにより，譲受人に対する引渡しが行われたものとされる。これを指図による占有移転という（民184）。譲渡当事者以外の者が目的物を占有する場合において，このような合意のみによる観念的な引渡しを認めることにより，対抗要件具備のために三者間で現実の引渡しを循環させる必要がなくなる。⇒簡易の引渡し，現実の引渡し，占有改定

（武川幸嗣）

し

死因贈与（しいんぞうよ）

贈与者の死亡により効力を生じる贈与であり，一種の停止条件付贈与である。死後の財産処分を目的とする点で遺贈に類似するため，遺贈に関する民法の規定が準用される（民554）。ただし，死因贈与は契約であり，単独行為である遺贈とは異なるため，遺贈に関する規定であっても，単独行為の性質に由来する規定は死因贈与には準用されない。具体的にどの規定が準用されるかについては議論がある。⇒遺贈

（森山浩江）

敷金（しききん）

敷金とは，延滞賃料や賃借物破損損害金など不動産の賃貸借中に生じた賃借人が負う一切の債務を担保するために賃貸人に交付される金銭である。その法的性質は，賃貸借が終了し，賃借不動産の明渡し時に賃貸人の債務不履行があればその賠償額を控除してその残額を，また債務不履行がなければ全額を返還すべきものとする停止条件付き返還債務を伴う金銭所有権の移転と解される（判例・通説）。賃貸借の存続中の延滞賃料は敷金から当然には充当されない。ただし，賃借物返還時に残存する賃料債権には敷金が充当され，敷金分は消滅する（判例）。⇒敷金返還請求権

（藤井俊二）

敷金返還請求権（しききんへんかんせいきゅうけん）

不動産賃貸借が終了したときに，賃借人が賃貸人に対して負担する損害賠償等を敷金から控除して，なお剰余額がある場合に，賃借人が賃貸人にこの剰余額，また賃貸借上の債務がない場合には全額の返還を請求することができる権利である。敷金返還請求権の発生する時期については，賃貸借終了時とする説と賃借物の返還時とする説（判例）が対立している。判例によると，賃借物の返還が先履行となり，賃借人は賃借物の返還と敷金返還の同時履行を主張することができない。⇒敷金

（藤井俊二）

敷引特約（しきびきとくやく）

主として，京阪神地方で行われている借家慣行であって，高額の敷金を賃

貸人に交付し，賃貸借終了時に一定の金額または一定割合の敷引金を返還しない旨の特約である。敷引金の目的は，①賃貸借終了後の原状回復費用に充当される金銭，②賃貸借終了後，新たな賃借人を見つけるまでに生じる損料の塡補金または③権利金としての金銭であるとされる。ただし，災害により賃借建物が滅失して賃貸借が終了したときは，特段の事情がない限り，敷引金を全額返還すべきものと解される（判例）。

(藤井俊二)

事業の執行（じぎょうのしっこう）

使用者の損害賠償責任の要件として被用者が「事業の執行について」第三者に損害を加えたことが必要となる。この要件に関して，現在の判例は外形標準説を採用している。すなわち，被用者の行為の外形から，使用者の職務行為の範囲内に属するものと認められれば，事業の執行についてなされたものとされる。もっとも，外形標準説は取引的不法行為については有用な基準であるが，事実的不法行為については妥当しないとする見解もみられる。⇒使用者責任

(加藤雅之)

時効（じこう）

例えば，①ある者が土地を占有することによって，その者が所有者であるかのような状態が長年月継続するとか，②債権者（と称する者）が長らく債権を行使しないため，債権の存在しないような状況が相当期間継続するなど，一定の事実状態が長期間継続した場合に，その事実状態が真実の権利関係に一致するかどうかを問うことなく，事実状態に沿った権利の取得や消滅を認める制度のこと。このうち，権利の取得を認めるのが取得時効（民162，163）であり，権利の消滅をもたらすのが消滅時効（民167〜174）である。

(草野元己)

時効制度の存在理由（じこうせいどのそんざいりゆう）

通常，時効全般の存在理由としては，次の三つが挙げられる。①社会秩序の維持。長期間継続した事実状態を信頼して築かれた社会秩序の安定を図るため，永続した事実状態をそのまま法律関係に高める。②立証困難の救済。永続した事実状態こそ真実の権利関係と合致する蓋然性が高いことを根拠に，真に権利を取得し，真に義務を免れた者の立証困難を救済する。③権利の上に眠れる者は保護に値しない。しかし，今日の有力説によれば，長期取得時効・短期取得時効・消滅時効といった各時効ごとに，存在理由は異なるとされる。

(草野元己)

時効中断事由（じこうちゅうだんじゆう）

取得時効・消滅時効に共通の時効中断（法定中断）事由としては，①請求，②差押え・仮差押え・仮処分，③承認があげられる（民147）。①の中断事由たりうる請求としては，裁判上の請求（訴えの提起）（民149），支払督促（民150），和解および調停の申立て（民151），破産手続参加等（民152），催告（民153）があり，裁判所が一定の形で関与するものに限定される。なお，取得時効独自の中断（自然中断）事由として，占有・準占有の喪失がある（民164，165）。

(草野元己)

時効の援用（じこうのえんよう）

時効の利益を受ける者（例えば，所有権の時効取得者，債権の時効消滅によって弁済を免れる者）が時効の利益を受けるという主張をすること。わが民法は時効を権利得喪原因と規定する（民162，163，167〜174）が，時効の完成が明瞭

な場合でも，当事者が援用しない限り，裁判所は時効を適用して裁判をすることができない（民145）。真実の権利関係に反した時効の効果の享受を潔しとしない者の良心を尊重するものであり，これによって，不正な時効取得・時効消滅を防ぐこともできる，とされる。

（草野元己）

時効の中断（じこうのちゅうだん）
　時効の進行中，占有（準占有）または権利の不行使といった時効の基礎たる事実状態に相反する事実（例えば，占有の中断，債権者からの訴えの提起など）が発生した場合に，それまで進行した時効をご破算にすること。時効が中断されると，中断事由終了後，またゼロから新たな時効が進行を開始する（民157）。時効の中断には，取得時効特有の自然中断（民164，165）と取得時効・消滅時効に共通の法定中断（民147）とがある。⇒時効の停止

（草野元己）

時効の停止（じこうのていし）
　時効完成間際に権利行使ができず，時効の中断を困難にする事情が生じた場合，その事情の終了後一定期間（6ヵ月または2週間）が経過するまでのあいだ時効の完成を猶予するという制度。時効期間満了近くになって天災事変が起きた場合や，未成年者・成年被後見人に法定代理人がいない場合，夫婦の一方が他方に権利を有する場合などに認められる（民158〜161）。中断と異なり，すでに経過した時効期間は無効とならない。

（草野元己）

時効利益の放棄（じこうりえきのほうき）
　時効の完成による利益を受けない，という意思を表示すること。時効完成後，時効利益の放棄をした当事者は，時効の援用権を失う。時効利益の享受を潔しとしない者の意思を尊重したものとされる。ただし，時効完成前に放棄をすることはできない（民146）。債権者が債務者の不利な地位につけ込んで時効利益の放棄を強要することを防ぐためである。なお，時効完成を知らずになされた債務の承認は時効利益の放棄に当たらないが，信義則上もはや時効の援用は許されない，とされる（最大判昭41.4.20，民集20巻4号702頁）。

（草野元己）

自己契約（じこけいやく）
　代理人が法律行為を行うにあたり，自ら本人の相手方となり，代理人と自己の資格を兼ねて自分自身と契約を締結する行為を，自己契約という。契約においては本人と相手方の利益が対立するのが通常であるため，本人に対する利益相反行為となるおそれがあり，原則として禁じられている（民108）。自己契約による代理行為は無権代理となると解されている。もっとも，本人の事前の許諾または事後の追認があるときおよび，既存の債務の履行については，本人の利益を害することがないため，この限りではない。⇒双方代理

（武川幸嗣）

自己の財産に対するのと同一の注意義務（じこのざいさんにたいするのとどういつのちゅういぎむ）
　受寄者の契約上の中心的な義務として，物の保管に際しての注意義務があり，無償寄託では，自己の財産に対するのと同一の注意義務が課されるが（民659），有償寄託では，善管注意義務を負うと解するのが通説である（民400）。自己の財産に対するのと同一の注意義務は，善管注意義務よりも程度の低い注意義務であり，無償寄託では，受寄者個人の具体的な注意能力に応じ

た注意を払えば足りる一方，善管注意義務を課される有償寄託では，受寄者の属す職業や地位に応じて期待される一般的な注意まで要求される。⇒善管注意義務，受寄者　　　　　（前田美千代）

死後離縁（しごりえん）

普通養子縁組の当事者の一方が死亡した後に生存当事者が離縁をしようとするときは，家庭裁判所の許可を得てすることができる（民811Ⅵ）。昭和62（1987）年改正前は，養親死亡後に養子からする離縁に限られていた。当事者の死亡によって縁組は解消していると考えられることから，死後離縁は，死亡者との法定血族関係を終了させることに意義がある。死亡した者との離縁により，その親族（死亡した養子の子など）との親族関係も終了する。⇒離縁　　　　　　　　　　（床谷文雄）

持参債務（じさんさいむ）

債権者の住所で履行する債務を持参債務という。民法484条は，特定物債権以外は，持参債務を原則としている。種類債権の場合には，債権者の住所で債権者がいつでも目的物を受領できる状態になったとき（現実の提供，民493本文）が，「物の給付をするのに必要な行為を完了」したとき（民401Ⅱ）であり，それにより特定する。⇒取立債務　　　　　　　　　　　（赤松秀岳）

事実たる慣習（じじつたるかんしゅう）

従来の通説は，慣習を法的確信の伴う慣習（慣習法）と法的確信の伴わない慣習（事実たる慣習）とに分け，法の適用に関する通則法（以下，「通則法」という）3条（旧法令2条）の慣習は慣習法，民法92条の慣習は事実たる慣習であるとしていた。しかし，この区別に従うと，法的確信の伴う慣習法は任意規定に劣後する（通則法3）が，単なる事実たる慣習は任意規定に優先する（民92）という奇妙な結果になる。そこで，最近では，慣習概念の区別をせずに，民法92条が通則法3条の特則であるなどと解することにより，慣習が任意規定に優先して法律行為の解釈の基準となることを認める学説が多い。⇒慣習法　　　　　　　　　（後藤巻則）

使者（ししゃ）

他人（本人）が決定した意思表示を伝達する者をいう。代理と同様，他人の事務を処理する制度の一つであるが，代理では代理人が意思決定をするのに対し，使者では意思決定をするのは本人である。そのため，代理の場合は，意思の欠缺や意思表示の瑕疵は代理人を基準として判断される（民101）のに対し，使者の場合には，意思の欠缺や意思表示の瑕疵は本人を基準にして判断される。⇒代理人　　　（鹿野菜穂子）

自主占有（じしゅせんゆう）

所有の意思をもってする占有を自主占有という。ここにいう所有の意思とは，所有者としての事実的支配を行う意思を指すが，その有無は，占有取得原因（権原）の性質その他の占有態様などから客観的に評価され，占有者の主観は問わない。例えば，売買に基づいて開始された買主としての占有は自主占有である。所有の意思は，所有権の取得時効（民162），無主物先占（民239）の要件となる。また，所有の意思は推定される（民186Ⅰ）。⇒他主占有，取得時効，所有の意思　　　（武川幸嗣）

事情変更の原則（じじょうへんこうのげんそく）

契約の締結後に契約の基礎あるいは前提となっていた社会的事情につき契約締結時には予見することができなかった著しい変化が生じ，当初の契約

内容の履行を強制することが著しく衡平に反する場合に，その契約の解除または内容の改訂を認めるという原則。「契約は守られなければならない」の原則の例外。第一次大戦後のドイツの急激なインフレーション下において判例・学説が展開した法理を，わが国の学説が紹介し，後に比較法的研究が進んだ。わが国では信義誠実の原則の一適用場面として根拠づけられている。学説上は，契約の基礎となっていた事情の著しい変更が生じたこと，それが予見しがたいものであったこと，それが当事者の責めに帰すことのできない事由によるものであったこと，当初の契約内容に当事者を拘束することが信義に反することが要件とされている。もっとも，最高裁判例には，具体的事例においてこの原則の適用を肯定したものはない。なお，この原則は，民法の諸規定（民589，609，610，628，663Ⅱ，678，683など）の基礎となっており，また，借地借家法11条，32条もこの原則を具体化したものである。

（笠井 修）

事前求償権（じぜんきゅうしょうけん）
　保証人が未だ保証債務を履行していなくても，主たる債務が弁済期にある場合，主たる債務者が破産手続き開始の決定を受けたのに債権者が配当加入しなかった場合などにおいて，保証人の主たる債務者に対して認められる求償権である（民460）。委託を受けた保証人に限り認められる。事前求償権の行使に対して，主たる債務者は，保証人に担保を供させることができ（民461Ⅰ），また，担保を供するなどして事前求償を免れることができる（民461Ⅱ）。

（平野裕之）

自然債務（しぜんさいむ）
　自然債務とは，債権者から裁判上の請求ができない債務の総称である。消滅時効（民145）が援用された債務や，公序良俗に違反する債務（民90）のように，法律上訴求できない債務とか，裁判上の請求をしない特約のある債務がこれに含まれる。これらは，債務者から任意の履行をした場合に限り債権が実現され，その場合，債権者は返還を必要としない（給付保持力があるという）。なお消滅時効援用後の履行は有効な債務の履行と解され（民508参照），公序良俗違反の債務の履行では返還請求権が否定される（民708）。

（池田真朗）

自然法（しぜんほう）
　自然または事物・人間の本性に基づく法であり，人間のつくる実定法と対比して用いられる言葉である。論者により，自然法が実定法を根拠づけるものとなる場合があり，また，実定法を批判する根拠となる場合がある。近世自然法思想は，土地や動産など個々の所有物という客観的な存在を離れて，人間を出発点にして物支配の主観的な権利としての抽象化された所有権を形成するために役割を果たし，人権概念にも影響を与えた。

（小柳春一郎）

下請負（したうけおい）
　原則，請負人は労務を第三者（下請負人）に請け負わせうる（下請負。民法上は請負）。注文者との関係では下請負人は請負人の履行補助者に過ぎず，下請負人の故意・過失は請負人自身の帰責性に含まれる。建設業法は，書面による発注者承諾のない一括下請負・一般建設業者の一定額以上の下請契約をともに禁止し，特定建設業者の一定額以上の下請契約に監理技術者配置を要請する（建設業法16，22，26Ⅱ）。下請負人（製造委託および修理委託）保護は下請負代金支払遅延等防止法が手当て

している。⇒請負　　　（黒田尚樹）

示談（じだん）

広義では、当事者間に存する争いをやめる合意を指すが、狭義では、当事者一方のみの譲歩によって争いをやめる合意を指す。また、当事者双方の合意によるという点で、第三者（仲裁人）の下す判断に服す合意である仲裁契約とは異なる。⇒和解　（西原慎治）

質権（しちけん）

設定者（債務者・物上保証人）から提供を受けた目的物を質権者が占有し、その物について他の債権者に優先して被担保債権の弁済を受けることができる約定担保物権（民342）。抵当権と異なり、単に優先弁済的効力だけでなく留置的効力を有する点が特徴。物上代位性（民350, 304）・不可分性（民350, 296）も有する。質権設定契約は要物契約であり、目的物の引渡しによってはじめて効力を生ずる（民344）。
（小山泰史）

質物（しちぶつ）

質権の目的物となりうるのは、動産・不動産・権利（財産権）である。ただし、譲渡可能性を欠くもの（例、譲渡禁止特約付の指名債権、民466Ⅰ）は、質物の目的たり得ない（民343）。動産質では設定者が目的物を利用できないため（民344, 345）、その利用は少なく、また、不動産では抵当権が多く利用されるため、その利用は例外にとどまる。質権は、むしろ、主として有価証券や知的財産権等を担保化するために用いられる。　　　　　　　　（小山泰史）

失火責任法（しっかせきにんほう）

民法709条の特別法として、失火の場合には重過失によるものでなければ賠償責任を負わないと規定する。木造家屋の多い日本においては、失火による損害は延焼などの可能性が高く損害が拡大することが考えられることから、過失責任主義によると失火者が過大な責任を負うことに鑑み、明治32年に制定されたものである。現在では、木造家屋が減少するなど立法当時の状況とは変化しており、失火責任法を無制限に適用することは妥当でないとされている。
（加藤雅之）

失踪宣告（しっそうせんこく）

生死不明の不在者につき、一定期間が経過した場合に、利害関係人の請求を受けた家庭裁判所による失踪宣告がなされうる（民30、普通失踪と特別失踪の区別あり）。その結果、不在者は死亡したものとみなされ（民31）、相続等が開始する。なお、失踪者の生存や別の時点での死亡が証明された場合、家庭裁判所は当該宣告を取り消さねばならないが、その効果は宣告後取消し前の善意の行為に及ばず、利得返還も現存のそれで足りる（民32）。（一木孝之）

実体法（じったいほう）

私法においては、民法、商法など権利・義務の存否および内容を定める規範であり、権利実現を規定する民事訴訟法、民事執行法などの手続法と対比して用いられる。歴史的には、権利の実現に関する制度がまず形成され、その後に抽象的な権利のあり方を定める実体法が整備されてきたと考えられるが、現在では、実体法が認めた権利を具体的に実現するための手段的な制度として手続法を理解することも可能である。
（小柳春一郎）

実定法（じっていほう）

①国家機関等により一定の手続を経て定められた規範であり、自然法と対比して用いられる。国会等の制定によ

る法律のみならず，慣習法もまた包含される。実定法正当性の根拠は，社会制度などの客観的存在であり，自然法の場合が理性・人間の本性といういわば主観的存在であるのと異なる。②基礎法（法哲学，法史学，法社会学等）と対比して，制定法解釈を主たる研究内容とする法または法学を意味することもある。　　　　　　　　（小柳春一郎）

指定充当（していじゅうとう）

弁済の充当方法について合意がない場合における一方当事者の意思表示による弁済の充当方法。弁済者が第一次の充当権を有し，給付時に弁済を充当すべき債務または給付を指定できる（民488Ⅰ，Ⅲ，490）。ただし，費用，利息，元本は，この順で充当される（民491Ⅰ）。弁済者の指定がない場合は弁済受領者が受領時に充当を指定できるが，弁済者が直ちに異議を述べると指定は効力を失い法定充当となる（民488Ⅱ）。⇒法定充当　　　　（大窪　誠）

指定相続分（していそうぞくぶん）

被相続人が相続分を指定するときは，遺言によらねばならず，これは第三者に指定を委託する場合も同様である（民902）。なお，相続分の指定は，遺留分に関する規定に違反することができない。指定相続分が遺留分を侵害する場合，遺留分権利者は減殺請求することができる（通説）。相続人の一部についてのみ相続分を指定した場合，他の相続人の相続分は法定相続分の規定によって定まる（民902Ⅱ）。⇒相続分
　　　　　　　　　　　　（常岡史子）

私的自治の原則（してきじちのげんそく）

私人間の法律関係は，当事者が自主的に決めるべきであるとする原則。この原則によれば，市民相互の関係に国家が権力的に介入することは許されず（国家と市民社会の二重性），一般市民の間の法律関係は，基本的には当事者の合意によって形成されることとされる。したがって，意思自治の原則と同視されることも多いが，両者は異なるとする見解もある。⇒契約自由の原則
　　　　　　　　　　　　（滝沢昌彦）

児童虐待防止法（じどうぎゃくたいぼうしほう）

「児童虐待の防止等に関する法律」が正式名称。1990年代に相次いだ乳幼児の虐待死事件を契機に，2000年に施行。身体的虐待，性的虐待，保護の懈怠（ネグレクト），心理的虐待の4態様を児童虐待と定義し（2条），児童虐待を禁止し（3条），行政機関の責務等（4条）を定める。04年改正で，DV（→「DV防止法」）を児童に見せることを心理的虐待に追加したほか，行政機関の責務等を拡充し，被虐待児童に対する支援を追加（13条の2）するなど，制度を危機介入から児童の自立支援・家族の再統合に広げ，07年改正で，児童の住居所への臨検・捜索が可能とされた。　　　　　　　　　　（本山　敦）

自働債権・受働債権（じどうさいけん・じゅどうさいけん）

法定相殺において，相殺権を行使する側の債権を自働債権といい，相殺される側の債権を受働債権という。自働債権の債権者は，相殺により自らの債権の回収を図ることができるので，受働債権について担保権を有するのと類似の地位に立ち，その結果，相殺は自働債権の債権者にとって事実上の担保的機能を有することになる。また，受働債権が差押さえられた場合や譲渡された場合には，自働債権の債権者と，差押え債権者ないし債権の譲受人との優劣関係が問題となる。（山田八千子）

自動車損害賠償保障法（じどうしゃそんがいばいしょうほしょうほう）

自動車事故による被害者救済を目的とした特別法。自動車の普及に伴い、潜在的加害者が増加する一方で、自動車事故による被害は深刻なものとなるため、昭和30年に制定された。この法律では、被害者は加害者の故意過失を立証する必要がなく、運行供用者が免責事由を証明できない場合に賠償責任が認められる。また、強制的な責任保険（自動車損害賠償責任保険）により、賠償額を確保することにより被害者が確実に賠償を得られることとしている。

（加藤雅之）

自筆証書遺言（じひつしょうしょいごん）

遺言者が全文、日付、氏名を自署して捺印することによってなす遺言（民968Ⅰ）。自筆できる人であれば誰でも単独で作成でき、公証人の関与や証人の立ち会いが不要であるため、安価で簡便という利点がある。しかし、遺言書の偽造・変造や隠匿・破棄のリスクがあるだけでなく、遺言者に法律知識がない場合には意味不明な遺言になったり様々な方式違背をしやすいため、効力をめぐる紛争を生じさせることがあるという欠点がある。⇒遺言

（中川忠晃）

試味売買（しみばいばい）

売主が買主に目的物を試す機会を与え、その上で買主が気に入れば買うという売買であり、その目的物が買主の意に適うことを停止条件として成立する。試験売買ともいう。　（森山浩江）

事務管理（じむかんり）

義務がないにもかかわらず、他人のためにする意思でその他人の事務を処理すること。事務管理は、一面で「いらぬお節介」でもあるが、民法は、相互扶助の観点から、これを適法なものとし、利害調整のため、事務管理者と他人（本人）との間に法定の債権債務関係を発生させている。事務管理は委任に類似することから、委任規定の一部が準用されているが（民701参照）、合意によらないことから管理者の権利は委任よりも狭い。

（花本広志）

指名債権（しめいさいけん）

一般の売掛債権や貸付債権等、債権者と債務者が決まっていて、手形のように権利が証書に化体されていない（証券化されていない）債権をいう。債務者がいまだ不特定で将来発生する指名債権も観念しうる。譲渡は譲渡人と譲受人の合意だけででき、その対抗要件としては民法467条に規定される手続きを具備することが要求される（法人が譲渡人となる金銭債権の場合には動産債権譲渡特例法の登記によることもできる）（⇒「債権譲渡の対抗要件」を参照）。
⇒指図債権、無記名債権　（池田真朗）

指名債権質（しめいさいけんしち）

特定人の特定人に対する債権（指名債権）に質権を設定する場合、動産等と異なり目的物の引渡しを観念できないため、質権本来の留置的効力を語る余地はない。平成15年改正前の民法363条では、指名債権であってもその証書があるときは、その交付が質権の成立要件であった（質権の成立要件としての要物性）。しかし、証書のない債権に対する質権設定も有効であるため、改正法は、手形債権等証書の交付が譲渡に必要な債権の債権質に限って、なお証書の交付を質権の成立要件とした（改正後の民363）。対抗要件は通常の債権譲渡に等しく（民364）、債権質権者は、弁済期到来後、第三債務者に対して直接の取立権を行使しうる（民366

I）。⇒債権譲渡　　　　　（小山泰史）

借地借家法（しゃくちしゃくやほう）

民法の賃貸借（民601以下）の規定では借地人および借家人の地位が不安定であることから，建物，ならびに建物の所有を目的とする地上権および土地賃借権について特別の定めをして，借家人および借地人の保護を図った法律。平成3年に，従来の借地法，借家法，建物保護に関する法律を廃止して，これらの法律を新たに総合するものとして制定された（平成3年法律90号，同年10月4日公布，平成4年8月1日施行）。

（鎌野邦樹）

社団法人（しゃだんほうじん）

社団法人とは，一定の目的の下に結集した人の組織体で法人格が認められたものをいう。構成員が必要とされ，財産の集合体である財団法人と区別される。社団法人は，構成員の意思を総合して団体意思を形成し，これに基づき自律的活動を行う（自律的法人）。団体意思を決定する機関としては，社員総会が存在する。財団法人は非営利法人にしか認められないが，社団法人は，非営利法人においても営利法人においても認められる。

（山田創一）

収去義務（しゅうきょぎむ）

賃借人は，賃貸借の終了に際しては賃借物に付属させた物を収去する権利を有する（民616による民598の準用）が，他方，賃貸借が終了したときは，賃借人は賃借物を賃貸人に返還する義務を負う。返還義務の内容は契約締結時の原状に復して返還する義務であるから，賃借人は，賃借物に付属させた物を収去する義務も負う。付属物が賃借物から独立している場合に，収去義務が発生し，付属物が賃借物に付合して独立性を失ったときは，賃借人の収去義務

はなくなる。　　　　　　（藤井俊二）

集合動産譲渡担保（しゅうごうどうさんじょうとたんぽ）

特定倉庫内の機械・器具・在庫商品などの動産の集合体を一括して目的物とする譲渡担保のこと。集合体に属する個々の動産は独立性を失わないので，個々的に譲渡担保が設定され，その総和が集合動産譲渡担保であるのとの考え方（分析論）もあるが，個々の動産が倉庫内・外への搬入・搬出を繰り返す場合（流動集合動産），そのたびに譲渡担保を設定しなければならなくなるので，判例はこうした動産の集合体を1個の集合物と捉えて，これに譲渡担保が成立するとの考え方（集合物論）を採用している。この場合，どの動産が集合物を構成するのかを明らかにするため，種類，量的範囲，所在場所の三つの基準により目的物の範囲が特定されなければならず，動産がこの範囲に搬入されると担保目的物となり，搬出されると担保目的物からはずれることになる（最判昭62.11.10, 民集41巻8号1559頁）。また，対抗要件は設定契約時になされる集合動産自体の占有改定とされるが，2004年に導入された「動産及び債権の譲渡の対抗要件に関する民法の特例等に関する法律」によって，動産譲渡登記ファイルに集合動産の譲渡の登記がされると，民法178条の「引渡し」があったものとみなされることとなった（動産債権譲渡特例法3Ⅰ）。

（今尾　真）

重婚（じゅうこん）

すでに配偶者をもつ者が重ねて法律上の婚姻をすること。重婚は，民法732条によって禁止されているだけではなく，刑法上も2年以下の懲役刑に処せられる（刑184）。一夫一婦制を採用しているわが国としては，当然の規定で

ある。最も典型的な例は，離婚後に再婚したところ離婚が無効になったり，取り消された場合である。なお，法律上の婚姻関係にある者が配偶者以外の者と内縁関係をもつ重婚的内縁関係は，重婚ではない。⇒婚姻障害　　（三宅篤子）

重婚的内縁（じゅうこんてきないえん）
　法律婚配偶者がいる者が，他の男性あるいは女性と夫婦同様の共同生活を送っている場合を重婚的内縁という。古くは，重婚的内縁は一夫一婦制の倫理（民732）に反し公序良俗違反として一切法的保護を受けないと考えられていたが，通説・判例（最判平17.4.21判時1895号50頁）は法律婚破綻の状況との相関により重婚的内縁保護を認めている。そこで，重婚的内縁についても法律婚が破綻し実体を失っている（事実上の離婚状態）場合には，通常の内縁と同様の法的保護（準婚理論）を認めている。⇒内縁（事実婚）　　（犬伏由子）

住所（じゅうしょ）
　ある法律関係と場所との関連が問題となる場合，例えば不在者の定義（民25），債務履行（民484）や相続開始（民883）につき，基準地となるのが「住所」である。ここにいう住所とは，各人の生活の本拠を指し（民22），客観的実態があれば足りると解される。このほか，住所不明や日本国内に住所が不存在の場合の「居所」（民23）や，ある行為のために選定される「仮住所」（民24）が住所とみなされる。なお，法人につき一般法人4条参照。
　　　　　　　　　　　　（一木孝之）

終身定期金（しゅうしんていききん）
　当事者の一方が，自己，相手方または第三者の死亡に至るまで，定期に金銭その他の物を相手方または第三者に給付することを目的とする定期金債権。終身定期金は，通常，終身定期金契約（民689）によって設定されるが，有償契約の場合には，射倖契約としての性質を有する。今日，終身定期金契約が実際に締結されることは少ないが，その機能は，各種の公的年金，保険制度によって代替されている。（西原慎治）

修繕義務（しゅうぜんぎむ）
　賃貸借契約では，賃貸人は賃借人による賃借物の使用・収益に必要な修繕をしなければならない（民606）。賃貸人には賃借人に使用収益をさせる積極的義務があるからである（民601）。これに対して，地上権等の用益物権や使用貸借によって他人の物を使用収益する場合には，貸主は，借主が使用収益を行うことを認容する消極的義務を負うのみであって，修繕義務を負わない。賃借人に修繕義務を負わせる特約もすることができる。
　　　　　　　　　　　　（藤井俊二）

従たる権利（じゅうたるけんり）
　形式的には別個独立に成立している二つの権利の間に経済的一体性が認められ，一方が他方に従属すべき関係にある場合，「従たる権利」として従物（民87Ⅱ）に準じて扱われる。借地上に建物が存在する場合，建物所有権と借地権は機能的に不可分の関係にあり，借地権は建物所有権の従たる権利として建物の処分に従うのが当事者の合理的意思に適う。そのため，建物抵当権の効力は借地権にも及び，抵当権が実行された場合，その効果として，建物買受人は当然に借地権も取得する。⇒主物・従物　　　　　　（武川幸嗣）

重利（じゅうり）
　学説上争いがあるが，重利を予約して，利息を一定期間延滞した場合に，債権者はそれを元本に組入れることができる。利息が利息を生むので，重利

とも複利ともいう。当然利息制限法の適用がある。年に6回の組入れを約した重利の予約について判例は、毎期の組入利息と組入れた後に生じた利息との合計額が、1年について元の元本額を基に利息制限法の利率で計算した利息を超えなければ、有効としている。

(手塚宣夫)

受益の意思表示（じゅえきのいしひょうじ）

第三者のためにする契約に際し第三者が諾約者に対してなす、契約の利益を享受する旨の意思表示をいい、第三者の権利の発生要件と解されている。受益の意思表示後に、当事者は第三者の権利を変更・消滅させることができない。法律の規定（供託の場合、商648, 675, 信託7など）を欠く場合に、当事者がこの意思表示なくして当然に第三者に権利を取得させることができるかにつき、判例はこれを否定する（多数説肯定）。

(岡本裕樹)

受寄者（じゅきしゃ）

寄託契約において、物を保管する側の当事者のことを受寄者という。受寄者の義務としては、第一に、物の保管に際しての自己の財産に対するのと同一の注意義務（無償寄託、民659）、第二に、寄託者の承諾なく第三者へ再寄託することの禁止（民658Ⅰ）、第三に、受寄者特有の付随的義務として、受寄物につき権利を主張する第三者が、受寄者に対して訴訟を提起したり、差押えをなしたときには、遅滞なく寄託者に通知する義務がある（民660）。⇒寄託

(前田美千代)

熟慮期間（じゅくりょきかん）

相続人が単純承認・限定承認・相続放棄を選択するためには、相続財産を調査して（民915Ⅱ）、利害得失の検討を要する。そのための時間的猶予が熟慮期間で、相続人は原則3ヶ月以内に選択する。熟慮期間は家庭裁判所の許可を得て伸長することもできる（民915Ⅰ）。家庭裁判所の実務では、熟慮期間経過後の相続放棄の申述でも受け付けるが、すでに単純承認したと見られるような場合には却下される。また、熟慮期間経過後の相続放棄の申述に対して、相続債権者等が無効を争うこともある（最判昭59.4.27, 民集38巻6号698頁参照）。

(本山　敦)

授権行為（じゅけんこうい）

他人に代理権を授与する行為をいう。任意代理における代理権は、授権行為に基づいて発生する。民法は、任意代理を、「委任による代理」と表現しているが（民104, 111Ⅱ）、任意代理権は、委任のみならず、委任以外の事務処理契約（雇用、組合、請負等）に伴って生ずることもあるので、今日では委任と代理との直接的な関係は否定され、授権行為という観念が承認されている。授権行為の法的性質については、見解の対立がある。

(鹿野菜穂子)

手段債務（しゅだんさいむ）

手段債務とは、医師の診療債務のように、必ず治癒するかどうかという結果が重要なのではなく債務の本旨に従った履行の過程が重要な債務をいう。特定物の引渡しや建物の建築のような、一定の結果の実現を目的とする「結果債務」と区別される。フランス民法に由来する分類である。手段債務の場合、債務不履行（不完全履行）のあったこと自体の立証（これは債権者側に立証責任がある）が必ずしも容易でないという問題がある。⇒結果債務

(池田真朗)

出資（しゅっし）

出資とは、組合員になるために、あ

るいは，組合員の義務として，組合に対して行う給付のことをいう。金銭等の財産を出資する場合を，財産出資と呼び，肉体的な労務あるいは知的な労務に服することを目的とする出資を，労務出資と呼ぶ。組合の行う共同事業により利益があがった場合には，これを組合員で分配するが，特に定めがなければ，分配の割合は，出資の割合である（民674）。⇒組合，組合財産

（前田美千代）

取得時効（しゅとくじこう）
　ある者が権利者であるかのような状態が長期間継続した場合に，その事実状態が真実の権利関係に一致するかどうか問うことなく，事実状態に沿った権利の取得を認める制度。所有権を時効取得するための要件は，物を所有の意思をもって，平穏かつ公然に一定期間（20年，占有開始時に善意・無過失ならば10年）継続して占有すること（民162）。また，所有権以外の財産権は，自己のためにする意思をもって，平穏・公然に20年または10年，財産権を継続行使することにより，時効取得される（民163）。

（草野元己）

受忍限度（じゅにんげんど）
　社会生活上，その構成員が相互に受忍することが一般的に相当とされる，他人の干渉から被る不利益の限度。特に生活妨害に関して，受忍限度超過の有無で不法行為の成立要件たる違法性の存否を判断することが提唱された（受忍限度論）。伝統的学説が，被侵害利益の種類と侵害行為の態様の相関関係で違法性を判断するのに対し，受忍限度超過の有無は，被侵害利益の性質・程度や地域性，侵害行為の公共性などの諸要素を総合的に判断する。

（大塚　直・手塚一郎）

受任者（じゅにんしゃ）
　受任者とは，法律行為や法律行為以外の事務の委託を受ける者のことで，例えば，契約締結や訴訟の委託を受ける弁護士や診断・治療等を内容とする医療行為の委託を受ける医師のことである。受任者の中心的義務は，委任事務を処理することであるが，その際に，善管注意義務（民644），報告義務（民645），受領した金銭などの引渡義務（民646 I），委任者のために自己の名で取得した権利の移転義務（民646 II）を負う。最後の義務につき，受任者が代理権を有する場合には，当然に本人（委任者）に権利が帰属する。なお，任意後見契約における受任者は，任意後見受任者と呼ばれ，任意後見監督人の選任後は任意後見人と呼ばれる。⇒善管注意義務，受任者の報告義務

（前田美千代）

受任者の報告義務（じゅにんしゃのほうこくぎむ）
　受任者は，委任者の要請がある際には，いつでも委任事務処理の状況について報告し，また，委任事務処理が終了した後は，遅滞なくその顛末を報告しなければならない（民645）。委任者が委任事務処理の状況を知りたいのは正当な希望であるし，委任の本旨に従い事務を処理していないと認められる場合には，委任契約を解除する必要も生じるからである。なお，この特則として，商法上の代理商の通知義務がある（商27）。⇒受任者

（前田美千代）

主物・従物（しゅぶつ・じゅうぶつ）
　ある物の効率的利用を継続させるため，所有者が自己の所有する別の物を付属させることがある。この場合における利用の中心が主物，補助的役割を果たすのが従物である（民87 I）。一例として家屋と建具の関係がある。従物

の特質は，主物からの物理的独立にある（その意味で付加合物と異なる）が，別段の意思表示がない限り，従物は主物の処分に従うことになる（民87Ⅱ）。なお，両者の区別は，抵当権の効力の範囲との関連でも問題となりうる。⇒付加一体物　　　　　　（一木孝之）

受領遅滞（じゅりょうちたい）

給付の受領は債権者の権利であって義務ではないため，不受領は受領義務の不履行ではない。しかし，債務者が給付を提供して履行を完了したくても，債権者が受領に応じなければ，債務者は債務の負担を免れない。そこで，債務者をこの不利益から救済するために，法が特に認めた制度が受領遅滞である（民413，ただし給付の不受領を債権者の債務不履行とみる学説もある）。債権者が受領しないことによって債務者が被る不利益，とりわけ物の保管費用や物の滅失の危険が債権者に転嫁される。

（北居　功）

種類債権（しゅるいさいけん）

一定の種類に属する物のうち一定の数量の引渡しを目的とする債権である。例えば，ビール1ダースを給付すべき場合などだが，この場合日本酒でもワインでもなく，ビール12本であれば，具体的にどの12本でもよい。また，ビールの品質にいくつかの等級がある場合，当事者意思が明らかでないときは，中等の品質の物を給付しなければならない（民401Ⅰ）。種類債権の場合，給付した物に欠陥がある場合，債務不履行・不完全履行になる。⇒制限種類債権　　　　　　（赤松秀岳）

準委任（じゅんいにん）

民法は，法律行為でない事務を委託する場合を準委任と呼び（民656），法律行為の委託を委任と呼んで（民643），両者を区別する。これは，もともと委任を代理に限定した旧民法に由来し，任意代理の内部関係が委任と考えられたため，代理関係を伴わないケースである法律行為でない事務の委託は，委任に準ずべきものとされたからである。しかし，準委任には委任の規定がすべて準用されるため，法律行為か否かで区別する必要性はない。例えば，医師との診療契約は準委任であるが，医療過誤訴訟の際には，準委任契約の債務不履行ではなく，不法行為で争われることも多い。⇒委任　　（前田美千代）

準事務管理（じゅんじむかんり）

他人の事務を自己の利益のために管理した場合，利他意思がないから事務管理とはならないが，ドイツ民法では準事務管理として事務管理に準じて取り扱われる（ド民687Ⅱ）。わが民法には規定がないため，かつてはこれを否定するのが通説であったが，現在の通説は，利益を得ようと故意に他人の人格権や知的財産権を侵害するなど悪質な行為を抑止するためには，解釈論として準事務管理を認めるべきだとする。⇒事務管理　　　　　　　（花本広志）

準消費貸借（じゅんしょうひたいしゃく）

例えば，未払いの売買代金を契約当事者の合意により以後はその金額を貸借の形にするときのように（その際に併せて利息の約束がなされることが多い），消費貸借によらないで金銭その他の物を給付する義務を負う者がある場合において当事者がその物を消費貸借の目的とすることを約したときに，この約定により成立する契約（民588）。⇒消費貸借　　　　　　　（鎌野邦樹）

準正（じゅんせい）

嫡出でない子として出生した子に嫡

出子の身分を与えること。父に認知された子が父母の婚姻によって準正される場合を婚姻準正，婚姻前に出生した子を父母が婚姻後に認知した場合を認知準正，という（民789）。嫡出でない子の父母の婚姻を促進し，嫡出子とすることで子の利益を保護しようとするものである。婚姻準正の場合は父母の婚姻の時から，認知準正の場合も父母の婚姻時にさかのぼって，子は，嫡出子の身分を取得する。⇒非嫡出子，嫡出子

（床谷文雄）

準占有（じゅんせんゆう）

物の占有を伴わない権利であっても，ある者が，自己のためにする意思をもって財産権を行使する場合，その財産的利益に対する事実的支配を保護するために，占有権に準じた法的保護が与えられる。これを準占有という（民205）。特許権，著作権，商標権などの知的財産権が主要な対象とされている。なお，債権準占有者に対する弁済の保護は，債権を行使する者ではなく，弁済者の信頼保護を目的としているため，区別する必要がある。⇒占有（権），債権の準占有者への弁済

（武川幸嗣）

準則主義（じゅんそくしゅぎ）

準則主義とは，法律の定める一定の組織を備え一定の手続きにより登記したときに，法人の設立が認められるとする主義をいう。要件の充足は法人登記に際し審査（形式審査）されるが，所轄庁が関与することはなく，許可主義や認証主義（法人の設立に際し所轄庁の認証〔確認行為〕を要するとする主義）より自由度が大きい。一般社団法人・一般財団法人（一般法人3，22，163），会社（会社3，49，579）等がこれに属する。

（山田創一）

準法律行為（じゅんほうりつこうい）

例えば，成年被後見人の取引は取り消すことができるが（民9），このとき，取引の相手方は，後見人に対して追認するか否かを確答すべき旨の催告をすることができ，確答がないときには追認したものとみなされる（民20）。この催告は，内心の表現である点で法律行為に似ているが，表示されている意思（確答の催告）と表示の効果（追認の擬制）とが一致しない点では法律行為と異なる。これを準法律行為といい，法律行為に関する規定をなるべく適用すべきとされる。準法律行為には，催告のような「意思の通知」の他に，民法467条1項の債権譲渡の通知のような「事実（正確には事実に関する観念）の通知」などがある。

（滝沢昌彦）

承役地（しょうえきち）

ある土地の便益のために他人の土地を利用する場合（通行するためであるとか水を引かせてもらうため等）に地役権が設定される。その地役権が設定される土地，すなわち便益を提供する他人の土地を承役地という。⇒要役地

（江口幸治）

承継取得（しょうけいしゅとく）

所有権の取得形態のうち，前主の所有権を，その客体に対して設定された様々な負担（借地権，地役権，先取特権，抵当権など）とともに承継する権利取得の方法。このうち，一個一個の所有権ごとに取得手続が行われる特定承継（売買，贈与，交換，特定遺贈などによる）と，一定の範囲に属する複数の所有権につき，包括的に取得手続が行われる包括承継（相続，包括遺贈，法人の合併など）がある。⇒物権変動

（松尾　弘）

承継人（包括承継人を含む）（しょうけいにん（ほうかつしょうけいにんをふくむ））

法律効果として財産上の権利ないし法律上の地位が移転する場合における、受動主体を総称して承継人と呼ぶ。承継人は、相続人・包括受遺者・合併における存続会社のように、財産上の権利義務の一切を含む法律上の地位を総て承継する包括承継人と、特定の財産権の譲渡における譲受人のような特定承継人とに分類される。⇒第三者

（武川幸嗣）

証券的債権（しょうけんてきさいけん）

民法は、指名債権と手形等の有価証券との間に位置する中間的な債権を3種類規定した。指図債権（民469以下）、記名式所持人払債権（民471）、無記名債権（民473）である。いずれも、債権を証書に化体するが、債権の譲渡や行使と証書の存在とが完全にではなくある程度関連している債権である。これらを一般に証券的債権という。起草者はこの種の債権の汎用を想定していたが、現実には指名債権か有価証券に二極分化し、あまり活用されていない。

（池田真朗）

使用者責任（しようしゃせきにん）

被用者が事業の執行について第三者に損害を与えた場合に、使用者がその損害を賠償する責任を負う（民715）。ただし、使用者が被用者の選任監督につき相当の注意をしたときは免責される（民715ただし書）。すなわち、使用者は被用者による具体的加害行為についての故意過失がなくても責任を負うこととなる（中間責任）。もっとも、使用者の免責はほとんど認められないため、実質的には無過失責任に近いものといえる。使用者がこのような責任を負う根拠については、報償責任、危険責任の考え方に基づくものとされている。使用者責任に基づき使用者が責任を負う場合でも、被用者自身の不法行為を問うことはでき、この場合の両者の責任は不真正連帯の関係にあるとされる。⇒報償責任、危険責任

（加藤雅之）

使用貸借（しようたいしゃく）

無償で物を貸借する契約。当事者の一方（借主）が無償で使用および収益をした後に返還することを約して、相手方（貸主）からある物を受け取ることによって、その契約の効力が生ずる（民593）。無償の点で賃貸借と異なる。⇒賃貸借

（鎌野邦樹）

承諾（しょうだく）

契約とは当事者の合意（意思の合致）であるが、内心の意思は外部に表示されなければ相手方には分からないので、意思表示の合致という形をとる。例えば「これを買わないか」という意思表示に対して「では買おう」と意思表示をすれば契約が成立するが、このとき、第二の意思表示（「では買おう」）の方を申込みに対する承諾という。なお、意思表示の内容の問題ではないので、「それを売ってくれないか」という表示に対して「では売ろう」と表示したときでも、第二の意思表示（「では売ろう」）が承諾である。⇒申込み

（滝沢昌彦）

承諾期間のある申込み（しょうだくきかんのあるもうしこみ）

契約の申込みをする際に「これを買わないか。1週間以内に返事が欲しい」などと承諾のための期間を定めた場合を、承諾期間のある申込みという。この場合には申込みに拘束力が生じ、その期間内は申込みを撤回することが認められないので（民521Ⅰ）、もっと高い値段で買おうという者が現れたとしても、売主は、1週間は最初の相手

の返事を待たなければならない。申込みを撤回して別の者に売っても、申込みの撤回は無効であるから、相手が承諾したときには契約が成立し、売主は契約違反の責任を負うことになる。

(滝沢昌彦)

承諾転質（しょうだくてんしち）

質権者が原質権設定者の承諾を得て転質権を設定すること。承諾転質の要件・効力は承諾の内容によって決められることになる。一般に、承諾転質は、原質権設定者が質権者に弁済しても転質権は消滅しない、転質権の被担保債権の弁済期が到来すれば転質権を実行することができる、原質権者は不可抗力によって生じた損失を負担しない、等の点において責任転質とは異なると解されている。

(髙橋智也)

承諾転貸（しょうだくてんたい）

賃借人が適法に賃借物を転貸したときは、転借人は、賃貸人に対して直接に義務を負う（民613Ⅰ前段）。また、賃貸人と賃借人とが賃貸借解除の合意をしたとしても、その効果を転借人に対抗することはできない。しかし、賃貸借が賃借人の債務不履行を理由に解除された場合には、転貸借は、原則として、賃貸人が転借人に対して目的物の返還を請求した時に、転貸人の転借人に対する債務の履行不能によって終了する（最判平9.2.25, 民集51巻2号398）。⇒賃借権の譲渡・転貸, 賃貸借

(野澤正充)

譲渡禁止特約（じょうときんしとくやく）

⇒債権譲渡禁止特約を見よ

承認（しょうにん）

ある人が他の人に対して、一定の事実を認めること。①自己の債務や相手方の権利の承認（民147③, 156）、②夫による嫡出の承認（民776）などがある。①の場合、時効中断の効力が生じ、②の場合、承認した夫は子が嫡出であることについての否認権を失う。承認の多くは準法律行為の一つである観念の通知に含まれるが、相続の承認（民915以下）のように、場合によっては、意思表示に該当することもある。

(草野元己)

承認（時効中断事由）（しょうにん（じこうちゅうだんじゆう））

時効中断事由としての承認は、例えば借金の借主が貸主に対して借金の存在を認めるように、時効によって利益を受ける者が時効により権利を失う者に対して権利の存在を認める観念の通知である。承認を行うには、何ら特別な方式を必要としない。承認は、明示のみならず黙示でもよいとされ、①支払延期の懇請や、②担保の提供などは、債務の承認と認められる。また、③債務の一部弁済は債務全体についての承認に当たる。

(草野元己)

消費寄託（しょうひきたく）

消費寄託とは、消費寄託の受寄者が、寄託物を消費できて、同種・同等・同量の物を返還すれば足りる契約である。例えば、銀行預金がその典型であり、受寄者である銀行は、同種・同等・同量の金銭を寄託者に返還する。消費寄託は、消費貸借に類似するので、消費貸借の規定が準用される（民666）。ただし、消費貸借が借主の利益のための契約であるので、貸主は、相当の期間を定めて返還の催告をすることができる（民591Ⅰ）と定めるのに対し、消費寄託は寄託者の利益のためのものであるから、寄託期間を定めなかったときには、寄託者はいつでも返還を請求することができる（民666Ⅱ）。⇒寄託

(前田美千代)

消費者契約法（しょうひしゃけいやくほう）

消費者と事業者との間には情報の質および量ならびに交渉力の格差があることから、消費者と事業者との間の契約（消費者契約）について、消費者の利益の擁護を図るために設けられた民法の特別法。具体的には、消費者が事業者の一定の行為により誤認しまたは困惑して行った意思表示を取り消しうるものとし（民4～7）、また、消費者の利益を不当に害する契約条項の全部または一部を無効としている（民8～10）。消費者団体の差止請求権も規定する。⇒錯誤、詐欺、強迫、公序良俗

(鹿野菜穂子)

消費貸借（しょうひたいしゃく）

金銭等を貸借する契約。当事者の一方（借主）が、種類、品質および数量の同じ物をもって返還することを約して、相手方（貸主）から金銭その他の物を受け取ることによって成立する（民587）。古くは、米の貸借などもあったが、今日では、金銭の貸借が一般的であり、有償（利息付き）の場合と無償（無利息）の場合とがある。借主が借りた物は消費し、他の同種・同価値の物を返還する点で、借りた物自体を返還する賃貸借や使用貸借と異なる。⇒準消費貸借

(鎌野邦樹)

消費貸借の予約（しょうひたいしゃくのよやく）

本契約である消費貸借を将来締結することを約する契約。借主の要求に応じて貸主の貸す債務が生じる貸付予約が一般的である。消費貸借の予約は、その後に当事者の一方が破産手続開始の決定を受けたときは、その効力を失う（民589）。⇒消費貸借

(鎌野邦樹)

消滅時効（しょうめつじこう）

権利者がその権利を行使せずに一定期間経過した場合に、権利消滅という効果を生じさせる制度。例えば、貸金債権の債権者が弁済期経過後何の請求もせず、債務者の債務の承認もないまま10年が経過すると、その債権は時効により消滅する（民167Ⅰ）。消滅時効にかかるのは所有権以外の財産権であり、債権・所有権以外の財産権は20年で時効にかかる（民167Ⅱ）。債権の時効期間は原則として10年、商事の場合は5年である（商522）が、種々の債権について、より短い時効期間が特則として定められている。⇒短期消滅時効

(草野元己)

証約手付（しょうやくてつけ）

手付の交付は、契約が成立したことについて当事者の意思を明確にするとともに、その証拠としての意義を有する。このような機能を有する手付を証約手付と呼ぶ。売買契約のような諾成契約においては重要な意義をもつ。⇒解約手付、違約手付

(武川幸嗣)

将来債権譲渡（しょうらいさいけんじょうと）

将来発生する可能性のある債権を譲渡することもできる。将来債権には、債務者となる取引先等が特定している場合も、建築中の賃貸ビルのこれから入居するであろう賃借人のように不特定の場合もある。これらの将来債権についても、実務では、資金調達のために譲渡する要請がある。判例も、将来債権の発生可能性の多寡は譲渡契約の有効性を左右しないとし（最判平11.1.29，民集53巻1号151頁），その特定性については他の債権との識別可能性でよいとされている（最判平12.4.21，民集54巻4号1562頁）。2005年施行の動産債権譲渡特例法では、第三債務者不

特定の将来債権譲渡も、譲渡総額の記載もせずに登記できることになった。
⇒動産債権譲渡特例法　　　　　（池田真朗）

条理（じょうり）

「条理」とは、一般的には「物事のすじみち・道理」という意味であり、法学では、成文法、慣習法、契約等に規範が存在しない場合または規範があっても当該事情に適切ではない場合に規範を提供する正義・公平の原理という役割がある。すでに、1885（明治18）年太政官布告第103号裁判事務心得3条が「民事ノ裁判ニ成文ナキモノハ習慣ニ依り、習慣ナキモノハ条理ヲ推考シテ裁判スベシ」と規定している。
（小柳春一郎）

除斥期間（じょせききかん）

権利関係の速やかな確定を目的として、法が一定の権利について権利行使の期間を定めたもの。消滅時効と異なり、①中断がなく、除斥期間内に権利が行使されないと、その権利は絶対的に消滅する。②援用の必要がなく、裁判所は当然に権利の消滅を認定できる。ただし、権利者に酷になるのを防ぐため、時効の停止（民158～161）は類推される。なお、権利の存続期間とも言われるが、期間内に権利が行使されれば、その権利は存続するため、借地権などの存続期間とは性質を異にする。
（草野元己）

譲渡担保（じょうとたんぽ）

債権担保のために、財産権を譲渡する担保取引を譲渡担保という。目的財産は、動産、不動産、債権などが考えられ、動産と債権については特定した動産ではなく、内容が変動する在庫商品といった集合動産譲渡担保、次々と発生また決済されていく売掛代金債権を包括的に譲渡する集合債権譲渡担保が、近時は注目されている。譲渡担保については、担保目的でありながら「譲渡」という形式をとるため、債権者が取得する権利、設定者に残される権利をどのように理解するかで、所有権的構成と担保権的構成という大きく二つの見解が対立している。また、譲渡担保の対抗要件については、判例は所有権的構成を前提として、所有権や債権移転の対抗要件を認めている。現在では、動産債権譲渡特例法が制定され、動産についても、登記ファイルへの譲渡登記により第三者対抗要件を具備することが可能になっている（動産債権譲渡特例法3、4）。ただし、債権については、債務者（第三債務者）への対抗がさらに問題として残され、譲渡人または譲受人が登記事項証明書を交付して債務者に通知することにより、はじめて債務者に対抗できるようになる（動産債権譲渡特例法4Ⅱ）。
（平野裕之）

処分行為（しょぶんこうい）

管理行為に対する語。財産の現状または性質を変える事実的処分行為（建物の取壊しや自動車の廃棄等）と、財産権の変動を生ずる法律的処分行為（建物や自動車の売却や贈与、不動産に対する抵当権の設定等）とがある。民法は行為能力や権限を定めるについてこの語を用いる（民5、156、602等）。例えば、権限の定めのない代理人は処分行為を行う権限は有しない（民103）。⇒管理行為
（鎌野邦樹）

処分清算型（しょぶんせいさんがた）

譲渡担保権の実行方法として、譲渡担保権者が目的物を他に売却し、その代金から債権の回収を図る方法を、処分清算という。売却代金が被担保債権額を上回る場合には、その差額は清算金として設定者に返還しなければなら

ない。処分清算の場合に、設定者に受戻権があっても、第三者に目的物が譲渡されてしまった時点で、受戻権は消滅する（帰属清算の場合でも同様）。⇒帰属清算型
(平野裕之)

所有権（しょゆうけん）
　外界物を絶対的に（自分だけに固有のものとして）帰属させることが認められる権利。その結果、物を全面的に支配する（自由に使用・収益・処分する。民206）ことができる最も包括的な権利として、権利体系の中核を占める。所有権が認められる私人の範囲が拡大するに従い、その帰属主体としての法人格の平等が促される一方、所有権の交換としての契約と結合して私的自治の基点となることにより、近代法秩序の根幹をなす。⇒物権、所有権絶対の原則
(松尾 弘)

所有権絶対の原則（しょゆうけんぜったいのげんそく）
　所有権に代表される財産権は人間の基本的権利として尊重され、国家において確実に保護されなければならず、政府によって恣意的に制限されないよう、公共の福祉のために用いる場合も、法律の規準に従い、正当な補償を要するとの原則。フランス人権宣言（1789年）17条に象徴され、日本国憲法29条に表れている。私的自治の原則とともに自由主義的法体系を支えるのみならず、権利能力平等の原則の基盤として個人主義的法体系を支え、民法の三大原則の中核をなす。
(松尾 弘)

所有権的構成（しょゆうけんてきこうせい）
　譲渡担保や所有権留保について、所有権を譲渡する、ないし、所有権の移転時期について代金完済時とする合意と構成する学説を、所有権的構成という。この学説においても、設定者に物権的な用益権ないし期待権を認め、所有権の利益を分属させ、設定者にも物権的な権利を認めようとされている。判例は基本的にこの立場であり、譲渡担保について、設定者に被保険利益を認め、被担保債務の弁済により目的不動産の所有権が設定者に復帰し、その後に譲渡担保権者が第三者に譲渡した場合には民法177条の対抗関係になるとしている。⇒担保権的構成
(平野裕之)

所有権留保（しょゆうけんりゅうほ）
　売買契約において、代金債権を担保する目的で、代金が完済されるまでの間は、目的物の所有権を売主に留保する旨の特約。非典型担保の一つである。割賦販売では所有権留保の特約がなされるのが通例である。代金支払に不履行があると、売主は、売買契約を解除して目的物の返還を受け、代金債権の回収を図る。また、売主は、買主の他の債権者に対して、所有権を主張することにより、実質的に目的物からの優先弁済を実現できる。
(田髙寛貴)

所有の意思（しょゆうのいし）
　ある物を所有者として占有しようとする意思。所有の意思をもってする占有を自主占有といい、所有の意思がない占有を他主占有という。自主占有は、取得時効（民162）、無主物の帰属（民239Ⅰ）などの要件となる。所有の意思の有無は、占有者の内心の意思によって決まるのではなく、占有取得の原因である権原または占有に関する事情によって、外形的・客観的に定められる（最判昭58.3.24、民集37巻2号131頁）。売買や贈与など外形上所有権の移転を目的とする行為によって占有を取得すれば、前主が無権利者でもその行為が無効でも自主占有となり、賃貸借や寄

託などによって占有を取得すれば，他主占有となる。なお，占有者は，所有の意思をもって占有をするものと推定される（民186Ⅰ）。したがって，取得時効等を主張する者は，自己の占有が自主占有であることを証明する必要はなく，所有の意思を争う側で，その占有が他主占有であることを証明しなければならない。　　　　　（草野元己）

自力救済の禁止（じりききゅうさいのきんし）

自力救済とは，私人が自らの実力を行使して，権利の実現を図ることをいい，社会秩序を乱すことから，原則として禁止される。国家は，自力救済を禁じる一方，強制執行の手続を設けており，私人はこの手続により国家の手を借りて権利の実現を図らねばならない。しかし，例外的に，自力救済が許される場合もあると解されており，どのような場合に許されるかについては，不法行為責任・占有訴権との関係で問題となる。　　　　　　（大濱しのぶ）

事理弁識能力（じりべんしきのうりょく）

過失相殺（民722）にあたり被害者が具備していることを求められる，損害の発生を避けるのに必要な注意をする能力。判例は，被害者たる未成年者の過失を斟酌する際に「事理を弁識するに足る知能が具わっていれば足り」とし，「行為の責任を弁識するに足る知能が具わっていることは要しない」とした（最判昭39.6.24，民集18巻5号854頁）。下級審判決は5，6歳に達すれば事理弁識能力があると判断するものが多い。⇒過失相殺（不法行為の）
　　　　　　　（大塚　直・手塚一郎）

人格権（じんかくけん）

人格権の定義は一様でないが，生命・身体・健康・自由・名誉・プライバシーなどに対する権利をいう。民法制定当初は，人格権という概念は否定され，これに対する侵害があっても不法行為とならなかったが，現在では学説上も承認され，裁判例においても人格権侵害による損害賠償さらには差止めを認めるものがみられる。⇒プライバシー
　　　　　　　　　　（加藤雅之）

信義誠実の原則（しんぎせいじつのげんそく）

信義誠実の原則（信義則）は，社会の一員として，互いに相手方の信頼を裏切らないように，誠意をもって行動しなければならないという原則である。信義則には，法律の規定の形式的適用が不適切な結果をもたらす場合にそれを修正する機能や，法律の規定が存在しない場合に新たな法命題を創造する機能などがある。信義則は，第2次世界大戦後の民法改正によって，民法1条2項として規定されたが，それ以前から判例によって認められていた。
　　　　　　　　　　（後藤巻則）

親権（しんけん）

父母の未成年の子に対する身分上・財産上の権利義務の総称。監督保護を内容とし，身上に関して，監護教育の権利義務（民820）を基本に，居所指定権（民821），懲戒権（民822），職業許可権（民824），財産に関して，財産管理権および財産行為の代理権（民824）が規定される。親権者はやむを得ない事由があれば，家庭裁判所の許可を得て親権または管理権を辞すことができ（民837），また，親権者が親権を濫用しまたは著しく不行跡のときは，家庭裁判所は子の親族等の請求で親権喪失を宣告できる（民834）。⇒身上監護権，財産管理権　　　　　（山田美枝子）

新権原（しんけんげん）
　占有の開始・取得を基礎づける法律上の原因を権原と呼ぶ。例えば、売買は自主占有権原であり、賃貸借は他主占有権原である。このように、占有の性質は権原の性質によって決定されるが、占有の継続中に、新たな権原によって占有の性質が他主占有から自主占有へと転換する場合がある。すなわち、賃借人が目的物を買い取った場合、売買に基づいて新たに自主占有が開始されるが、これを新権原に基づく占有の転換という（民185）。これは取得時効の成否などに関わる。⇒占有の承継、取得時効　　　　　　　（武川幸嗣）

親権者（しんけんしゃ）
　親権を行う者。婚姻中は原則として父母共同で親権を行うが、一方が行えないときは他方が行う（民818Ⅲ）。養子の親権者は養親である（民818Ⅱ）。離婚後は父母の一方を親権者と定める（民819Ⅰ・Ⅱ）。嫡出でない子の親権者は原則として母であるが、父の認知後は父母の協議または家庭裁判所の審判で父を親権者とすることができる（民819Ⅳ・Ⅴ）。単独親権の場合、子の利益のため必要なら家庭裁判所は子の親族の請求で親権者を変更できる（民819Ⅵ）。親権者がいないときまたは管理権をもたないときは後見が開始する（民838）。　　　　　　　　（山田美枝子）

親権者と子の利益相反行為（しんけんしゃとこのりえきそうはんこうい）
　この場合の利益相反行為とは、親権者に利益となるが親権に服する子に不利益となる行為または親権に服する子の一方に利益となるが他方に不利益となる行為を指す。同行為については公正な親権行使を期待し得ないから、親権は特別代理人選任を家庭裁判所に請求しなくてはならず（民826Ⅰ）、請求せず親権者が子を代理してなした行為は、無権代理行為として、子は成人後にこれを追認できる（判例・通説）。親権者が子の行為に同意を与えた場合は、子の行為は適法な同意なしの取り消し得べき行為となる。　　（山田美枝子）

親権の喪失（しんけんのそうしつ）
　父または母の親権濫用または著しい不行跡のとき、家庭裁判所は子の親族等の請求で親権喪失を宣告できる（民834）。親権濫用とは親権者の職分の不当行使・不行使から子の福祉を害すること（過度の懲戒、監護の懈怠、子の財産の不当処分等）で、著しい不行跡とは素行不良で子の育成に悪影響を及ぼすこと（母の性的不品行も子の福祉を害するか否かが判断基準）である。原因消滅なら、家庭裁判所は本人または親族の請求で宣告を取り消せる（民836）。親権者の一方への宣告では他方が親権を単独行使し、双方への宣告では後見が開始する（民838Ⅰ）。　　　（山田美枝子）

人事訴訟法（じんじそしょうほう）
　人事訴訟に関する手続について民事訴訟法の特例等を定める法。人事訴訟とは、婚姻事件・親子関係事件・養子縁組事件に関する訴えその他の身分関係の形成または存否の確認を目的とする訴えに係る訴訟をいう（人訴2）。その管轄は家庭裁判所に専属し（人訴4）、同裁判所は、その管轄に属しないとする場合でも、家事審判法18条1項に基づき申し立てられた調停事件がその裁判所に係属していたときは、調停経過・当事者の意見等を考慮して特に必要なら、申立てまたは職権により自ら審理および裁断できる（人訴6）。⇒家庭裁判所　　　　　　　（山田美枝子）

身上監護権（しんじょうかんごけん）
　親権者等の子の身上に関する権利義

務で，その総括的・原則的規定は子を監護教育する権利義務（民820）。監護と教育とを分けて規定するため，両者を区別して説明することもあるが，両者が一体となって子は一人前の社会人に育成されると解されている。通常，親権者が監護教育を行うが，離婚後や認知後等に親権者の他に監護者が定められたときは（民766，771，788），親権者は監護者の権限に属する事項については親権を行えなくなる。監護教育は子の利益・福祉を最優先して行う。⇒親権　　　　　　　　　（山田美枝子）

身上配慮義務（しんじょうはいりょぎむ）

成年後見人が行う法律行為は，療養看護に関する事務であっても財産に関する事務であっても，成年被後見人の身上に関するものが多いため，成年後見人は，成年被後見人の意思を尊重し，その心身の状態および生活の状況に配慮しなければならない（身上配慮義務）（民858）。もっとも，身上配慮義務は，成年後見人の後見事務に関する善管注意義務を明確にしたものであるから，介護労働等の事実行為は含まない。⇒成年後見人の職務　　　（冷水登紀代）

親族（しんぞく）

親族とは，6親等内の血族，配偶者，3親等内の姻族を指す（民725）。民法は家族を定義したり，これに団体として法的効果を与えることはしていないが，配偶者および血族・姻族の一定範囲内にある者を親族として，これらの関係にあるものに一定の効果を認めている（民730等）。配偶者を親族に含め，夫婦としての効果以外に親族としての効果を認めていることは比較法的に例がなく，また，親族の範囲が広すぎることについても批判がある。⇒血族，姻族　　　　　　　　　（犬伏由子）

人的担保（じんてきたんぽ）

物的担保の反対概念ないし対概念であり，ある同じ給付のために債務者を増やし，そのことにより責任財産を増加させ，債権の回収可能性を高める形をとる担保を人的担保という。連帯債務（民432以下），保証債務（民446以下）といった民法に規定のあるもののほか，経営指導念書や付従性を有しない損害担保契約なども人的担保の一種と考えられている。⇒物的担保　　（平野裕之）

親等（しんとう）

親等とは親族関係の親疎を示す尺度である。親等は，一つの親子関係（＝世代）を単位（＝1親等）として計算する（民762Ⅰ）。直系親族，例えば，自己の父母や子は1親等の血族，祖父母や孫は2親等の血族である。傍系親については，共同始祖までの親等数をそれぞれ計算し，加算する（民762Ⅱ）。したがって，兄弟姉妹は2親等，伯父伯母は3親等の血族である。親族のうち，配偶者には親等はない。姻族については，配偶者を基準として，血族と同様に計算する。　　　（犬伏由子）

信用保証（しんようほしょう）

根保証の中で，信用取引に基づく債務についての根保証をいう。金融機関と銀行取引を開始する際に，その銀行取引から生じる一切の債務を担保する場合が典型例であるが，継続的供給契約を開始するにあたり，買主側の債務を担保するための根保証もこれに属する。貸金等の根保証では，包括根保証は禁止され（民465の2），また，主債務者・保証人のいずれが死亡しても根保証契約は終了し，保証債務がその時点で確定する（民465の4③）。
　　　　　　　　　　　　（平野裕之）

信頼関係破壊の理論（しんらいかんけいはかいのりろん）

賃貸借契約における賃貸人の解除権を制限する理論であり，判例（最判昭28.9.24，民集7巻9号979頁）によって確立された。すなわち，賃借権の無断譲渡・転貸がなされても，賃借人の当該行為が賃貸人に対する背信的行為と認めるに足らない特段の事情がある場合においては，民法612条2項の解除権は発生しないとした。この理論は，民法612条の場合だけでなく，賃借人による賃料の延滞や保管義務違反を理由とする解除（民541）においても認められている。
（野澤正充）

信頼利益（しんらいりえき）

信頼利益とは，無効な契約を有効と信頼することで当事者が被る損害をいう。売主の担保責任でも，買主が瑕疵がないと信頼したことによって被った損害が信頼利益とされて，その賠償が認められる（民570，566）。これは実質的に，瑕疵を除去するのに要する費用を意味する。担保責任は契約締結前の瑕疵に関係し，しかも売主に過失なく認められる賠償責任であるため，履行利益を超えない限度で，信頼利益の賠償が認められる。
（北居　功）

心裡留保（しんりりゅうほ）

表意者が，表示に対応する内心的効果意思がない（真意でない）ことを知りながら，意思表示を行うこと。例えば，本当は売却する意思がないのに売却の約束をするような場合である。意思の欠缺（不存在）の一場合であるが，この場合は表意者を保護する必要が低く，取引安全を優先すべきことから，その意思表示は原則として有効とされ（民93本文），例外的に，相手方が表意者の真意を知り又は知ることができたときに限り無効とされている（民93ただし書）。
（鹿野菜穂子）

す

随意条件（ずいいじょうけん）

その成就が債務者の意思に左右される条件を随意条件という。「気が向いたら時計を贈与する」というように，債務者の意思だけに成就が左右されるものを純粋随意条件といい，それが停止条件であれば（上の例）法律行為自体が無効となる（民134）。これに対して，不純粋随意条件（「鮮度がよいと思ったら果物を購入する」などのように，当事者の意思だけではなく，鮮度という基準がある条件）は有効とするのが判例である（最判昭31.4.16，民集10巻4号342頁）。また，純粋随意条件であっても，それが解除条件であれば有効である。
（高橋智也）

推定の及ばない子（すいていのおよばないこ）

妻が婚姻中に懐胎した子であっても夫と血縁関係がないことが明らかな場合は推定の及ばない子という。この場

合とは事実上の離婚，夫の在監，失踪等，懐胎期間中性交渉の不在が外観上明白な場合（外観説），あるいは血液型の背馳，人種の相違など血縁がない場合（血縁説）をいう。また，家庭の平和があれば外観説で，崩れている場合は血縁説に変えるという説もある。なおこのときの父子関係は嫡出否認によらず，親子関係不存在確認の訴えによる。⇒嫡出推定制度 （山口亮子）

推定を受けない嫡出子（すいていをうけないちゃくしゅつし）

母が婚姻中懐胎し，婚姻後に出生した子は嫡出子であるが，民法上婚姻成立の日から200日以内に生まれた子は夫の子と推定されないので，これを推定を受けない嫡出子という。争いがなければ嫡出子として届け出ることができるが，父子関係を争う場合には嫡出否認の訴えによらず，親子関係不存在確認の訴えによる。この場合，利害関係のある者なら誰からでもいつでも父子関係の存否を争うことができるため，子の地位が不安定となるとされている。⇒嫡出子，嫡出推定制度 （山口亮子）

随伴性（ずいはんせい）

被担保債権が第三者に移転した場合，これに伴って，その債権を担保することを目的とする担保物権も当然に債権の譲受人に移転することをもって，随伴性という。債権を失った譲渡人のために担保物権を存続させる意義がない一方で，譲受人の利益に適う。被担保債権との関係という観点から担保物権の特色を表しており，付従性の一種として理解することもできる。なお，元本確定前の根抵当権には，随伴性がないと解されている。⇒付従性
（武川幸嗣）

数量指示売買（すうりょうしじばいばい）

目的物について一定数量が指示されて売買されたにもかかわらず，その目的物が指示された数量を欠いている場合に，売主は担保責任を負担しなければならない（民565，564）。その際，数量指示売買とされるには，目的物の実際の数量を確保するために，一定の数量・面積などが契約で表示され，その数量などを基礎にして代金額が決定されていなければならないと解されている（最判 昭43.8.20，民集22巻8号1692頁参照）。 （北居　功）

せ

生活扶助義務（せいかつふじょぎむ）

成人した子と親・兄弟姉妹など民法が定める一定の親族関係にある者は，互いに扶養義務を負う（民877）。ここでの扶養義務は，常に生じているものではなく，偶然的・例外的なものである。また，生活保持義務に対し，扶養義務者自身の相当な生活を維持した上でなお余裕のある場合に，扶養権利者の生活に最低限必要な給付を行えば足

りる義務として，特に「生活扶助義務」と呼ばれている。⇒扶養
(冷水登紀代)

生活保持義務（せいかつほじぎむ）
親は未成熟子に対して，また夫婦は相互に扶養義務を負う。ここでの扶養義務は，身分関係の本質的不可欠的義務であり，扶養義務者自身の生活と同一の程度で負担する義務で，その他の親族間での扶養義務と区別して，特に「生活保持義務」と呼ばれている。扶養義務の峻別は，中川善之助により提唱され，判例・学説に影響を与えてきたが，厳密に区別できるものではなく程度の差に過ぎないとの指摘も受けている。⇒扶養 (冷水登紀代)

制限行為能力者（せいげんこういのうりょくしゃ）
単独で有効かつ確定的に法律行為を行う能力（行為能力）を，明文上，制約された者。未成年者，成年被後見人，被保佐人，補助人の同意を要する旨の審判（民17Ⅰ）を受けた被補助人の4種がある。制限行為能力者が単独で行った行為は，原則として取消権の対象となる（民5Ⅱ，9，13，17）。民法典制定当時は無能力者と表記されていたが，差別的との批判を受け，平成11年民法改正で制限能力者に，さらに平成16年改正で，現在の表記へと改められた。⇒意思能力 (上山 泰)

制限種類債権（せいげんしゅるいさいけん）
種類物を限定する基準は，当事者の意思により定まる。例えば，ビール1ダースなら通常の種類債権だが，売主の特定の倉庫に保管されている特定の銘柄のビール1ダースという場合，制限種類債権となる。種類債権は，通常は，不能とならない。上述の例では，売主がビールを所有していなくても，どこかからか調達してくることができるからである。しかし，制限種類債権の場合，売主の倉庫内のビールがすべて滅失した場合，不能となりうる。⇒種類債権 (赤松秀岳)

制限超過利息（せいげんちょうかりそく）
利息制限法の制限利率を超えた利息を，制限超過利息と呼ぶ。判例は債務者が任意に支払った制限超過利息は元本に充当され，充当によって元本が完済された後に支払われた超過利息は，不当利得として返還請求できるとしていた。その後貸金業規制法は任意に支払われた超過利息を，一定の要件の下に有効な弁済とみなして受領することができる，「みなし弁済」規定を設けた。これが認められると，元本への充当も不当利得の返還もできなくなる。判例はその要件を厳格に適用してみなし弁済を制限した。平成18年の貸金業規制法の改正で，これが廃止された。
(手塚宣夫)

制限物権（せいげんぶっけん）
物に対する全面的支配権である所有権（完全物権）に含まれる使用・収益・処分の諸権能の一部を欠く物権（不完全物権）。所有者の意思または法律の規定によって設定される。民法上は土地の使用を目的とする地上権・永小作権・地役権・入会権（用益物権）と，物の担保価値を支配する留置権・先取特権・質権・抵当権（担保物権）がある。ただし，共有の性質を有する入会権（民263）は共同所有の一形態といえる。 (松尾 弘)

製作物供給契約（せいさくぶつきょうきゅうけいやく）
主要部分につき自己の材料を用いて

製作した目的物を供給する契約。権利移転の点で売買と類似し製作の点で請負と類似する。事案または類型に応じて売買または請負の規定を適用する見解、混合契約とし売買と請負の両規定を必要な範囲で適用する見解がある。請負と売買は所有権移転時期につき解釈上一致し準用規定もあるため（民559）、相違点は瑕疵担保責任適用および代替物の民法641条解除の有無にある。⇒請負

（黒田尚樹）

清算金支払義務（せいさんきんしはらいぎむ）

譲渡担保や仮登記担保も、あくまでも債権担保を目的とするものなので、担保権者が目的物を取得することによって担保権の実行がされる場合であろうと、他に売却して債権を回収する場合であろうと、被担保債権を超える金額は、清算金として設定者に返還がされなければならない。仮登記担保法3条1項は清算金支払義務を明文で規定しており、譲渡担保においても解釈上当然視されている。設定者には、清算金の支払があるまで受戻権が認められるのみならず、目的物について留置権が認められる。

（平野裕之）

清算法人（せいさんほうじん）

解散した一般社団法人・一般財団法人は、清算の目的の範囲内で、その清算が結了するまでなお存続するものとみなされるが、これを清算法人といい、清算人がこれを代表する（一般法人207、214Ⅰ）。通説は、法人が解散後も同一性を保ちつつ存続し、ただその権利能力が清算の目的の範囲内に制限されるとみる。清算人の職務は、①現務の結了、②債権の取立て・債務の弁済、③残余財産の引渡しである（一般法人212）。

（山田創一）

生殖補助医療（せいしょくほじょいりょう）

ART（Assisted Reproductive Technology）の訳で、不妊症などで妊娠・出産が困難・不能な場合に医学的に介入する技術。広義には排卵誘発剤の投与や生殖器官の外科手術等も含むが、もっぱら人工授精、体外受精、顕微授精、精子や胚（受精卵）の凍結保存などを指す。第三者から提供された精子・卵子・胚を用いる、夫の凍結保存精子で夫の死後に妻が妊娠・出産する、日本人夫婦が海外で代理母に妊娠・出産を依頼するといった事件が起きており、医療行為と親子関係の両面から立法が望まれている。

（本山 敦）

製造物責任（せいぞうぶつせきにん）

欠陥商品を購入したことにより消費者が被った損害についての製造者の責任をいう。一般不法行為では、欠陥の存在および損害との因果関係の立証が困難であり、欠陥商品による被害者を十分に救済できないことが問題となっていた。そこで1994年に、消費者保護の観点から製造物責任法が成立し製造者の厳格責任が認められたのである。これにより消費者は製造物に欠陥があることを立証すれば、製造者に対して責任を追及することができる。⇒瑕疵、瑕疵担保責任

（加藤雅之）

性同一性障害者特例法（せいどういつせいしょうがいしゃとくれいほう）

「性同一性障害者の性別の取扱いの特例に関する法律」が正式名称。性同一性障害（GID：Gender Identity Disorder）とは、身体的な性と自己が認識する心理的な性とが一致しない疾患である（2条）。治療として性別適合手術（性転換手術）を受けると、出生時に決定される戸籍上の性別・氏名と手術後の容貌とが相違するため、患者には不利

益を，社会には混乱を生じる。患者らの要望を受け，2003年に公布，04年施行。5要件を満たした者は家庭裁判所に性別取扱い変更審判を申し立てることができ（3条），同審判に基づく特例として変更後の性別による新戸籍が編成される（戸籍20の4）。　　（本山　敦）

正当防衛（せいとうぼうえい）

不法行為の成立を否定する事由の一つ。他人の不法行為に対し，自己または第三者の権利を防衛するために行われた加害行為については，不法行為責任は成立しない（民720Ⅰ）。刑法における正当防衛と異なり，危難の原因となる者以外の第三者に対して損害を与えた場合も，正当防衛として不法行為責任の成立が否定される（刑法では緊急避難が成立する場面）。　（加藤雅之）

成年擬制（せいねんぎせい）

未成年者が婚姻をしたときは，成年に達したものとみなされる（民753）。婚姻後も親権や後見に服するのでは，円滑で独立した婚姻生活を営むことができず，未成年者の婚姻をめぐる法律関係が繁雑になるからである。これは民法上の行為能力に関する擬制であり，公職選挙法等には及ばない。未成年者が満20歳になる前に相手方の死亡や離婚によって婚姻解消する場合について，通説は，成年擬制の効果は消滅しないと解する。⇒婚姻適齢　（三宅篤子）

成年後見開始の審判（せいねんこうけんかいしのしんぱん）

法定後見を発動するために，本人，配偶者，4親等内の親族等の一定の者の請求によって，家庭裁判所が行う審判。後見開始の審判（民7），保佐開始の審判（民11），補助開始の審判（民15）の3種類がある。本人の住所地の家庭裁判所が管轄する（家審22）。審判が確定すると，後見等の法定後見が開始され（民838，876，876の6），併せて，成年後見人等の保護機関が家庭裁判所の職権によって選任される（民8，843等）。　　　　　　（上山　泰）

成年後見制度（せいねんこうけんせいど）

成年後見制度は，精神障害，知的障害，認知症などにより，判断能力が不十分となった成年者を支援するための制度で，民法上の法定後見（成年後見・保佐・補助）と任意後見契約に関する法により制度化された任意後見がある。成年後見制度は，1999年民法改正により，旧来の禁治産制度・準禁治産制度の問題点を踏まえ，本人の自己決定の尊重，残存能力の活用，ノーマライゼーション等の新しい理念と本人保護の理念の調和を目指し創設された。同時に，プライバシー保護のために，公示方法も，戸籍への記載から成年後見登記ファイルへの記載と改善された（後見登記に関する法律参照）。任意後見制度と法定後見制度が競合する場合には，原則として任意後見が優先するとされている（任意後見4Ⅱ，10Ⅰ）。⇒任意後見制度　　（上山　泰，冷水登紀代）

成年後見人（せいねんこうけんにん）

成年後見人は，精神上の障害により事理弁識能力を欠く状況にある者（成年被後見人）の保護機関として，後見開始の審判の際に，家庭裁判所の職権により選任される自然人または法人（民8，843）。未成年後見とは異なり，その職務上必要と認められる場合は，複数の選任ができる（民843）。成年後見人は，正当な事由がある場合に家庭裁判所の許可を得て辞任でき（民844），不正な行為・著しい不行跡等，任務に適しない事由がある場合は解任される（民846）　　　（上山　泰，冷水登紀代）

成年後見人の職務 (せいねんこうけんにんのしょくむ)

成年後見人の職務は、成年被後見人の療養看護と財産に関する事務を行うことである (民858)。成年後見人は、選任後、遅滞なく成年被後見人の財産を調査し、目録を作成する (民853)。また、成年被後見人の財産を管理し、その法律行為について代表し (民859 I)、その日常生活に関する行為を除き取消権を有する (民9, 120 I)。ただし、成年被後見人の居住財産等を処分するときは、家庭裁判所の許可を要する (民859の3)。 (冷水登紀代)

成年被後見人 (せいねんひこうけんにん)

精神上の障害により事理弁識能力を欠く常況にあるために、一定の者の請求によって、家庭裁判所から後見開始の審判を受けた者 (民7)。事理弁識能力を欠く常況とは、ほぼ継続的に意思能力を欠く状態である。その法律行為は、日用品の購入等の日常生活に関する行為を除き、取消権の対象となる (民9)。ただし、婚姻、認知、養子縁組、遺言 (民738, 780, 799, 962, 963) 等の身分行為については、意思能力がある限り、単独で有効な行為ができる。保護機関として成年後見人が選任される。 (上山 泰)

責任財産 (せきにんざいさん)

責任財産とは、強制執行の対象となる債務者の財産を指す。金銭債権の強制執行の場合、債務者の総財産が責任財産となる。債務者の財産は債権者の「共同担保」であるともいう。債権者は、債務者が債務を履行しない場合、民事執行法の定める強制執行手続に従って、債務者の財産を差押え、競売などによる換価金から満足 (配当) を得ることができる。これを責任財産への「掴取」と呼び、債権には効力の一つとして「掴取力」があると説明される。金銭的価値を有しない物または権利や政策上の理由で差押えが禁止された財産 (民執131, 132, 152, 153) は、責任財産を構成しない。 (片山直也)

責任転質 (せきにんてんしち)

質権者が自らの責任で転質権を設定すること (民348前段)。責任転質は、民法298条2項 (民350により質権に準用) に反して、原質権設定者の承諾を得ずに行われ得る転質である反面、原質権者は、不可抗力による質物の滅失等のリスクを負担しなければならない (民348後段)。これ以外にも、原質権者は自己の権利に対して一定の拘束を受ける (原質権やその被担保債権を消滅させてはならない、など)。また、例えば原質権の被担保債権の債務者に対して転質権の設定が通知されている場合には、その債務者も、原質権者に対する弁済を転質権者に対抗できない、などの制約を受ける。 (高橋智也)

責任なき債務、債務なき責任 (せきにんなきさいむ、さいむなきせきにん)

債務とは給付をするという法的義務を指し、債務者の財産が強制執行の目的となることを意味する「責任」の概念と区別される。通常の債務においては債務と責任は一体になっているが、強制執行をしない特約のある債務は、責任なき債務ということになる。また他人のために自己の所有物を担保提供するいわゆる物上保証人は、債権者に対して債務を負うわけではなく、ただ債務者の不履行の際に当該担保物に対する強制執行を甘受する立場であるから、債務なき責任の例となる。

(池田真朗)

責任能力（せきにんのうりょく）

自己の行為の結果を予測・認識し，その是非について判断し得る知能ないし能力。行為時にこの知能を備えていなかった未成年者（民712）や，精神上の障害によりこの能力を欠いた状態で他人に損害を加えた者（民713）は原則として賠償責任を負わない。判例上は加害行為の法律上の責任を弁識し得る知能を意味すると理解され（大判大6.4.30，民録23輯715頁），概ね12歳程度の知能がその目安とされる。

（大塚　直・手塚一郎）

絶対的効力・相対的効力（ぜったいてきこうりょく・そうたいてきこうりょく）

すべての人に対して効力があること（絶対的効力）。特定人にしか効力を生じないこと（相対的効力）。多数当事者の債権債務関係において，絶対的効力とは当事者の一人について生じた事由の効力が他の当事者にも及ぶことを，相対的効力とは当該事由の生じた者以外にその事由の効力が及ばないことを意味する。不可分債権につき民法429条，連帯債務につき民法434～440条，保証債務につき民法457，458条に明文の規定がある。⇒連帯債務の絶対的効力事由

（平林美紀）

絶対的定期行為（ぜったいてきていきこうい）

特定の日時または一定の期間内に履行しなければ，目的を達成できない契約（定期行為，民542）のうち，契約から客観的に定期行為であることがわかるもの。相対的定期行為に対する。中元・歳暮用品の注文，年賀状の印刷などが，これに該当する。絶対的定期行為において，債務者が履行をしないでその時期を経過したときは，債権者は，催告することなく直ちに契約を解除することができる。⇒相対的定期行為

（渡辺達徳）

絶対的無効・相対的無効（ぜったいてきむこう・そうたいてきむこう）

無効の意義・性質に関する学説上の分類である。誰からでも，誰に対しても，いつでも主張しうる，本来の意味における無効を絶対的無効と呼ぶのに対して，特定の者のみが主張しうる無効を指して特に相対的無効という。例えば，錯誤無効の趣旨は表意者保護にあることから，当初より当然に無効となるのではなく，表意者がそれを望む場合に同人の側からのみ無効を主張できるものと解されている。相対的無効は，取消的無効あるいは不確定的無効とも呼ばれている。

（武川幸嗣）

説明義務・告知義務（せつめいぎむ・こくちぎむ）

説明義務とは，商品の説明とか手術の危険性の説明等，契約の締結にあたって相手方に対して尽くすべき契約上の義務の一種をいう。また消費者契約においては，一定期間の撤回権などについて，あらかじめ告知義務が法定されている場合もある（割賦4等）。問題は法に明定されていない説明義務が個々の契約でどの程度に認められるかであるが，これは消費者契約に限らず，不動産や金融商品の取引等，専門知識が一方当事者に偏在している契約で多く問題になる。なお，説明義務違反を理由に不法行為の成立を認めた下級審判決もある。⇒消費者契約法

（池田真朗）

善意（ぜんい）

親切心，好意などの道徳的な意味は含まず，一般には，人が一定の事情について認識を有していない状態をいう。疑いを有していても「不知」であれば善意であるが，占有に関しては，本権

の存在を誤信していることが善意であると解されている（民162, 189, 191など）。また，相手方の処分権限を誤信することが，善意の内容となる場合もある（民192, 478など）。⇒悪意　　（岡本裕樹）

善管注意義務（ぜんかんちゅういぎむ）
　民法644条や民法400条などに規定される「善良な管理者の注意」義務のことを，略して善管注意義務という。委任契約においては，受任者のような職業・社会的地位にある人であれば，一般的に有しているだろうと期待される注意義務のことである。これは，その人の個人的注意を基準とする具体的・個別的注意義務である「自己の財産に対するのと同一の注意義務」よりも高度の注意義務である。委任事務を処理する際の受任者の善管注意義務は，ローマ法からの沿革的理由により，当事者の信頼関係を基礎とする委任契約の性質に由来するため，無償委任や報酬が低廉な有償委任であっても原則として同様に妥当すると解される。⇒自己の財産に対するのと同一の注意義務
（前田美千代）

1996年民法改正要綱（せんきゅうひゃくきゅうじゅうろくねんみんぽうかいせいようこう）
　1947年の民法改正により，明治民法の家制度は廃止され，個人の尊厳・両性の平等（憲24）に基づく現行家族法（親族編・相続編）が誕生した。しかし，その後の家族に関する意識・価値観の変化・多様化を受け，さらに，個人の尊重，両性の平等を徹底するため婚姻法・離婚法の改正が検討され，1996年民法改正法律案要綱が政府に答申された。選択的夫婦別姓案を含むこの民法改正には反対もあり，未だ実現を見ず膠着状態にある。　　（犬伏由子）

選択債権（せんたくさいけん）
　給付が数個の中から選択によって定まる債権。選択できる給付はそれぞれの個性を重視して予め個別的に定められ，各給付は同列に置かれる。選択債権は契約や法律規定により生じる。ある土地の中で特定用途に適した部分を目的とする借地契約に際し，適当な場所が複数あるときに，賃借人の債権は選択債権に当たる。無権代理人の責任（民117Ⅰ）や占有者の費用償還請求権（民196Ⅱ）などの場合も，選択債権が生じる。
（岡本裕樹）

選択債権の特定（せんたくさいけんのとくてい）
　選択債権の給付として予定された複数の給付の中から，一つを債権の目的と確定すること。当事者の契約によるほか，選択や給付不能によって特定が生じ，その効果は債権発生時に遡及する。選択による場合，別段の定めがなければ，債務者が選択権者となる。選択権は一定の場合に当然に移転する（民408, 409Ⅱ）。給付の中に不能なものがあれば，その不能が選択権のない当事者の過失によらない限り，残る給付について債権が存続する。
（岡本裕樹）

占有（権）（せんゆう（けん））
　物に対する事実的支配を占有といい，その支配を基礎づける適法な本権の有無を問わず，占有それ自体を根拠として与えられる法的保護を占有権という。民法は，物権編第2章占有権において，占有の法的効果につきまとめて規定している。その内容は，取得時効や動産の即時取得および物権変動の対抗要件など，物権の取得ないし確保に結びつくものや，適法な支配権限の推定，果実の取得，侵害の排除など，多岐にわたる。
（武川幸嗣）

占有意思（せんゆういし）

占有権の成立には，物の「所持」のほかに「自己のためにする意思」が必要とされる（民180）。これを占有意思といい，物を事実上支配することにより何らかの利益を享受する意思を指す。占有意思の有無は，契約や相続のような占有の取得原因（権原）その他の占有態様，あるいは占有者の地位などから客観的に判断され，占有者の主観的・具体的な意思を問わないと解されている。　　　　　　　　　　（武川幸嗣）

占有改定（せんゆうかいてい）

動産譲渡において，譲渡後も引き続き譲渡人が目的物の所持を継続する場合，譲渡人において以後は譲受人のためにこれを占有する意思を表示すれば，譲受人に対する引渡しが行われたものとされ，このような観念的な引渡方法を指して占有改定という（民183）。これにより，譲渡人に管理または利用の継続を認めたままで，譲受人が対抗要件を備えることが可能となり，当事者の便宜が図られる。譲渡担保においても占有改定が用いられる。⇒簡易の引渡し，現実の引渡し，指図による占有移転
　　　　　　　　　　　　　（武川幸嗣）

占有の訴え（回収・保持・保全）（せんゆうのうったえ（かいしゅう・ほじ・ほぜん））

民法は，物に対する事実的支配を一応正当なものとして保護するため，占有者は占有に対する侵害を排除する権利を有する。これを占有訴権という（民197）。占有訴権には，占有が妨害された場合に，妨害停止および損害賠償を求める占有保持の訴え（民198），占有が妨害されるおそれがある場合に，妨害予防または損害賠償の担保提供を求める占有保全の訴え（民199），占有が侵奪された場合に，物の返還および損害賠償を求める占有回収の訴え（民200）がある。占有訴権は占有権独自の効果であり，本権に基づく物権的請求権とは異なる。⇒物権的請求権
　　　　　　　　　　　　　（武川幸嗣）

占有の承継（せんゆうのしょうけい）

占有権は物の引渡しにより承継される（特定承継）。また，相続により占有者の相続人に承継されることが認められている（包括承継）。そのため，取得時効に必要な占有継続につき，占有者は前主の占有と併合して主張することができる（民187Ⅰ）。ただし，この場合，前主の占有の瑕疵も承継されるため，例えば前主が悪意占有であれば，現占有者も悪意占有とみなされる（民187Ⅱ）。⇒取得時効，新権原　　（武川幸嗣）

占有の推定力（せんゆうのすいていりょく）

占有は実際において適法な本権に基づいて行われる場合が多いことから，民法は，その事実的支配を一応正当なものとして保護している。すなわち，占有の事実のみから，その支配態様に応じた適法な本権の存在が推定され（民188），さらに占有の態様についても，所有の意思・善意・平穏・公然が推定される（民187Ⅰ）。そのため，占有者は本権の存在や自主占有などにつき証明すべき責任を負わない。⇒登記の推定力　　　　　　　（武川幸嗣）

占有補助者（せんゆうほじょしゃ）

自己のためにする意思を全くもたず，もっぱら占有者本人の支配に従い，本人のために物を事実上所持・管理するに過ぎない者を，占有補助者または占有機関と呼ぶ。建物賃借人の同居の家族や使用人などがこれにあたる。これらの者は本人の占有に従属しているにとどまり，独立した占有が認められないため，占有に基づく法的保護が与え

占有離脱物（せんゆうりだつぶつ）

占有者の意思に基づかずに事実的支配が失われた物を，占有離脱物という。盗品および遺失物がこれにあたる。被害者または遺失主は，占有回収の訴（→占有の訴え）または本権に基づく物権的請求権により，その支配を回復することができる。動産についても，2年間は即時取得の適用がなく，回復請求が認められる（→盗品・遺失物回復請求権）。 （武川幸嗣）

先履行義務（せんりこうぎむ）

双務契約において，当事者の一方が相手方よりも先に債務（給付）を履行しなければならないこと。契約内容や当事者間の合意に基づく場合のほか，明文規定が存在する場合もある（例えば，雇用契約に関する民法624条からは，報酬支払よりも先に労働への従事が履行されなければならないことが読み取れる）。先履行義務を負う契約当事者は，原則として同時履行の抗弁権を持たない。⇒双務契約，不安の抗弁権 （前田 敦）

そ

増価競売（ぞうかけいばい）

抵当不動産の第三取得者による抵当権者に対する旧滌除（旧民378〜387）の申出に対して，抵当権者がこれを拒否する場合，申出の受領後1ヶ月内に競売の請求を第三取得者になす必要があり，しかも滌除申出額の1割以上の増額で抵当不動産が競売できないときには，自らこの1割増しの金額で買い受けなければならないとされる競売のこと（旧民384）。ただし，2003年の担保・執行法の改正により，滌除制度が抵当権消滅請求制度（民379以下）に改変されたのに伴い，増価競売制度は廃止され（手続規定に関する旧民執185，186も削除），抵当権消滅請求を受けた抵当権者の対抗措置としては通常の不動産競売手続によればよいことになり，また，こうした対抗措置としての競売申立期間も抵当権消滅請求を受けた後2ヶ月内と伸長された（民384①）。 （今尾 真）

相殺（そうさい）

相殺は，債権者と債務者とがお互いに同種の目的を有する債権・債務を有する場合に，その債権と債務とを対当額において消滅させる一方的な意思表示であり，当事者の合意による相殺契約と対比し，いわゆる法定相殺と呼ばれる。単独行為としての相殺は，相手方に一方的不利益を課すことになるので，条件・期限を付することは許されない（民506Ⅰただし書）。相殺は，対立する債権を有する当事者同士の間で簡易決済機能を有すると同時に，債権の回収手段として利用され，事実上の担保機能を果たしている。 （山田八千子）

相殺禁止（そうさいきんし）

相殺適状にあっても当事者間に相殺

禁止特約があれば相殺できないが、この特約は善意の第三者に対抗できない（民505Ⅱ）。また、受働債権につき現実の弁済を得させる目的で、法律により相殺が禁止される場合がある。民法に、受働債権が不法行為による損害賠償債権の場合（民509）や受働債権が差押えられている場合（民510）には、相殺は法律により禁止される。なお、支払差止を受けた債権の債務者（第三債務者）は、差押え後に債務者に対して取得した反対債権を自働債権とする相殺により差押権者に対抗することができない（民511）。　　　　　　　（山田八千子）

相殺契約（そうさいけいやく）

　相殺契約とは債権者と債務者との相対立する債権同士を対当額で消滅させる目的でなされる有償契約である。民法505条の法定相殺が認められるためには相殺適状などの一定の要件が備わっていることが必要であるが、相殺契約は、法定相殺の要件が備わっていない場合でも可能である。例えば、法定相殺の場合には双方の債権は同種でなければならないが、相殺契約により同種ではない債権債務同士であっても相殺ができる。　　　　（山田八千子）

相殺適状（そうさいてきじょう）

　法定相殺がなされるためには、自働債権と受働債権とが、相殺の時点に、相殺に適した状態にあることが必要であり、この状態を相殺適状という（民505Ⅰ）。すなわち、①同一当事者間に有効に成立した債権債務が対立すること、②双方の給付が、例えば金銭債権同士のような同種目的を有すること、③自働債権の弁済期の到来、ならびに④債務の性質が相殺を許すものであることが、必要である。なお、条文は双方の債権が弁済期にあることを要求しているが、受働債権については債務者が期限の利益を放棄しうるかぎり、受働債権は弁済期に到来している必要はないと解されている。　　（山田八千子）

相殺予約（そうさいよやく）

　いわゆる相殺の予約は、将来の一定の事由の発生により相殺できる旨の予約であり、①一定の事実が生じたときに予約完結権を行使して相殺の効果を発生させる契約、②一定の事実が生じることを停止条件として債権債務を自動的に消滅させる予約、③債務者の支払停止などの一定の事実が発生したときに期限の利益を失わせることで弁済期の拘束を排除する趣旨の予約、いわゆる期限の利益喪失約款などがある。金融機関で頻繁に用いられるのは③の期限の利益喪失約款としての相殺予約である。　　　　　　　（山田八千子）

造作買取請求権（ぞうさくかいとりせいきゅうけん）

　建物賃貸人の同意を得て賃借建物に付加し、もしくは賃貸人から買い受けた畳、建具その他の造作がある場合は、建物賃借人は、賃貸借期間満了または解約申入れによって建物賃貸借が終了するときは、建物賃貸人に対しその造作を時価で買い取るように請求できる権利（借地借家33Ⅰ）。造作とは、賃借建物使用の便益のために付加された付属物であるが、建物とは独立しており、構成部分とはならない物である。造作買取請求権は、形成権である。

　　　　　　　　　　　（藤井俊二）

相続（そうぞく）

　人の死亡により、遺された財産（遺産又は相続財産という）を生存している他者が承継すること。民法は、その方法につき死者（被相続人）と一定範囲の親族関係にある者を相続人とし（民886〜890）、相続開始とともに、相続人

が，被相続人の財産に属する権利義務を包括承継すると定める（民896）。これを法定相続という。しかし，一方で，遺言による被相続人の財産処分の自由も認められ，遺言があればこれが法定相続に優先する。ただし，遺言の自由は遺留分（民1028）により一定の制約を受ける。

（常岡史子）

相続回復請求権（そうぞくかいふくせいきゅうけん）

実際には相続資格のない者（表見相続人）が相続人として相続財産を占有し支配している場合に，真正相続人が，これに対し財産の返還等を求め，侵害されている相続権を回復する権利。その性質につき，多数説は，個別的請求権の集合であるが便宜上一個の請求権として構成されるもの（集合権説）とする。相続回復請求権は，真正相続人またはその法定代理人が侵害の事実を知った時から5年で時効消滅する。また，相続開始から20年の経過によっても消滅する（民884）。この20年の期間につき判例は時効とするが，実質的には，これを除斥期間と解する学説と差異はない。共同相続人間にも民法884条が適用されるかにつき，判例は肯定しつつ，悪意・有過失の侵害者には適用がないとしている。

（常岡史子）

相続欠格（そうぞくけっかく）

相続人となるべき者に法律の規定する非行があった場合，相続権を当然に奪うこと。欠格事由には，被相続人や先順位または同順位の相続人を死亡に至らせ，または至らせようとして，刑に処せられた場合等生命侵害に関するものと（民891①〜②），詐欺または強迫によって被相続人の遺言に妨害を加え，あるいは遺言書の偽造や変造を行った等，被相続人の遺言に対する介入・侵害に関するもの（民891③〜⑤）がある。欠格事由に該当する者は相続権を失い，遺留分も有さず，また，受遺欠格となる（民965）。

（常岡史子）

相続財産（そうぞくざいさん）

相続人は，相続開始の時から相続財産（遺産）として，被相続人の財産に帰属した一切の権利義務を包括的に承継する（民896）。したがって，相続財産には積極財産とともに消極財産も含まれる。また，売買契約における売主の地位のような契約当事者たる地位も，相続の対象となる。ただし，包括承継の原則の例外として，被相続人の一身に専属したものは相続の目的とならず，また，祭祀財産は慣習等に従って承継される（民897）。

（常岡史子）

相続財産法人（そうぞくざいさんほうじん）

相続が開始したが，相続人の存否が明らかでない場合は，被相続人の財産・権利義務関係の承継者がおらず，相続財産の帰属主体がない事態になりかねない。無主の財産を回避するため，相続人不存在の場合には，相続財産自体に法人格を与え（民951），あたかも財団法人のように扱う。相続財産法人の管理は家庭裁判所が選任する相続財産管理人が行い（民952），相続人が判明した場合には，同法人は成立しなかったものとみなされる（民955）。相続人の不存在が確定すれば，相続財産は特別縁故者（→「特別縁故者」）に分与されるか（民958の3）国庫帰属となる（民959）。

（本山 敦）

相続人（そうぞくにん）

被相続人の財産上の権利義務を承継する者（民896）。民法は，被相続人の配偶者と，一定範囲の血族を法定相続人と定める（相続開始前に最優先順位にある者を推定相続人という）。血族は，被

相続人の子またはその代襲者（民887）、直系尊属（民889Ⅰ①）、兄弟姉妹またはその代襲者（民889Ⅰ②・Ⅱ）の順で相続人となる。被相続人の配偶者は常に相続人となり、血族相続人がいる場合にはその者と同順位となる（民890）。胎児も相続については生まれたものとみなされる（民886Ⅰ）。 （常岡史子）

相続人の廃除（そうぞくにんのはいじょ）

遺留分を有する推定相続人が、被相続人に虐待や重大な侮辱を加えたり、その他著しい非行をしたときは、被相続人は家庭裁判所に当該推定相続人の廃除を請求できる（民892）。廃除は遺言でなすこともでき、その場合、遺言執行者が家庭裁判所に廃除を請求する（民893）。家庭裁判所の審判により廃除が確定すると、廃除された推定相続人は相続権を失い、遺留分も有さない。ただし、被相続人は、いつでも廃除の取消しを家庭裁判所に請求することができる（民894）。 （常岡史子）

相続分（そうぞくぶん）

同順位の相続人が数人あるとき、それらの共同相続人が各自、相続財産の全体に対して有する取り分の割合（民900参照）ないしその金額（民903参照）をいう。被相続人は、遺言で、共同相続人の相続分を定め、またはこれを定めることを第三者に委託することができる（指定相続分, 民902）。被相続人が指定をしなかったときは、民法900条に従って各共同相続人の相続分が定まる（法定相続分）。 （常岡史子）

相続分の譲渡（そうぞくぶんのじょうと）

各共同相続人は、遺産分割前に、遺産全体に対する自己の相続分を譲渡することができる。ただし、共同相続人の一人が、その相続分を第三者に譲り渡したときは、他の相続人は、その価格および費用を償還して、譲渡された相続分を取り戻すことができる。ただし、この権利は、1ヶ月以内に行使しなければならない（民905）。
 （常岡史子）

相続放棄（そうぞくほうき）

相続人は、自己のために相続の開始があったことを知った時から原則3ヶ月以内に（→「熟慮期間」）、相続を放棄できる（民915）。放棄は相続人の自由な選択によるが、手続として家庭裁判所への申述が必要である（民938）。放棄者は、初めから相続人でなかったとみなされ（民939）、被相続人の財産や権利義務関係を一切承継しない。最判昭59.4.27, 民集38巻6号698頁は、相続人が相続財産を皆無と信じたことに相当の理由があったため相続放棄をしなかったような場合には、熟慮期間経過後にされた相続放棄でも、なお有効な放棄になるとした。 （本山　敦）

相対的定期行為（そうたいてきていきこうい）

特定の日時または一定の期間内に履行しなければ、目的を達成できない契約（定期行為, 民542）のうち、当事者の意思表示により定期行為とされるもの。絶対的定期行為に対する。特定の式典に着用することを明示して服を注文した場合などが、これに該当する。相対的定期行為において、債務者が履行をしないでその時期を経過したときは、債権者は、催告することなく直ちに契約を解除することができる。⇒絶対的定期行為 （渡辺達徳）

相対的取消（そうたいてきとりけし）

詐害行為取消の効果について、判例は、取り消された法律行為は、訴訟の相手方（受益者または転得者）に対しては無効となるが、訴訟に関与していな

い債務者，受益者または転得者に対しては依然有効であるとのいわゆる「相対的取消」理論を古くから採用している（大連判明44.3.24，民録17輯117頁）。この理論によって，詐害行為取消訴訟における債務者の被告適格は否定され，債権者は受益者または転得者のいずれを被告として訴えを提起してもよいとの結論が導かれる。また相対効ゆえ，取消しの効果が及ばない債務者には固有の取戻請求権は認められない。⇒絶対的効力・相対的効力，絶対的無効・相対的無効　　　　　　　　　（片山直也）

相当因果関係（そうとういんがかんけい）

損害賠償範囲の画定にあたって，債務不履行等の原因事実と事実的因果関係（条件関係）にあるすべての損害のうち，債務者に対して損害賠償を認めるのが「相当」であるものに限定する理論を指す（ドイツ学説に由来すると一般にいわれる）。伝統的通説は，民法416条1項は「賠償すべき損害を普通に予想される因果関係の範囲に局限しようとする相当因果関係の原則を立言し，2項はその基礎とすべき特別の事情の範囲を示す」（我妻）と解してきた。近時，相当因果関係論の法技術概念としての有用性に批判が加えられている（保護範囲説）。⇒債務不履行，損害賠償請求権，損害賠償の範囲　　（山下りえ子）

送付債務（そうふさいむ）

債権者または債務者の住所以外の第三地（例えば債権者の取引先）へ目的物を送付する義務を負う場合である。種類物で送付債務の場合，民法401条2項の「物の給付をするのに必要な行為を完了」したときとは，分離して第三地へ向けて発送したとき，目的物を取り分け運送人に委ねたときである。なお，第三地へ送り届けることが債務者の義務の場合，第三地での提供により，それが債務者の好意の場合，発送により特定すると解する見解もある。

（赤松秀岳）

双方代理（そうほうだいり）

同一の法律行為につき，同一人が当事者双方の代理人となることを双方代理という。自己契約と同様，利益相反行為となるおそれがあるため，禁じられており（民108），無権代理行為にあたると解されている。⇒自己契約

（武川幸嗣）

双務契約（そうむけいやく）

双方の契約当事者が互いに対価的関係にある債務を負担しあう契約。片務契約に対立する概念。双務契約は常に有償契約である。対価関係の有無は，両当事者の主観によって判断される（客観的に等価であることを要しない）。この対価的関係により双務契約によって生じる双方の債務の間には密接な牽連関係が生まれ，成立上の牽連関係（一方債務の不能・不法による契約の不成立），履行上の牽連関係（同時履行の抗弁権，民533），存続上の牽連関係（危険負担における債務者主義，民536）が認められる。⇒片務契約　　　　　　　　　（笠井　修）

総有（そうゆう）

共同所有の3類型（共有・合有・総有）の一つ。団体的拘束が強いため，構成員にそもそも持分がなく，したがって持分譲渡権や共有物分割請求権のない共同所有形態。本来は法人制度を知らないゲルマンの村落共同体の土地所有を説明するための概念であり，日本では，入会のほか（最判昭41.11.25，民集20巻9号1921頁），権利能力なき社団の財産関係の説明に用いられる（最判昭32.11.14，民集11巻12号1943頁）。⇒共有，合有　　　　　　　　　（七戸克彦）

贈与（ぞうよ）

当事者の一方（贈与者）が自己の財産を無償で相手方（受贈者）に与える意思を表示し，相手方がこれを受諾することにより成立する，無償・片務の契約である（民549）。諾成・不要式の契約であるが，書面によらない贈与は，履行の終わらない部分につき各当事者が撤回することができる（民550）。受贈者に一定の負担を課す贈与は負担付贈与といい，贈与の規定の他，その性質に反しない限り双務契約に関する規定が準用される（民553）。 （森山浩江）

相隣関係（そうりんかんけい）

不動産が隣接する場合，それぞれの不動産所得が各人の所有権を境界線まで無制限に主張すると，円満な利用ができないため，互いにその不動産利用を調整し合う関係。民法では，隣地の使用請求や囲繞地（その土地を囲んでいる他の土地）通行権，水流や排水，および境界線付近の建築や掘削などについて，209条から238条まで多くの規定を置いている。なお，相隣関係に関する規定は，地上権に準用されるが（民267），解釈上，不動産賃借権にも準用されるべきであるとされている。

（江口幸治）

遡及効（そきゅうこう）

法の定める効力が，過去にさかのぼって生ずること。例として，時効が完成すると，時効の効力は起算日にさかのぼって生ずる（民144）。また，取り消された行為は，初めから無効であったものとみなされる（民121）。なお，民法では，原則として遡及効を認めつつも，当初の行為時の後に権利関係を持った第三者の権利を害することはできないと規定している場面もある（民545Ⅰの解除の効果など）。 （池田真朗）

遡及効（相殺）（そきゅうこう（そうさい））

相殺により自働債権と受働債権はその対当額において消滅する（民505Ⅰ）。相殺の意思表示の効果は，双方の債務がお互いに相殺に適した状態つまり相殺適状に遡って効力が生じる（民506Ⅱ）。この遡及効は，いわゆる法定相殺の効果であり，相殺契約の場合には排除することができる。 （山田八千子）

即時取得（そくじしゅとく）

動産の占有者に処分権限があるものと過失なく信頼し，取引行為に基づいてその動産を譲り受けて占有を開始した者は，譲渡人の処分権限の有無を問わず，ただちにその動産につき権利を取得する（民192）。これを即時取得という。譲受人の信頼保護を図り，高度の流通性と迅速性が要請される動産取引の安全を確保する点に，その制度趣旨が求められている。そのため，即時取得制度は，動産につき占有に公信力を与えた制度として理解されている。
⇒権利外観法理 （武川幸嗣）

損益相殺（そんえきそうさい）

損害賠償請求権者が，損害を生じたのと同一の原因によって利益をも受けたときは，損害からその利益を控除して，その残額を賠償すべき損害とすること。⇒損害賠償請求権，民法典の中に規定はないが，判例・学説上認められている。

（山下りえ子）

損害賠償額の予定（そんがいばいしょうがくのよてい）

債務不履行によって賠償すべき損害額を，当事者間の契約をもって予め定めておくこと。損害賠償額の予定があれば，債権者は，債務不履行の事実さえ証明すれば損害発生の有無または損害額の立証を要しない趣旨と解され（判例），また裁判所は「その額を増減

することができない」(民420 I)。簡易迅速な紛争解決のための規定であるが，一定の場合には，賠償額の予定が禁止され (労基16等)，または著しく過大な賠償額の予定が公序良俗違反あるいは一部無効 (利息4 I，消費契約9) とされる。⇒債務不履行，損害賠償請求権
(山下りえ子)

損害賠償請求権（そんがいばいしょうせいきゅうけん）

日本民法上，一般に，損害賠償とは他人に与えた損害を填補する法律上の義務 (実損填補) をいい，その請求原因は民法上多岐に亘る (一例として相隣関係)。民事責任としての損害賠償請求権は，主として，債務不履行 (民415) と不法行為 (民709) に基づくものであり，過失責任主義の原則が採られる。その行使方法は，原則として金銭による (民417，722 I) が，原状回復が例外的に認められる (民723，なお鉱業法111 II・III等参照)。⇒債務不履行，不法行為
(山下りえ子)

損害賠償の範囲（そんがいばいしょうのはんい）

民法416条は，損害賠償請求権が発生した場合にどの範囲で損害賠償を請求できるか，を規定する (制限賠償主義)。民法416条1項は「通常生ずべき損害」(通常損害) について常に，2項は「特別の事情によって生じた損害」(特別損害) は，その特別事情につき当事者 (判例によれば，少なくとも債務者) の現実の予見ないし予見可能性があったことを条件として，損害賠償の対象となることを規定する (旧民法財産編385条を修正)。なお，同条は不法行為に基づく損害賠償にも類推適用される (大判大15.5.22)。⇒債務不履行，損害賠償請求権
(山下りえ子)

た

代価弁済（だいかべんさい）
　抵当不動産について所有権または地上権を買い受けた第三者が抵当権者の請求に応じて売買代価を抵当権者に弁済したときには，それが被担保債権額に満たないときでも，抵当権はその第三者のために消滅するものとした制度（民378）。抵当権消滅請求と同様，抵当権実行により自らの所有権等を失うことになる第三者を保護するためのものではあるが，代価弁済では，抵当権者からの請求が要件とされているため，十分機能していない。　（田髙寛貴）

対抗要件（たいこうようけん）
　物権変動および債権譲渡の効力を第三者に対して主張するための要件である（民177，178，467）。物権変動においては当事者の私的自治を尊重する意思主義が採用されており，当事者間の意思表示のみによってその効力が生じるとされているが（民176），第三者の取引安全との調和を図るため，その権利変動を公示して第三者に認識させるための手段をとることが要求されている。そのため，第三者対抗要件ということもあるが，当事者間における成立要件・有効要件とは区別しなければならない。⇒権利保護資格要件，登記，引渡し
　（武川幸嗣）

第三者（だいさんしゃ）
　当事者およびその地位の包括承継人（相続人など）以外の利害関係人を指す。一般に，当事者間において生じた権利義務関係の影響を及ぼすことができるか否か，という観点から問題となる。具体的には，第三者の保護の要否または，第三者に対する責任追及の可否等が問われることが多いが，どのような第三者のいかなる利害に配慮すべきかについては，関連する各制度の趣旨・目的に応じて判断される（ex.「177条における第三者の範囲」）。⇒承継人，登記の欠缺を主張する正当な利益，背信的悪意者
　（武川幸嗣）

第三者のためにする契約（だいさんしゃのためにするけいやく）
　契約から生じる当事者の一方（諾約者）に対して給付を請求する権利を，契約当事者ではない第三者（受益者）に直接的に帰属させる契約。第三者に契約当事者の地位を取得させるものではない。第三者に物権を直接取得させることもでき，諾約者に対する第三者の債務を免除する契約も免除の効力を生じさせる。権利のほかに付随的な負担を第三者に負わせる契約も有効である。第三者は取得した権利について，契約に基づく抗弁の対抗を受ける。
　（岡本裕樹）

第三者の弁済（だいさんしゃのべんさい）
　債務者でない第三者も，債務の弁済をすることができる。ただし，①債務の性質がこれを許さないとき，②当事

者が反対の意思を表示したときはこの限りでない（民474Ⅰ）。また、③利害関係を有しない第三者は、債務者の意思に反して弁済できない（民474Ⅱ）。③は武士気質を考慮したものであるが、立法論的には批判が多い。第三者の弁済により債務は消滅し、第三者は、債務者に対して求償することができる（弁済による代位）。⇒弁済、債権の準占有者への弁済
（野澤正充）

第三取得者（だいさんしゅとくしゃ）
担保目的物を取得することによって利害関係を形成するに至った第三者を指して、講学上、第三取得者と称している。その地位は担保物権の性質によって異なる。抵当権については、設定登記により追及力が認められるため、第三取得者に対しても抵当権の負担が及ぶが、抵当権消滅請求による保護が与えられている（民379）。これに対して、動産先取特権には公示方法がないため、第三取得者に対する効力が制限されている（民333）。⇒抵当権、追及力
（武川幸嗣）

代襲相続（だいしゅうそうぞく）
被相続人の子が相続開始以前に死亡するか、相続欠格や廃除により相続権を失った場合、その者の子が代襲者として代わりに相続人となる（民887Ⅱ）。これを代襲相続といい、代襲者が被相続人の死亡以前に同様の理由で相続権を失っていたときは、さらにその直系卑属が代襲者となる（民887Ⅲ）。代襲相続は、兄弟姉妹が相続人となる場合にも起こる（民889Ⅱ）。ただし、この場合、代襲者になれるのは兄弟姉妹の子にとどまり、さらにその直系卑属が再代襲することはない。⇒相続人
（常岡史子）

代償請求権（だいしょうせいきゅうけん）
双務契約において、一方の債務が、債権者（例えば買主）側の責めに帰すべき事由により履行不能になった場合に、債務者（売主）は反対給付を求める債権（代金債権）を失わないにもかかわらず、目的物の保険金などの利益を受ける場合に、債権者（買主）がそれを自分に移転するよう求めることのできる権利のことである（民536Ⅱ後段）。民法は債権者の責めに帰すべき履行不能についてだけ規定をしているが、危険負担の債権者主義が適用される一切の場合に認められるべき権利である。
（平野裕之）

代替執行（だいたいしっこう）
強制執行・強制履行の方法の一つで、債務者に代わって第三者または債権者が債権（請求権）の内容を実現し、それに要した費用を債務者から取り立てる。代替執行は、債務者以外の者が代わってすることができる債務（代替的作為債務。例、建物収去）のほか、不作為債務に違反して債務者がした行為の結果（例、建築禁止債務に違反して建築された建物）を除去するために用いることができる（民執171、民414Ⅱ本文・Ⅲ）。⇒直接強制、間接強制
（大濱しのぶ）

代替物・不代替物（だいたいぶつ・ふだいたいぶつ）
取引における同種・同等・同量の存在の有無を基準とし、個性不問で代えがあるものを代替物、その個性ゆえに代えがないものを不代替物という。前者の例として金銭や穀物が、後者の例に不動産や芸術作品などがある。特定物および不特定物の区別に類似するが、物の個性に対する当事者の意識を重視しない点でこれと異なる。また貸借型契約との関連で問題となることがあり、

とりわけ消費貸借の目的物は代替物に限られる（民587）。⇒特定物・種類物

(一木孝之)

代諾縁組（だいだくえんぐみ）

15歳未満の子に代わって法定代理人が承諾をする縁組のこと（民797）。養子となる者の父母で，子の監護をすべき者が他にあるときは，その者の同意を必要とする（民797Ⅱ）。他人の子を実子として出生届をした者が代諾した縁組は一種の無権代理による縁組であって，養子が15歳に達した後，養親に対する意思表示により追認することができ，追認によって縁組は，はじめから有効なものとなる（最判昭27.10.3, 民集6巻9号753頁）。⇒普通養子

(床谷文雄)

代物弁済（だいぶつべんさい）

債権の消滅原因のひとつで，債権者の承諾を得て，本来の給付内容とは異なる他の給付を現実に行うことによって本来の債権を消滅させることを代物弁済という（民482）。代物弁済は債権者と弁済者の合意を必要とするので契約であり，また現実に代物の給付がなされなければ弁済の効力が認められないので要物契約とされる。

(池田真朗)

代理（だいり）

本人と一定の関係にある他人（代理人）が，本人のために意思表示をすることによって，その効果を直接本人に帰属させる制度をいう。私的自治の拡張と，私的自治の補充という機能を有する。代理には，本人の意思に基づいて代理権が生ずる任意代理と，法律の規定によって代理権が認められる法定代理があるが，そのいずれにおいても，代理人のした意思表示の効果が本人に帰属するためには，代理行為と代理権という二つの要件が必要である。

(鹿野菜穂子)

代理意思（だいりいし）

自らの意思表示の効果を，自分にではなく，別に存在する本人に帰属させる意思をいう。民法は，代理は「本人のためにすることを示して」なすべきことを規定するが（民99Ⅰ），これは代理意思の表示（顕名）を要求するものである（顕名主義）。代理意思としては，本人に効果を帰属させる意思があれば足りる。本人の利益を図る意図が無くても，原則として代理の効力に影響しないが，例外的に代理権濫用として無効とされる場合がある。

(鹿野菜穂子)

代理監督者（だいりかんとくしゃ）

法定の監督義務者に代わって責任無能力者を監督する者。代理監督者は，監督義務者と同様の損害賠償責任を負う（民714Ⅱ）。一般的な例として，託児所・幼稚園の職員，小学校の教員，精神病院の医師，少年院の職員等が挙げられるが，職員個人に過大な負担をかけることは適切でないとの考えから，代理監督責任を負うのはこれら組織体そのもの（または，その長）に限定すべきであるとの見解が主張されている。⇒監督義務者の責任

(大塚　直・手塚一郎)

代理権（だいりけん）

本人のために意思表示を行いまたは意思表示を受けることによって，その法律効果を直接本人に帰属させることのできる権限をいう。代理権は，本人の意思に基づいて（授権行為によって）生じる場合と，本人の意思に基づかず法律の規定に基づいて生ずる場合がある。前者を任意代理といい，後者を法定代理という。代理権の範囲も，任意代理の場合には本人の意思によって決まるが，法定代理の場合には，法律の

規定によって定められる。⇒表見代理, 無権代理 (鹿野菜穂子)

代理権の範囲 (だいけんのはんい)

代理人が本人の名において行為するために必要な権限の具体的な範囲をいう。代理行為の効果を本人に帰属させるための要件となる。任意代理においては、本人の意思に基づく代理権授与行為により個別具体的に定まる。法定代理（地方自治体の長、親権者、後見人など）については、法律がこれを定める。なお、法人理事の代表権は法律上包括的とされているが（民53）、選任方法および代表権の制限については、定款・寄附行為による。⇒表見代理, 無権代理 (武川幸嗣)

代理行為 (だいりこうい)

代理人が、その効果を本人に帰属させる意図でなす法律行為をいう。民法は、代理行為につき、「本人のためにすることを示して」することを要求している（民99Ⅰ）。これを「顕名主義」という。顕名がない場合でも、「相手方が、代理人が本人のためにすることを知り、又は知ることができたとき」は、代理の効果が生ずるが、それ以外は顕名がない限り代理人に効果が帰属する（民100）。商行為については、非顕名主義がとられている（商504）。
(鹿野菜穂子)

代理行為の瑕疵 (だいりこういのかし)

代理において意思表示を行うのは代理人であるから、意思表示の効力が、主観的事情（意思の不存在, 詐欺・強迫, 悪意・有過失等）によって影響を受ける場合には、その事情の存否は、まず代理人自身について決する（民101Ⅰ）。しかし、代理人が本人から特定の法律行為を委託され、本人の指図に従ってその行為をしたときは、本人は、自らが知りまたは知ることができた事情につき、代理人の善意無過失を主張できない（民101Ⅱ）。 (鹿野菜穂子)

代理受領 (だいりじゅりょう)

債権者が、債務者に対して有する債権を担保するため、債務者が、第三債務者に対して有する代金債権を受領することの委任を債務者から受け、これに基づき第三債務者から金銭を受領すること。債務者が債務を履行しない場合、債権者は、受領した金銭を債権の弁済に充当する。なお、代理受領の承諾をした第三債務者が債務者に弁済を行い、これによって債権者に損害が生じた場合、債権者は第三債務者に対して損害賠償請求をなしうる。
(田髙寛貴)

代理占有 (だいりせんゆう)

占有に基づく法的保護は、他人すなわち代理人を介して享受することができる（民181）。代理人を通して行う占有を代理占有という。本人のために物を占有する者を占有代理人と呼ぶ。そのため、所有者が賃借人や受寄者に物の所持を委ねたとしても、なお占有を失わない。また、占有代理人は、本人のためだけでなく、自己に固有の利益を帰属させる意思をもって物を事実上支配しているといえるため、同人にも占有が認められる。この場合、占有代理人による占有を直接占有、本人の占有を間接占有という。 (武川幸嗣)

代理人 (法定代理人を含む) (だいりにん（ほうていだいりにんをふくむ）)

本人の名において、本人に代わって法律行為を行う他人を代理人という。任意代理においては本人の私的自治が尊重されるため、誰を代理人に選任するかは本人の自由であり、行為能力がなくてもよいとされているが（民102）,

法定代理については，法定代理人は法律の定めるところに従って選任される。⇒使者　　　　　　　　　　　（武川幸嗣）

諾成契約（だくせいけいやく）

当事者間における意思表示の合致のみによって成立する契約。要物契約に対立する概念。契約の拘束力の源は個人の意思にあると考えられることが多いため，諾成契約が契約の原則的な類型となる。民法の典型契約においても，消費貸借，使用貸借，寄託の３種が要物契約とされるほかはすべて諾成契約である。また，学説は，民法上要物契約とされる契約においても契約自由の原則の下でその要物性を緩和する傾向にある（例えば，諾成的消費貸借）。⇒要物契約，要式契約　　　　　（笠井　修）

諾約者（だくやくしゃ）

第三者のためにする契約においては，契約に基づき第三者に対し給付義務を負う契約当事者をいう。約束者もしくは単に債務者と称されることもある。第三者に対する給付は契約上の債務であるため，諾約者は第三者への履行について受益者に対しても債務を負う。諾約者は第三者の権利に対し，契約に基づく抗弁のみならず，相殺などの第三者個人に対する抗弁も対抗できると解されている。⇒要約者　　（岡本裕樹）

他主占有（たしゅせんゆう）

所有の意思に基づかない占有すなわち，他人の所有物であることを前提とする占有を他主占有という。賃借人あるいは受寄者として行う占有がこれにあたる。他主占有を長期間継続しても所有権の取得時効は成立しない（民162）。なお，すべての占有は自主占有として推定されるため（民186Ⅰ），これを争う場合，その者において他主占有を基礎づける事情を証明することにより，これをくつがえす必要がある。⇒自主占有　　　　　　　　　（武川幸嗣）

多数当事者の債権・債務（たすうとうじしゃのさいけん・さいむ）

同一の給付を目的とする債権につき，複数の債権者が存在すること（多数当事者の債権），または複数の債務者が存在すること（多数当事者の債務）。分割債権および分割債務（民427），不可分債権および不可分債務（民428～431），連帯債務（民432～445），保証債務（民446～465の５）が明文で規定されるほか，連帯債権，不真正連帯債務等がある。債権債務の主体が複数であることだけでなく，人的担保の観点から分析・整理する必要がある。　　　（平林美紀）

建物買取請求権（たてものかいとりせいきゅうけん）

借地権が期間満了によって消滅し，更新がなされない場合（借地借家13），または借地権者が借地上の建物を第三者に譲渡したが，賃借権の譲渡・転貸に借地権設定者が承諾をしない場合に（借地借家14，民612），借地権者またはそれから建物を取得した者は，借地権設定者に対してその建物を時価で買い取るべきことを請求できる権利である。建物買取請求権は，形成権である。建物の時価の算定に際しては，借地権価格は加算されないが，場所的環境は参酌されるべきものとされる（判例）。　　　　　　　　　　　　（藤井俊二）

他人物贈与（たにんぶつぞうよ）

贈与者以外の者に属する財産を目的とする贈与契約。贈与は，贈与者が「自己の財産を」無償で受贈者に与えることを約する契約として規定されているが（民549），通説は，他人の財産が目的であっても贈与は成立するとし，判例にもこれを認めたものがある。⇒

他人物売買 (たにんぶつばいばい)

他人の権利（物）を売買の目的とした場合、売主は、その権利を取得して買主に移転する義務を負う（民560）。他人の権利を売買の目的としても契約は有効である。売主が買主に権利を移転することができない場合、売主が契約時にその権利が自己に属しないことにつき善意だった場合、契約の解除が認められる（民561, 562）。他人の物を売買するので代理制度に類似するが、代理が代理権と顕名を要求する点で両者は異なる。⇒代理, 売主の担保責任

（鈴木清貴）

単一物・集合物 (たんいつぶつ・しゅうごうぶつ)

物権に関する一物一権主義を採る民法において、権利の客体として元来想定されるのは、法律上一個と取扱いうる財物たる単一物である。これに対して、属性を喪失していない個々の物の集合体である集合物が、全体として一つの経済的価値を有する場合、その一体的処分の可否が、とりわけ金融上の要請から問題となる。この点につき、特別法の定める財団抵当のほか、近時はいわゆる集合動産譲渡担保が判例上認められている（なお、動産債権譲渡特例法も参照）。

（一木孝之）

短期消滅時効 (たんきしょうめつじこう)

例えば、小売商人が売却した商品の代金債権や飲食店の代金債権など、特定の債権について認められる3年以下の短期の消滅時効（民170～174）。これらの債権は少額かつ日常頻繁に発生する債権のため、受取証書の交付や保存があまりなされず、短期間で弁済などの証拠が失われることから、このような制度が置かれた。なお、広義では、定期給付債権の消滅時効（民169）、商事時効（商522）のような期間5年の時効も、短期消滅時効に含められる。

（草野元己）

短期賃貸借 (たんきちんたいしゃく)

例えば、山林以外の土地の賃貸借では5年以下、建物の賃貸借では3年以下というように一定の期間を超えない賃貸借。処分の能力または権限を有しない者（民103等参照）は、このような一定期間内の賃貸借しかすることができない（民602）。なお、かつては、抵当不動産に設定された短期賃貸借について抵当権の登記後に登記したものであっても、抵当権者に損害を及ぼさない限り抵当権者に対抗できるとされていたが、平成15年の民法改正により廃止され、それに代わり抵当建物使用者の引渡し猶予制度が新設された（民395）。

（鎌野邦樹）

単純承認 (たんじゅんしょうにん)

単純承認は、相続人が無限に被相続人の権利義務を承継する趣旨の意思表示であり（民920）、相続開始から原則3ヶ月以内に（→「熟慮期間」）、家庭裁判所に対して申述する。もっとも、相続放棄（→「相続放棄」）または限定承認（→「限定承認」）を申述せずに熟慮期間が経過すると単純承認したとみなされるので（法定単純承認, 民921②）、相続する意思のある相続人が単純承認を申述するのは稀である。また、申述しない場合でも、相続人が相続財産を処分・隠匿等した場合には法定単純承認となる（民921①・③）。

（本山 敦）

単独行為 (たんどくこうい)

法律行為とは当事者が意図的に権利や義務を変動（発生・移転など）させる行為であるところ、例えば契約を解除

すれば原状回復義務が発生するので(民545Ⅰ)，解除の意思表示自体も一つの法律行為である。契約は複数の者の意思表示により成立する法律行為であるが，解除のような場合は一人の者の一方的な意思表示なので，単独行為という。同様に，契約の取消しや遺言も単独行為である。もっとも，一方的に権利や義務を変動させるには，それを可能とする権利（解除権や取消権など）が必要であることが多い。これを形成権といい，単独行為の多くは形成権の行使である。⇒形成権，遺言

（滝沢昌彦）

担保権的構成（たんぽけんてきこうせい）

譲渡担保や所有権留保について，所有権の移転や所有権の移転時期の特約という合意の形式に拘泥せずに，担保目的の取引であることから，これを担保権の設定行為とする考えのことである。担保権だとしても，抵当権と考えるか抵当権類似の担保物権と考えるか，また，担保物権の公示を何とするかは学説によって分かれている（公示を不要とし動産について民法192条の保護だけを考える学説もある）。判例は所有権的構成を採用しているが，清算金支払義務を認めたり，物上代位を認めたり，実質的に担保権的構成に等しい解決も採用している。⇒所有権的構成

（平野裕之）

担保物権（たんぽぶっけん）

債権の履行を確保することを目的として，債権者が債務者または第三者の財産に対して有する一定の支配権の総称である。民法典には，留置権・先取特権・質権・抵当権の4種が規定されているが，このほかに，譲渡担保・仮登記担保など，民法典に明文の規定がない非典型担保も重要な役割を果たしている。これらは当事者間の約定または法律の定めに従って発生し，履行確保のために認められる効力として，優先弁済的効力，留置的効力などがあるが，具体的には，上記の各担保物権の種類によって異なっている。⇒制限物権

（武川幸嗣）

担保不動産収益執行（たんぽふどうさんしゅうえきしっこう）

不動産担保物権の実行方法の一つで，執行裁判所が選任した管理人が，目的物たる不動産から生ずる収益（天然果実・法定果実）の収取を管理して，それを担保権者に配当して，被担保債権の優先的な弁済を受けさせる担保権の実行方法（民執180②）。2003年の担保・執行法の改正により新設された制度。担保権者は，担保権実行に際してこの不動産収益執行か不動産競売かのいずれか，または双方の手続を選択できるようになった（民執180）。手続的には一般債権者による強制管理の規定（民執93以下）が準用される（民執188）が，あくまで担保権の実行方法の一つであるので，債務名義は必要とされず，それに代わる担保権の存在を証明する文書の提出により手続が開始される（民執181Ⅰ①～④）などの差異がある。また，物上代位等に基づく賃料債権差押え手続との競合の場合に，債権差押え手続を管理手続に吸収するための調整規定も設けられた（民執93の4）。さらに，手続規定の整備に加えて，民法371条が改正され，被担保債権の債務不履行後の果実に抵当権の効力が及ぶ旨が規定され，実体法上の根拠も明示されるに至った。⇒物上代位（性）

（今尾　真）

ち

地役権(ちえきけん)

他人の土地を自己の土地の便益に供する権利。便益を受ける土地を要役地,便益を供する土地を承役地という。土地の便益とは,要役地所有者が承役地を通行できること(通行地役権)や,承役地の水を利用できること(用水地役権),さらに要役地の日照や眺望を確保するために承役地の建築を制限すること(日照地役権・眺望地役権)などである。地役権は契約によって設定され,有償でも無償でもよく,存続期間も自由に定められる。⇒用益物権

(江口幸治)

遅延損害金(ちえんそんがいきん)

金銭債務の履行遅滞による損害賠償額。遅延利息ともいうが,固有の意味の利息ではない。利息付債権であれば履行期までは利息が発生し,履行期を過ぎると利息ではなく遅滞による損害金が発生するが,実質的には後者も利息に近い。そこで,民法は,遅延損害金の額を原則として法定利率(民405。5％)により,それより高い約定利息が定められているときは,約定利率によると定めた(民419)。⇒履行遅滞,履行期,法定利率,利息

(難波譲治)

地上権(ちじょうけん)

建物などの工作物または竹木を所有することを目的として,他人の土地を使用収益することができる用益物権を,地上権という(民265)。所有者と用益者との間の設定契約によって生じる。民法典は,生活基盤としての土地利用の恒常的確保のために,第三者に対する対抗力や存続期間において,賃借権に比してより強力な支配権能を地上権に認めている。もっとも,借地借家法上の借地権につき,建物所有を目的とする地上権と賃借権には同一の保護が与えられている。⇒用益物権

(武川幸嗣)

父を定める訴え(ちちをさだめるうったえ)

離婚後6ヶ月の再婚禁止期間に違反して婚姻届をし,それが誤って受理されて再婚した女性が前婚解消後300日以内,再婚後200日以後に子を出産した場合,前夫と後夫との間で父性の確定が不能となる。この場合,子,子の母,前夫,後夫は裁判所に父を定める訴えを提起することができる。調停,審判または訴訟により裁判所が父親を定めることになる。⇒再婚禁止期間

(山口亮子)

嫡出子(ちゃくしゅつし)

法律上の婚姻関係にある男女から生まれた子を嫡出子といい,法律上の婚姻関係にない男女から生まれた子を非嫡出子という。婚姻外の子であっても,その後父母が婚姻すると準正として嫡出子となる。嫡出子の中には,推定を受ける嫡出子,推定を受けない嫡出子,推定の及ばない子の別がある。非嫡出

子の相続分は嫡出子の相続分の2分の1であり法的差別が存在し、戸籍上の記載も異なり、社会的な差別を助長しているとされている。　　（山口亮子）

嫡出推定制度（ちゃくしゅつすいていせいど）

妻が婚姻中に懐胎した子は夫の子と推定される。婚姻中懐胎したことの推定は婚姻成立の日から200日後、婚姻解消もしくは取消しの日から300日以内に出生した子に対しなされる。しかしこれによると内縁関係が先行していた場合でも婚姻後200日内に出生した子には嫡出推定が成立しない。そこで判例は内縁関係が存在している場合は嫡出子と扱い、実務においては、内縁関係の有無にかかわらず婚姻後に出生した子は嫡出子として扱われるよう修正されている。　　（山口亮子）

嫡出否認の訴え（ちゃくしゅつひにんのうったえ）

嫡出子について、父が子の出生を知ったときから1年以内に子または親権者である母に対してその嫡出性を否認する訴えをいう。夫が成年被後見人であるときは、後見開始の審判の取消しがあった後、夫が子の出生を知った時から起算する。ただし、夫が嫡出性を承認した場合はこの否認権を失う。この場合とは単に出生届をしたり命名しただけでは足りない。また血縁関係の不在を知りながら嫡出子出生届をしたときは否認権は失われるとされている。　　（山口亮子）

中間省略登記（ちゅうかんしょうりゃくとうき）

A→B→Cへの物権変動があったにもかかわらず、中間者Bを越えて直接にAからCに対する移転登記がされた場合、これを中間省略登記という。物権変動の過程が正確に公示に反映されていないため、このような登記の効力が問題となるが、判例は、中間者の同意がある場合においてこれを承認し、同意なくして登記がされた場合であっても、中間者の利益を不当に害しない限り、登記の抹消を求めることはできない、と解している。⇒公示（の原則）
　　（武川幸嗣）

中間責任（ちゅうかんせきにん）

過失の立証責任が被害者（原告）側から加害者（被告）側に転換され、通常よりも責任が加重された不法行為責任。加害者側で過失の不存在を立証すれば免責されるとの形式で規定され、過失責任と無過失責任との中間に位置づけられる責任であることから中間責任と呼ばれる。民法では責任無能力者の監督義務者等の責任（民714）、使用者責任（民715）、工作物の占有者の責任（民717Ⅰ本文）、動物占有者の責任（民718）が中間責任にあたる。⇒過失責任の原則、監督義務者の責任、使用者責任、工作物責任、動物占有者の責任
　　（大塚　直・手塚一郎）

中間法人（ちゅうかんほうじん）

中間法人は、営利も公益も目的としない（同業者や同一の社会的地位にある者の間の相互扶助ないし共通利益の増進を目的とする）法人である。かつては、個別の特別法で法人とされてきたが、2002年施行の中間法人法で、一般的に法人格取得の途が開かれた。2008年施行の一般社団法人及び一般財団法人に関する法律は、非営利法人制度として一般社団法人と一般財団法人とを設け、中間法人法はこれに伴い廃止されることになった。　　（山田創一）

注文者の責任 (ちゅうもんしゃのせきにん)

請負人がその仕事について第三者に与えた損害について、注文者は原則として損害賠償責任を負わない（民716）。使用者責任の成立には指揮監督関係の存在が要件となるところ、通常、請負人は注文者から独立しており、両者の間には具体的な指揮監督の関係がなく、使用者責任が成立しないためである。ただし、注文または指図について注文者に過失があった場合には、注文者は責任を負うこととなる（民716ただし書）。⇒請負

(加藤雅之)

注文者の任意解除 (ちゅうもんしゃのにんいかいじょ)

仕事完成まで注文者は損害を賠償して契約を解除できる。請負人の不履行を要しない。注文者が負担する損害賠償債務につき提供することは解除要件でない（大判明37.10.1、民録10輯1201頁）。目的物完成後は引渡前であっても解除できない。完成前の任意解除において完成済み部分の取扱いは、債務不履行による未完成解除の場合と同様である（大判昭7.4.30、民集11巻780頁）。⇒請負

(黒田尚樹)

直接強制 (ちょくせつきょうせい)

強制執行・強制履行の方法の一つで、国家機関（執行機関）が、債務者の意思にかかわらず直接的に、債権（請求権）の内容を実現する。直接強制は、強制執行の方法として効果的であるが、作為・不作為債務に用いると債務者の人格を害する結果となるので、金銭債務をはじめとする物の引渡債務についてのみ用いられる（金銭債務につき民執43〜167、不動産・動産の引渡債務につき民執168〜170）。⇒間接強制、代替執行

(大濱しのぶ)

直接効果説 (ちょくせつこうかせつ)

解除により契約が遡及的に消滅することを前提として、当事者は未履行債務を免れるとともに原状回復義務を負い（民545Ⅰ本文）、債権者は損害賠償請求権を取得する（民545Ⅲ）、という効果を説明する考え方。判例は、基本的に直接効果説に立つ。この説によれば、解除権の行使により第三者の権利を害することができないと定める民法545条1項ただし書は、契約の遡及的消滅から第三者を保護するために必要な規定とされる。⇒間接効果説

(渡辺達徳)

直系・傍系 (ちょっけい・ぼうけい)

血統（血のつながり）により結びつく関係を親系と呼び、親族のうち配偶者を別として、血族・姻族について直系親族・傍系親族に区別する。直系親族とは、血統が直上・直下する形でつながる関係であり、祖父母―父母―子―孫というようなつながりである。傍系親族とは、血統が共同の先祖（共同始祖）の所に遡ってつながる関係であり、父母を共同始祖とすれば兄弟姉妹が、祖父母を共同始祖とすれば伯父伯母（叔父叔母）、従兄弟などが傍系親族である。⇒親族、血族、姻族

(犬伏由子)

賃借権 (ちんしゃくけん)

賃貸借契約（民601）に基づき、その目的物を使用、収益する賃借人の権利。賃借権の目的物は、動産および不動産である（民85）。権利、企業、営業は除かれるが、特別法の規定がない限り、民法の賃貸借の規定を類推して適用されるべきであると解されている。なお、当事者の約定によるのではなく、法律の規定により賃借権が成立する場合もある（法定賃借権、仮登記担保法10等）。⇒賃貸借、借地借家法

(鎌野邦樹)

賃借権の譲渡・転貸（ちんしゃくけんのじょうと・てんたい）

賃貸人の承諾なしに，賃借人がその権利を譲渡または転貸すれば，賃貸人は賃貸借契約を解除することができる（民612）。目的物の使用収益の方法は人によって異なるため，賃貸人の承諾なしに賃借人が異なると賃貸人が不測の損害を被るからである。しかし，建物所有を目的とする借地では，人によってその利用方法は異ならない。そこで，賃貸人に不利になるおそれがないにもかかわらず借地権の譲渡・転貸に承諾しない場合には，裁判所がその承諾に代わる許可を与えることができる（借地借家19，29）。⇒承諾転貸，賃貸借
（野澤正充）

賃借権の対抗要件（ちんしゃくけんのたいこうようけん）

賃借人がその賃借権を，賃借権の設定後にその目的物について物権を取得した者（買主等の新所有者等）に対しても主張できるための要件。民法では，不動産賃借権の対抗要件を賃借権の登記としている（民605。動産賃借権の対抗力は目的物の引渡し）が，借地借家法は，土地賃借権の対抗要件をその土地上の建物登記とし（借地借家10Ⅰ），また，建物賃借権（借家権）の対抗要件を建物の引渡し（借地借家31Ⅰ）としている。農地賃借権の対抗要件については，農地法が，農地の引渡しとしている（農地18）。⇒賃貸借，借地借家法，賃借権の物権化
（鎌野邦樹）

賃借権の物権化（ちんしゃくけんのぶっけんか）

民法上債権とされている賃借権（民601）のうち不動産の賃借権について，その保護が強化されて，地上権（民265）のような物権と類似の性質を有するようになること。例えば，借地借家法により，賃借している土地について，その賃借権の登記（民605）がなくても，その土地上の建物の登記によって土地賃借権についての対抗力が与えられたり（借地借家10Ⅰ），また，賃借地上の建物を第三者に譲渡するに伴って，土地賃借権を譲渡又は転貸する場合に，賃貸人の承諾（民612）がないときでも，裁判所が賃貸人の承諾に代わる許可を与えることができる（借地借家19Ⅰ）のが，この例である。⇒賃貸借，借地借家法，賃借権の対抗要件
（鎌野邦樹）

賃借物の一部滅失（ちんしゃくぶつのいちぶめっしつ）

賃借物が賃借人の過失によらないで滅失したときは，賃貸借契約は消滅し（民536Ⅰ），賃借人に過失があれば，賃借人は損害賠償を請求することができる（民415）。これに対して，賃借物の一部が賃借人の過失によらずに滅失したときは，賃借人は，その滅失した部分の割合に応じて，賃料の減額を請求することができ（民611Ⅰ），残存する部分のみでは賃借した目的を達することができないときは，契約の解除をすることができる（民611Ⅱ）。⇒賃貸借
（野澤正充）

賃貸借（ちんたいしゃく）

有償で物を貸借する契約。当事者の一方（貸主）がある物の使用および収益を相手方（借主）にさせることを約し，相手方がこれに対してその賃料を支払うことを約することによって，その契約の効力が生ずる（民601）。賃料の支払を内容とする点（有償）で使用貸借と異なる。また，使用貸借と異なり，当事者の約定だけで契約の効力が生ずる契約（諾成契約）である。⇒使用貸借，諾成契約
（鎌野邦樹）

賃貸借契約の解約申入れ（ちんたいしゃくけいやくのかいやくもうしいれ）

賃貸借の期間の定めがない場合に，当事者はいつでも解約を申し入れて賃貸借を終了させることができる（民617）。解約申入れでは，相手方に解約の意思表示をしてから，賃貸物の種類に応じて一定の期間が経過すると終了の効力が発生する。ただし，建物賃貸借においては，賃貸人が解約申入れをする場合には，解約申入れから6ヶ月後に解約の効力が発生し（借地借家27Ⅰ），かつ正当事由が具わっていなければならない（借地借家28）。⇒賃貸借の終了 　　　　　　　　　　（藤井俊二）

賃貸借の終了（ちんたいしゃくのしゅうりょう）

賃貸借の終了原因には，存続期間の満了，解約申入れおよび契約解除がある。契約解除は解除原因がなければ解除できないが（民541～543），解約申入れは理由を必要としない（民617）。賃貸借の解除は遡及効を有せず，将来に向かってのみ効力を生じる（民622）。賃貸借のような継続的契約関係において過去の契約関係を解消させて清算することが困難だからである。賃貸借の解約申入れ・解除を，通常の解除と区別して，「告知 Küundigung」という。⇒賃貸借契約の解約申入れ 　　（藤井俊二）

賃貸借の存続期間（ちんたいしゃくのそんぞくきかん）

民法では，賃借権の存続期間は，20年を超えることができないとし，契約でこれより長い期間を定めたときであっても，その期間は20年に縮減される（民604Ⅰ）。借地・借家以外の物の賃借権についてはこれによる。これに対し，借地借家法により，借地権の存続期間は30年とされ，ただし契約でこれより長い期間を定めたときは，その期間とされ（借地借家3），建物賃借権（借家権）の存続期間については，1年未満の定めはできないとされる（借地借家29）。なお，両者とも存続期間が満了しても，原則として更新が認められる（借地借家5，26，28）。⇒賃貸借，借地借家法，定期借地権 　　（鎌野邦樹）

賃貸人の地位の移転（ちんたいにんのちいのいてん）

賃貸借の目的である不動産が譲渡された場合には，新所有者に賃借権を対抗できないのが原則である（売買は賃貸借を破る）。しかし，賃借権に対抗要件（民605の登記，借地借家10，31）があれば，賃貸人の地位が新所有者に移転し，賃貸借が存続する。また，賃借権に対抗要件がない場合には，新旧両所有者の合意によって賃貸人の地位が移転し，賃借人の承諾は不要である（最判昭46.4.23，民集25巻3号388頁）。賃貸人の義務は，不動産の所有者であれば果たせるものであり，賃借人には不利益がないからである。⇒契約上の地位の移転，契約譲渡，債権譲渡，債務引受，賃貸借 　　　　　　　　　　（野澤正充）

つ

追完（ついかん）
処分権限のない者による他人物売買のような非権利者による処分において，所有者の追認などにより事後的に処分権限が補完された場合，所有者との関係において遡及的に処分行為の効力が生じる。これを講学上特に追完と呼ぶことがある。無権代理行為における本人の追認に類するが，他人物処分は非権利者が当事者本人となる点において，代理とは異なる。⇒追認，他人物売買，無権代理，無効　　　　（武川幸嗣）

追及力（ついきゅうりょく）
物権には絶対性があり，性質上誰に対しても主張することができる。そこで，担保目的物が第三者に移転しても担保物権の効力が及びうることを指して，追及力という。例えば抵当権者は，設定登記により対抗要件を備えれば，第三取得者に対しても抵当権を主張することができ，その実行を妨げられない。なお，動産先取特権については，公示方法がないため，第三取得者の取引安全に配慮して，追及力が制限されている（民333）。⇒第三取得者，抵当権
（武川幸嗣）

追認（ついにん）
取り消すことができる行為や無権代理行為など，有効・無効が確定していない行為の有効性を確定する意思表示。取り消すことができる行為や無権代理行為は，取消権者や本人等の追認によって有効となる（民122, 116）。無効な行為は，追認によっても有効な行為とすることはできず，無効な行為であることを知って当事者が追認したときは新たな行為をしたものとみなされる（民119）。　　　　　　（鈴木清貴）

追認拒絶（ついにんきょぜつ）
無権代理行為を確定的に有効とする意思表示である追認を本人が拒絶すること。無権代理行為は，追認・追認拒絶がなされるまでは浮動的な無効状態にあり，追認拒絶がなされると無効に確定する。追認は代理権の補充を意味し，追認がなされるとはじめから有効な代理行為となる（民116）。追認・追認拒絶は無権代理人・相手方のどちらにしても良いが，相手方に対してしなければ対抗することができない（民113Ⅱ）。　　　　　　　　（鈴木清貴）

通行地役権（つうこうちえきけん）
他人の土地（承役地）を自己の土地（要役地）の便益に供する物権を地役権というが，その中で承役地を通行することを目的とした地役権のことを通行地役権という。地役権は契約によって取得されるほか，「継続的に行使され，かつ，外形上認識することができるものに限り」時効によって取得される（民283）。通行地役権の場合，承役地となるべき土地に要役地所有者によって「通路の開設」がなされていることが必要となる。　　　　　（江口幸治）

通知・承諾（つうち・しょうだく）

通知とは，一般に何らかの法的事実を知らしめる行為であり，債権譲渡の通知でいえば，譲渡された事実を債務者に知らせる「観念の通知」（準法律行為）である（権利移転を生ぜしめる意思表示ではない。しかし判例・通説では意思表示に関する規定が類推適用されるとする）。承諾は，民法学では多義的に使われる。契約の申込み・承諾という場合の承諾は，当然法律行為の構成要素としての意思表示である。債権譲渡の承諾は，対抗要件であるから，通説では，譲渡の事実を知ったという観念の表示とされるが，実際には債務承認や抗弁放棄の意思表示である場合もありうる。債務引受契約において債権者の承諾といわれるものは，債務引受に同意し承認を与える意思表示である（債務引受の事実を知ったという観念の表示ではない）。⇒債権譲渡の対抗要件，異議を留めない承諾，意思表示，準法律行為　　（池田真朗）

強い付合・弱い付合（つよいふごう・よわいふごう）

ある物が所有者を異にする他の不動産に付着してその独立性を失い，不動産と一体化したと評価される場合（付合）のうち，付着した物が不動産の構成部分となり，独立の所有権の存在を認めることができない場合を「強い付合」といい，社会通念上，独立の取引の対象となりうる程度の結合である場合を「弱い付合」という。弱い付合の場合は，権原によってその物を附属させた者に所有権の保留が認められる（民242ただし書）。　　（神田英明）

て

DV防止法（でぃーぶいぼうしほう）

「配偶者からの暴力の防止及び被害者の保護に関する法律」が正式名称。DVとはドメスティック・バイオレンス（Domestic Violence）の略で，広義には家庭内の暴力だが，本法では夫婦間（内縁を含む）の暴力を指す。1999年に施行された男女共同参画社会基本法の具体化の一つとして，2001年に施行。配偶者暴力相談支援センターの設置を都道府県に求め（3条），被害者からの申立てを受けた裁判所は加害者に対して被害者への接近禁止命令や住居からの退去命令といった保護命令を発令でき(10条)，同命令の違反者に懲役・罰金を科す(29条)。04年・07年にそれぞれ改正されている。　　（本山　敦）

定款（ていかん）

一般社団法人・一般財団法人の根本規則を定款というが，これらの法人を設立するには，定款を作成して公証人の認証を受けなければならない（一般法人10, 13, 152, 155）。定款の必要的記載事項は法律で定められており（一般法人11 I , 153 I ），その中の一つを欠いても定款は無効となる。また，これ以外の事項も法律に違反しない限り定款に記載でき（任意的記載事項），必要的記載事項とその効力に差はないとさ

れる。　　　　　　　　（山田創一）

定期借地権（ていしゃくちけん）

借地借家法22条に定める借地権で，存続期間を50年以上と定めた場合に，契約の更新および建物の築造による存続期間の延長がなく，賃借権の存続期間の満了した場合における建物買取請求権のない旨を定めることのできる借地権。このような借地権の設定は，公正証書による等書面によってしなければならない。広義には，約定の契約期間で借地関係が確定的に終了する借地権を総称し，借地借家法23条に定める建物譲渡特約付借地権や，同法24条に定める事業用借地権も含む。⇒賃貸借の存続期間　　　　　　　（鎌野邦樹）

定期贈与（ていきぞうよ）

当事者の一方が他方に対して，定期的に一定の給付を無償で行うことを約する契約であり，贈与の一種。例えば，大学在学中に毎月10万円を与えることを約するような契約である。特約がない限り，贈与者または受贈者の死亡により効力を失う（民552）。　（森山浩江）

停止条件（ていしじょうけん）

その成就により法律行為の効力を発生させる条件（民127Ⅰ）。「大学に合格すれば時計を贈与する」という契約における大学合格が停止条件の一例である。停止条件付法律行為は条件成就まで当事者間に権利義務を発生させないが，条件の成否未定の間でも，条件が成就すれば利益を得られるという期待が一方当事者に発生するので（期待権），民法は条件成就前の法律関係についても規定を設けている（民128～130参照）。　　　　　（高橋智也）

停止条件付贈与（ていしじょうけんつきぞうよ）

例えば，「司法試験に合格したらこの車をあげる」というような，停止条件を付した贈与契約。この場合，司法試験に合格するという条件が成就した時から，贈与の効力が生じる（民127Ⅰ）。　　　　　　　（森山浩江）

定着物（ていちゃくぶつ）

土地に固着した状態での継続的使用を社会観念上の常態とする物を定着物という。建物，樹木，軌道や鉄塔等の常設備品などがその例である。民法における定着物の意義は，土地とともに不動産を構成する旨の規定（民86Ⅰ）が示すように，物権変動上の性質決定に求められる。ただし，建物は敷地と別個の不動産であり，樹木も立木法所定の登記，さらに明認方法など一定の公示を経ることで，同じく不動産として独自の取引対象となる。　（一木孝之）

抵当権（ていとうけん）

債務者または第三者が担保として提供した特定の不動産につき，その占有をこれらの者に委ねたままで，被担保債権が債務不履行に陥ったときに，その不動産から他の債権者に先立って優先弁済を受けることを目的とする，約定担保物権をいう（民369）。設定者である債務者または第三者が目的物の使用収益を継続しながら，これを担保として活用しうる点に特色がある。登記による公示が必要となるため，対象は原則として不動産に限定される。⇒担保物権　　　　　　　　　　（武川幸嗣）

抵当権消滅請求（ていとうけんしょうめつせいきゅう）

抵当不動産の所有権を取得した第三者（第三取得者）が，自らの指定した金額を抵当権者に提供することによって，

抵当権を消滅させる制度（民378～386）。抵当権が実行されると自らが取得した抵当不動産の所有権を失うことになってしまう第三取得者を保護するためのもの。抵当権者は，第三取得者の提示した金額に不満があるときは，抵当権を実行して競売の申立てをすることによって，第三取得者の消滅請求に対抗できる。⇒増価競売　　　　　（田高寛貴）

抵当権侵害（ていとうけんしんがい）

目的物の価値を減少させるなどして抵当権のもつ優先弁済的効力を妨げること。目的物を滅失・損傷した者に対し，抵当権者は損害賠償を請求できるし，目的物の一部を分離・搬出する者にはその禁止や返還も請求できる。また，不法占拠者に対しては，それが目的物の交換価値の実現を妨げ優先弁済請求権の行使を困難にするものと認められる限り，抵当権侵害として立退きを請求できる。なお設定者による侵害の時は増担保請求もできる。⇒物権的請求権　　　　　　　　　　　（田高寛貴）

抵当権の効力の及ぶ範囲（ていとうけんのこうりょくのおよぶはんい）

抵当権者の支配に属する目的物の範囲につき，抵当不動産に付加された動産あるいは賃料債権などの果実をめぐり，抵当権者と設定者その他の第三者との間で争いが生じることがある。抵当不動産への付合物・従物には原則として抵当権の効力が及び（民87Ⅱ，370），さらに抵当権者は一定の要件に従い，賃料債権などの果実からも，優先弁済を受けることができる（民371，372，304）。⇒果実，主物・従物，付加一体物，物上代位（性）　　　（武川幸嗣）

抵当権の順位（ていとうけんのじゅんい）

同一目的物に複数の抵当権が設定された場合，これら抵当権には，登記が先のものから，第一，第二，第三……と優先順位がつく（民373）。目的物が換価されると，換価金は，まず第一順位の抵当権者に，残余があれば第二順位の抵当権者に，と配当される。先順位の抵当権が消滅すると，後順位の抵当権の順位は当然に繰り上がる。なお，抵当権の順位は，各抵当権者の合意，利害関係人の承諾のもと，登記をすれば変更ができる（民374）。　（田高寛貴）

抵当権の順位の譲渡・放棄・変更（ていとうけんのじゅんいのじょうと・ほうき・へんこう）

転抵当，抵当権の譲渡・放棄とともに，抵当権の処分の一態様である。抵当権者の把握した担保価値の利用に弾力性を持たせて，多数債権者間の複雑な利害調整を図るため，先順位抵当権者から後順位抵当権者に対して行われる処分である。例えば，第一順位の抵当権者から第三順位の抵当権者に順位の譲渡が行われると，両者の実際の配当額の合算額から第三順位の抵当権者が優先弁済を受け，残余があるときに第一順位の抵当権者に配当され，また順位の放棄が行われると，両者とも同順位となり，その合算額につき両者の債権額に比例して平等分配される（民376Ⅰ後段）。なお，これらの処分は，第一順位の抵当権者と第三順位の抵当権者の契約のみによって行うことができ，第二順位の抵当権者の配当額に影響を与えない。これに対して，順位の譲渡と異なり，抵当権者間で絶対的効力をもってその順位を被担保債権から切り離して相互に入れ替えるのが，抵当権の順位の変更である（民374Ⅰ）。これは，処分者・受益者以外の抵当権者の配当額にも影響を及ぼすので，各抵当権者の合意が必要とされ（民374Ⅰただし書），順位変更登記が効力発生要

件とされる（民374Ⅱ）。　　（今尾　真）

抵当権の譲渡・放棄（ていとうけんのじょうと・ほうき）

　転抵当，抵当権の順位の譲渡・放棄・変更とともに，抵当権の処分の一態様である。抵当権者の把握した担保価値の利用に弾力性を持たせて，多数債権者間の複雑な利害調整を図るため，抵当権者から無担保債権者に対して行われる処分である。譲渡は処分者たる抵当権者の有する優先弁済権を受益者たる無担保債権者に取得させる処分であり，放棄はその優先弁済権を受益者との関係で主張しない（受益者との間で債権額に比例して平等分配する）処分である（民376Ⅰ後段）。なお，これらの処分は，処分者と受益者の契約のみによって行うことができ，他の抵当権者の配当額に影響を与えない。

（今尾　真）

抵当権の消滅（ていとうけんのしょうめつ）

　抵当権の消滅原因としては，物権の性質に基づく目的不動産の滅失，担保物権の付従性を根拠とする被担保債権の消滅が挙げられるが，抵当権に固有の消滅事由として，第三取得者保護のために設けられた代価弁済（民378）および抵当権消滅請求（民379），さらに，第三取得者が抵当不動産につき取得時効に必要な要件を満たした場合における時効消滅（民397）がある。

（武川幸嗣）

抵当権の処分（ていとうけんのしょぶん）

　転抵当，抵当権の譲渡・放棄，抵当権順位の譲渡・放棄の総称。民法376条に規定するこれら抵当権の処分は，処分をする抵当権者と処分により利益を受ける者（受益者）との間で相対的に変更が生じるものであって，設定者や所有者に新たな負担をかけたり他の抵当権者や債権者に影響を及ぼすものではない。なお，民法374条の定める抵当権の順位の変更は，多数の抵当権者の合意でこれらの順位を絶対的な関係で変動させるものである。

（田高寛貴）

抵当権の物上代位（ていとうけんのぶつじょうだいい）

　先取特権における物上代位を定めた民法304条は抵当権にも準用されており（民372），目的物の売却，賃貸，滅失，損傷により所有者が受ける金銭その他の物に対しても抵当権は行使できるとされる。もっとも，民法304条の文言どおりに抵当権の物上代位を考えてよいかは議論がある。例えば，動産先取特権とは異なり追及効のある抵当権では，売買代金を物上代位の対象とすることに否定的な見解も多い。賃料についても，使用による目的物価値の目減り分ともみなしうる動産とは異なり，土地の場合には，使用による価値の目減りはないし，また，抵当権の効力を賃料に及ぼせるとするのは，設定者から使用収益権を奪うとも解しうる。ただし，判例は賃料への物上代位権行使を認めており，近時，担保不動産収益執行制度が創設されたこととも相まって，賃料への物上代位権行使は，抵当権者が目的物の収益から優先弁済を受けるための一方法として認知されるに至っている。　　（田高寛貴）

手付（てつけ）

　契約締結の際に，当事者の一方が相手方に対して交付する金銭その他の有価物を，手付という。手付の法的意義については，契約当事者がどのような趣旨に基づいて手付の授受を行ったかによって定まる。手付の主な機能とし

ては，証約手付，解約手付，違約手付があるが，民法上の手付制度が解約手付を対象としていることから（民557），手付が交付された場合，原則として解約手付と推定される。　　（武川幸嗣）

電子記録債権（でんしきろくさいけん）

2007年6月に公布された電子記録債権法によって創設された，債権の発生や譲渡を電子的記録にかからしめる，新しい類型の債権。指名債権には二重譲渡リスクや支払の不確実性という弱点があり，一方手形には紙の発行・管理の負担や税の負担という難点があるので，これらを除去して流動性・確実性の高い債権を創設し，企業の資金調達を推進する目的で創設された。法人の有する金銭債権が対象となる。民間に複数設置される電子債権記録機関に置かれる記録原簿に債権の発生を記録することが発生の効力要件であり，同じく譲渡記録をすることが譲渡の効力要件である。消滅については，支払等記録がなくても実際の弁済があった時点で消滅することになる。権利推定効，善意取得，人的抗弁の切断等，流通保護のための諸規定が定められている。また，多様な任意的記録事項の記録が可能である。⇒指名債権　　（池田真朗）

電子消費者契約法（でんししょうひしゃけいやくほう）

「電子消費者契約および電子承諾通知に関する民法の特例に関する法律」の略。消費者が行う電子消費者契約の意思表示に要素の錯誤があった場合において，事業者が一定の確認措置を講じていなかったときには，民法95条ただし書（重過失ある場合には無効を主張できないとする規定）は適用されないこととし（同法3），また，電子承諾通知については，消費者か事業者かにかかわらず，民法526条の適用を排除して，到達主義を採用することとした（同法4）。　　（鹿野菜穂子）

転質（権）（てんしち（けん））

質権者A（原質権者・転質権設定者）が，自らの債務の担保として質物に対してさらにBのために質権を設定した場合，Bが有する質権を転質権という。原質権者は，転質権の設定によって，自己の債権の弁済期が到来する前に金銭を取得すること（被担保債権の期限前回収）が可能となる。転質には責任転質（民348）と承諾転質がある。転質権（特に，民348が規定する責任転質）の法的性質については，質物そのものにさらに質権を設定することと解する見解（質物再度質入説）が通説的であるが，質権と被担保債権の双方に対してさらに質権を設定するものと解する見解（共同質入説）も有力に主張されている。　　（高橋智也）

転抵当（てんていとう）

抵当権者が自らの抵当権をもって自己または第三者の債務の担保とすること（民376 I 前段）。抵当権の譲渡・放棄，抵当権の順位の譲渡・放棄・変更などとともに，抵当権の処分の一態様である。抵当権者の債権の弁済期到来前に転抵当権者から金融を得ることができ，原抵当権者には投下資本の回収を，転抵当権者には新たな投資参加を可能にする。その法的性質につき，転質と同様の議論があり，被担保債権とともに抵当権も質入れするとする債権・抵当権共同質入説と，抵当権の把握する担保価値のみを担保に供するとする単独処分説（この説はさらに抵当権単独質入説と抵当物上再度抵当権設定説に分かれる）がある。原抵当権者と転抵当権者の契約により設定され，第三者対抗要件は登記である（民177）が，転抵当権が複数設定された場合には，

原抵当権の登記になされた付記登記の前後によることになる（民376Ⅱ）。また，債務者・保証人・物上保証人・抵当不動産の第三取得者に対しては，原抵当権者から債務者への通知または承諾が対抗要件となる（民377Ⅰ）。転抵当権者は原抵当権の被担保債権額の限度で優先弁済を受けることができる。

(今尾 真)

天然果実（てんねんかじつ）

ある物（元物）を経済的用法どおりに使用することで，自然と産出されるものを天然果実という（民88Ⅰ）。果物，牧畜の子，鉱物などがその例である（有機的なものだけでなく，無機的なものも含まれる）。元物から分離した果実は，その時点の収取権者に帰属する（民89Ⅰ）。また，元物から未分離のものも，明認方法を経由することにより，独立の取引対象となりうる。なお，民法371条にいう果実には，天然果実も含まれると解される。

(一木孝之)

添付（てんぷ）

民法242条以下に所有権の原始取得原因として定められている「付合」，「混和」，「加工」の三者の総称。所有者の異なる数個の物が何らかの理由により結合した場合（付合，混和），あるいは，他人の動産に工作を加えてその物の価値を増加させた場合（加工）に，原状復旧が不可能または不合理であることを理由に，復旧の請求を許さずに新しい物に対する所有権の成立を認め，その所有権の帰属や当事者間の利害調整などを規定する制度。

(神田英明)

転付命令（てんぷめいれい）

金銭債権の強制的実現手段の一つ。債務者が第三者債務者に対して有する金銭債権（銀行預金債権等）を，差押債権者にその回収すべき債権額分（券面額分）移転（転付）すること（民執159）。差押命令と転付命令が確定すると，転付命令が第三債務者に送達された時点で執行債権者への弁済の効力を生ずる（民執160）。他の債権者の配当要求の余地がなく実質的に優先的弁済が得られまた執行自体も簡便迅速である反面，第三債務者の無資力の危険等を執行債権者は負う。

(小川 健)

転用物訴権（てんようぶつそけん）

契約上の給付が第三者の利益となっている場合に，給付をした者が第三者に対してその利益を不当利得として返還請求すること。最判平7.9.19，民集49巻8号2805頁は，給付を受けた者が無資力であり，かつ，第三者が実質的にみて対価関係なしに利益を受けているときに限り，これを認めるが，学説は，不当利得の問題ではないとして反対し，転用物訴権を認めるにしても，それは一種の法創造であるという。

(花本広志)

と

登記（とうき）

不動産に関する権利関係につき，不動産登記法が定める手続に従い，公簿（登記簿）に記載すること，または記載そのものを指して登記という。登記は，権利関係を第三者に認識させるための公示方法であり，取引安全のために必要不可欠な役割を果たしている。そのため，不動産上の物権変動については，登記を備えることが，第三者に対する対抗要件とされている（民177）。⇒公示（の原則），対抗要件　　　（武川幸嗣）

登記権利者・登記義務者（とうきけんりしゃ・とうきぎむしゃ）

権利に関する登記により，登記上直接に利益を受ける者（ex. 買主）を登記権利者といい，直接に不利益を受ける登記名義人（ex. 売主）を登記義務者という。登記手続は，原則として権利変動の当事者双方の共同申請によることを要するため（不登60），登記義務者は登記手続に協力する義務を負い，登記権利者は，登記申請に協力するよう求める登記請求権を有する。⇒中間省略登記，登記請求権　　　（武川幸嗣）

登記請求権（とうきせいきゅうけん）

共同申請主義（不登61）に服する登記（権利に関する登記）につき，共同申請の一方当事者が他方当事者に対して登記手続に協力するよう請求する権利。当事者が登記所に対して登記手続を求める登記申請権と区別される。登記申請権が公法上の権利であるのに対して，登記請求権は私法上の権利とされ，その発生原因に関しては，物権的なもの（物権的登記請求権）・債権的なもの（債権的登記請求権その他）を分ける多元説が通説である。　　　（七戸克彦）

登記の欠缺を主張する正当な利益（とうきのけんけつをしゅちょうするせいとうなりえき）

民法177条における第三者の範囲につき，判例（大連判明41.12.15民録14輯1276頁）が示した判断基準である。不動産物権変動について，権利者は登記なくしてこれを第三者に対して主張することができないと規定されているが，その趣旨は，不動産につき正当な利害関係を有する第三者の利益を保護することにあるという理解に基づいている。そのため，これにあたらない第三者に対して物権取得等を主張するにつき，登記は要求されない。⇒対抗要件，第三者，背信的悪意者，物権変動　　（武川幸嗣）

動機の錯誤（どうきのさくご）

甲土地の近くに駅ができるので便利になると思って甲土地を買ったが，それが思い違いだった場合のように，意思表示の形成過程に思い違いがあった場合を，動機の錯誤という。この場合には，「甲土地を買う」という「意思」とその「表示」との間にくい違いはないから意思の不存在の場合ではないため，動機の錯誤には民法95条は適用さ

れないとする学説もある。しかし，判例は，動機が明示的または黙示的に表示されて意思表示の内容になった場合には，95条が適用されるとする。学説の多くも動機の錯誤に95条の適用を認めている。⇒要素の錯誤　　（後藤巻則）

登記の推定力（とうきのすいていりょく）

登記簿の記載があれば，反証がない限りその内容に対応する権利が実体上も存在するものと推定する，登記の効力を指す。登記名義人が常に実体的にも権利者であるとは限らないが，不動産上の権利関係を確定するための基準としての登記の機能に鑑みて，判例はこのような効力を認めている。これが実体上の権利関係と異なる場合は，そのことを主張する者においてこの推定をくつがえす事実を証明しなければならないが，権利変動の直接の当事者との関係では，この推定力ははたらかないと解されている。　　　　（武川幸嗣）

動機の不法（どうきのふほう）

殺人に使用するための包丁の売買，賭博の資金にあてるための借金などでは，契約自体は通常の売買契約であり，または金銭消費貸借契約であるが，その動機は反社会的なものであり，公序良俗に違反する。このように，契約の動機のみに不法性が存在する場合に，契約の効力に影響するかどうかが問題となるが，一方当事者のみに不法な動機が存在する場合には，ただちに契約を無効とすべきではなく，取引の安全を考慮する必要がある。⇒公序良俗，効果意思，動機の錯誤　　（後藤巻則）

登記の流用（とうきのりゅうよう）

はじめ有効に行われた登記が，これを基礎づける実体関係が消滅したにもかかわらず存続していたところ，後にこれと別個類似の実体関係が新たに生じた場合，その登記の効力を認めるべきかが問題となる。判例は，建物滅失後の新建物につき，旧建物に関する登記を無効としたが，抵当権消滅後に，同一当事者間・不動産において新たに抵当権が設定された場合については，第三者の利益を害しない限りにおいて，旧抵当権の設定登記の流用を認めている。　　　　　　　　　（武川幸嗣）

同居義務（どうきょぎむ）

夫婦が同一の場所に居住して生活を共にする義務（民752）。婚姻生活上の本質的義務である。同居の場所は夫婦間の協議で決るが，協議が調わないときは同居を求めて家庭裁判所に調停や審判を申し立てることができる（家審9Ⅰ乙①）。最高裁は，同居に関する紛争を非公開で行われる審判の対象としても憲法に違反しないと判示する（最大決昭40.6.30民集19巻4号1089頁）。同居義務は，性質上強制履行にはなじまない（大決昭5.9.30，民集9巻11号926頁）。夫婦の一方が正当な理由なく同居を拒絶するときは，悪意の遺棄（民770Ⅰ②）に該当し，離婚原因となる。
　　　　　　　　　（三宅篤子）

動産（どうさん）

不動産以外のすべての物（民86Ⅱ）。ただし，登記・登録制の採用されている動産（船舶・自動車等）については，不動産に準じた取扱いが行われる。一方，無記名債権（乗車券・商品券等）については，動産とみなされる（民86Ⅲ）。逆に，金銭については，物としての個性を持たない特殊な動産であることから，金銭の所有権は占有とともに移転し，動産の即時取得（民192）の適用はない（最判昭39.1.24，判時365号26頁）。
　　　　　　　　　（七戸克彦）

動産債権譲渡特例法（どうさんさいけんじょうととくれいほう）

資金調達の目的で多数の債権を売却したり譲渡担保に供する取引では、個々の譲渡について民法上の通知承諾という対抗要件を具備する負担が取引の障害になる。この点を改善するために、1998年制定の債権譲渡特例法では、民法467条2項の確定日付ある通知を代替する債権譲渡登記制度を創設した。これは法人のする金銭債権の譲渡について、法務局のコンピュータに電子的に譲渡記録をするもので、現在ではオンライン申請もできる。この債権譲渡特例法を増補修正したものが動産債権譲渡特例法（2004年12月公布、2005年10月施行）である。同法では、新たに動産譲渡について同様な登記制度を創設し（民178の引渡しと同等の対抗要件となる）、さらに旧法では登記ができなかった第三債務者不特定の将来債権譲渡について登記を可能にする（その場合譲渡総額の記載は不要）等の改良を図った。⇒債権譲渡の対抗要件、債務者対抗要件　　　　　　　　　　（池田真朗）

動産先取特権（どうさんさきどりとっけん）

債務者の特定の動産上に存する先取特権（民311）。一定の債権と目的動産との間になんらかの関連性のある場合に認められる。民法は、不動産の賃貸借、旅館の宿泊、旅客又は荷物の運輸、動産の保存、動産の売買、種苗または肥料の供給、農業の労務、工業の労務の8種類を定める。動産先取特権は公示方法を有さないが、目的動産が第三取得者に引き渡されたときには、その効力が及ばなくなる（民333）から、第三者を害するおそれが少ない。

　　　　　　　　　　（下村信江）

動産質（どうさんしち）

対抗要件は質権者による質物の占有の継続であり（民352）。ここでいう「占有」とは直接占有のみを意味し、代理占有による「占有改定」（民183）を含まない（民345）。その結果、動産質では設定者が目的物の利用を継続できないため、対抗要件として占有改定で足りる譲渡担保が利用されることが多い。債権者が直接占有するために後順位担保権者が登場する可能性が少ないため、抵当権よりも被担保債権の範囲が広い（民346）。

　　　　　　　　　　（小山泰史）

動産の付合（どうさんのふごう）

所有者を異にする数個の動産が一体化し、損傷しなければ分離することができなくなった場合、または、分離するのに過分の費用を要するに至った場合のこと。この場合、主たる動産の所有者に、その合成物の所有権の帰属が認められる（民243）。なお、付合した動産について主従の区別をすることができないときは、各動産の所有者は、その付合時における価格の割合に応じてその合成物を共有する（民244）。

　　　　　　　　　　（神田英明）

同時死亡の推定（どうじしぼうのすいてい）

死亡の先後が不明な複数の者については、同時に死亡したものと推定される（民32の2）。複数の者の死亡は相続人の範囲および相続分（民887～890、900）に影響しうる。例えば、夫（母あり）、妻とその子が事故に遭い、夫と子が死亡した事案につき、その死亡の先後次第で、妻および夫の母の相続分が異なるところ、先後不明の場合の紛争が、上記推定により回避される（例では、夫と子の間の相続は起こらないものとして処理される）。

　　　　　　　　　　（一木孝之）

同時履行の抗弁権（どうじこうのこうべんけん）

双務契約の両当事者に与えられた権利で，相手方の債務（給付）について履行の提供（弁済の提供）があるまで自分の債務の履行を拒める，または，相手方の履行と引き換えに自分も履行すると主張できるもの（履行の場面で債務間の牽連関係を認めるもの）。例えば，売買で，買主は，売主が目的物引渡しを履行するまで代金支払を拒否できる。売主も，買主による代金支払と自らのなす目的物引渡しを引き換えに行う旨を主張できる（民533）。⇒双務契約

（前田　敦）

到達主義（とうたつしゅぎ）

郵便で通信している場合のようにコミュニケーションに時間がかかるときには，意思表示が相手方に到達した時に意思表示としての効力を生じるとする考え方を到達主義という。例えば，契約の解除の意思表示を2月1日に投函して2月3日に相手方の郵便受けに入った場合には，その時（2月3日）から解除の効果が生じることになる。これに対する語は，発信主義である。日本の民法では到達主義が原則とされており（民97Ⅰ），発信主義は例外である（民526Ⅰなど）。

（滝沢昌彦）

盗品・遺失物回復請求権（とうひん・いしつぶつかいふくせいきゅうけん）

動産につき，占有物が盗品または遺失物であるとき，被害者または遺失主は，占有者に対して本権に基づく返還請求権を行使しうるが，その物が取引行為により流通した場合であっても，盗難または遺失時から2年間は回復請求することができる。ここにいう盗品・遺失物回復請求権は，即時取得の例外として認められている権利を指す（民193，194）。⇒即時取得

（武川幸嗣）

動物占有者の責任（どうぶつせんゆうしゃのせきにん）

動物を占有する者または占有者に代わって動物を管理する者は，その動物が他人に加えた損害につき賠償する責任を負う（民718Ⅰ・Ⅱ）。ただし，相当の注意をもって保管したときには免責が認められる（民718ただし書）。責任の性質は過失の立証責任が転換された中間責任である。動物は他人に損害を与える危険があるため，一般不法行為と異なる厳しい責任を占有者または管理者に課している。

（加藤雅之）

登録自動車（とうろくじどうしゃ）

民法上，動産物権の公示方法は占有であるが，自動車，船舶，航空機，建設機械など一部の動産については，特別法に基づき，登録による公示が認められており，その物権変動については登録が第三者に対する対抗要件とされている。なお，判例は，登録自動車については，即時取得制度の適用を認めていない。⇒即時取得，動産

（武川幸嗣）

特定（とくてい）

種類債権の場合でも目的物は履行の時には特定していなければ履行できない。民法401条2項は，債務者が契約で与えられた指定権を行使した場合（「債権者の同意を得てその給付すべき物を指定したとき」）と，「債務者が物の給付をするのに必要な行為を完了」した場合に，特定するものとする。特定により所有権が移転し，目的物滅失の場合不能となり，債権者が対価危険を負担し（民534Ⅱ），債務者が善管注意義務を負う（民400）。⇒危険負担，債権者主義，債務者主義

（赤松秀岳）

特定遺贈（とくていいぞう）

遺言によって遺産中の財産を無償で

与える行為。特定遺贈の目的財産は、特定物の場合もあれば不特定物の場合もある。前者の場合は遺贈の効力発生と同時に当然に権利義務が受遺者に移転するが、後者の場合は遺贈義務者が目的物を特定した時点で移転する。また、後者で遺言執行者がいる場合は、適切な遺言執行をするために特定する必要があるので、受遺者に帰属する財産よりも広い範囲の財産上に管理権、処分権を有することになる。⇒遺贈

(中川忠晃)

特定債権（とくていさいけん）

金銭債権に対して、金銭の給付以外の特定の給付を目的とするという意味で特定債権という。また、特定物債権と同じ意味で用いられる場合もある。用例として、債権者代位権の場合、金銭債権を保全するために、債務者の無資力を要件として、債権者が債務者の権利を行使する本来型に対し、登記請求権や賃借権などの非金銭債権・特定債権を保全するために、債務者の無資力を要件とせず、債務者の登記請求権、妨害排除請求権の代位行使が認められる（転用型）、という場合など。

(赤松秀岳)

特定商取引法（とくていしょうとりひきほう）

特定商取引（訪問販売、通信販売、電話勧誘取引、連鎖販売取引、特定継続的役務提供取引、業務提供誘引販売取引）を公正にすることにより、購入者の利益保護を目的とする法律（特定商取引1）。販売業者の氏名等の明示の義務づけ（特定商取引3等）、書面交付義務（特定商取引4等）、不実告知の禁止（特定商取引6等）、契約の申込の撤回権（特定商取引9等）、広告規制（特定商取引11）などがその内容。⇒クーリングオフ、消費者契約法

(西原慎治)

特定物・種類物（とくていぶつ・しゅるいぶつ）

具体的取引で当事者の意思が物の個性に着目する場合が特定物、そうでない場合が種類物（不特定物）である。これに対し、一般取引で個性に着目するか否かの区別が代替物と不代替物である。両者の区別は必ずしも一致しない。金銭は代替物であり、不動産は不代替物だが、コレクターの取引では、金銭も特定物に、またニュータウンの住宅100棟のうちどれでもよいから10棟という取引では、不動産も種類物・不特定物となりうる。

(赤松秀岳)

特定物債権（とくていぶつさいけん）

特定物の引渡しを目的とする債権のことである。民法は、特定物債権では、債権発生時にその特定物が存在した場所で履行すべきものとし（民484）、引き渡すべき時の現状で引き渡せばよいものとし（民483）、引渡しまで債務者は善管注意義務を負うものとする（民400）。特定物に欠陥がある場合でも、その現状で引き渡すほかないというのが伝統的通説だが、最近では、特定物でも債務者は修補義務を負うと解する見解が有力である。

(赤松秀岳)

特別縁故者（とくべつえんこしゃ）

相続人不存在のため相続財産法人が成立し、相続財産管理人によって相続債権者に対する弁済等が行われてなお残存する財産を、相続人ではないが被相続人と特別の縁故関係にあった者に分与する制度。1962年の民法改正で導入。内縁配偶者や事実上の養子等の自然人、菩提寺や福祉施設等の法人が特別縁故者となりうる。分与を申し立てた者が特別縁故者に当たるか否か、当たる場合の分与財産の種類・範囲等は家庭裁判所が判断する（民958の3 I）。分与されない残余財産は、国庫に帰属

する（民959）。　　　　　（本山　敦）

特別失踪（とくべつしっそう）

戦地に臨んだ者や沈没船に乗り合わせた者など，死亡の原因となるべき危難に遭遇した者の生死が，当該危難の解消後1年間明らかでない場合を特別失踪という（民30Ⅱ）。このとき，利害関係人の請求に基づき家庭裁判所が失踪宣告をすると，当該失踪者は，危難が去った時に死亡したものとみなされる（民31）。死亡の原因となるべき災害等への遭遇という点で認定死亡に接近するが，失踪者の生死が不明という意味で，これとは異なる。⇒失踪宣告

（一木孝之）

特別受益（とくべつじゅえき）

共同相続人中，被相続人から遺贈されたり，婚姻，養子縁組の支度金や生計のための資本として贈与を受けた者があるときは，共同相続人間の衡平を図るため，そのような特別受益の持戻しを行う。そこでは，相続開始の時に被相続人が有した財産の価格に特別受益財産の価格を加えたものを相続財産とみなして，このみなし相続財産につき法定相続分または指定相続分の割合によって算定した各相続人の相続分から，当該遺贈または贈与の価格を控除した残額を，その相続人の取得すべき相続分とする（民903，904）。⇒相続分

（常岡史子）

特別養子（とくべつようし）

昭和62（1987）年改正で新設された実方との親族関係が終了する縁組（民817の2）。父母による監護が著しく困難または不適当であることその他特別の事情がある場合において，子の利益のため特に必要があるときに限り，家庭裁判所の審判によって成立させる。特別養子は6歳未満の者，または6歳に達する前から養親となる者に監護されていた8歳未満の者に限る（民817の5）。養親は，一方は25歳以上，他方は20歳以上の（民817の4），夫婦に限られる（民817の3）。⇒養子

（床谷文雄）

特許主義（とっきょしゅぎ）

特許主義とは，法人を設立するために特別の法律の制定による特許または君主の特許を必要とする主義をいう。ヨーロッパでは，古く株式会社の設立に特許主義がとられていたが，資本主義が進展し，団体設立の自由，結社の自由が強調されるに従い，自由度が大きい準則主義へと移行していった。現在，法人制度を利用して国の政策を展開する限られた法人（日本銀行・日本放送協会など）がこれに属していて，特殊法人と呼ばれている。　（山田創一）

届出婚主義（とどけでこんしゅぎ）

婚姻の成立を明確にするために法律により婚姻成立の要件を定める立場を法律婚主義といい，わが国は法律婚主義の中で，戸籍への届出を婚姻成立の方式とする届出婚主義を採用した（民739）。婚姻届出（受理）により婚姻は成立し（成立要件説），婚姻の効果が発生する。婚姻の届出により，当事者間の婚姻意思が表示され，その際に婚姻障碍の有無が審査される。しかし，戸籍係には婚姻意思の存在について実質的審査権はなく，婚姻意思のない届出という問題が生じることになる。⇒戸籍届出

（犬伏由子）

取消し（とりけし）

法が定める特定の者（→取消権者）の意思表示により，法律行為または意思表示の効力を初めから生じなかったものとすることを，取消しという。民法は，表意者保護のために，一定の行

為を取り消すことができるものとして規定している（→制限行為能力者，詐欺，強迫）。取り消すことができる行為につき，これを取り消すかどうかは原則として取消権者の自由とされており，取消しを主張して確定的に無効とするか，追認により有効に確定させるかにつき，選択することができる。⇒無効

(武川幸嗣)

取消権者（とりけしけんしゃ）

取り消すことができる行為につき，取消しを主張しうる資格を有する者を取消権者という。取消権者は取消しにより保護されるべき者に限定され，法定されている（民120）。詐欺・強迫の場合は表意者本人のほか，その代理人および承継人（相続人，契約上の地位の譲受人など）であり，制限能力者については，これらの者に加えて同意権を有する者（保佐人，補助人）も含まれる。⇒追認，法定追認

(武川幸嗣)

取立債務（とりたてさいむ）

債権者が債務者の住所まで目的物を引き取りに行く特約をした場合など，債務者の住所で履行すべき債務を取立債務という。この場合，債務者が債務不履行責任を免れるためには，債務者は履行の準備をして引取りを求めればよい（口頭の提供，民493ただし書）。しかし，種類債権の場合で，特定の効果が生じるためには，さらに目的物を分離することが必要である（最判昭30.10.18，民集9巻11号1642頁）。⇒持参債務

(赤松秀岳)

な

内縁（事実婚）（ないえん（じじつこん））

内縁とは，婚姻の届出はしていないが夫婦同様の共同生活を送っている男女関係を指す。届出婚主義の下で，婚姻の成立が認められない以上，内縁関係に婚姻の効果を全面的に認めるわけにはいかないが，通説・判例（最判昭33.4.11民集12巻5号789頁）は内縁関係を婚姻に準ずる関係（＝準婚）と捉え，婚姻の規定（民752, 760, 761, 762Ⅱ, 768等）の準用を認めている。ただし，婚姻届出があることを前提としている，夫婦同氏の原則（民750），成年擬制（民753），子の嫡出性（民772），配偶者相続権（民890）の準用は認められない。

（犬伏由子）

内容の錯誤（ないようのさくご）

錯誤は，それが意思表示のどの段階で存在するかによって，表示上の錯誤，内容の錯誤，動機の錯誤に区別される。内容の錯誤とは，香港ドルとアメリカドルとが同価値だと思って，前者のつもりで後者による表示をした場合のように，自分の行った表示の意味内容を誤解していた場合をいう。内容の錯誤の場合には表示に対応する意思がないので，意思の不存在の一場合である。
⇒要素の錯誤　　　　　　　（後藤巻則）

なす債務（なすさいむ）

なす債務とは，修理作業のように，労務やサービスの提供を内容とする債務をいう。売買契約における目的物引渡債務のような，物権ないし占有の移転等を内容とする「与える債務」と対比されるもので，何かをしないことを内容とする「不作為債務」もなす債務の一種である。なす債務は，強制履行の方法（民414）について問題となり，また，例えば医療契約の場合に，どこまでの治療をすれば債務が履行されたか等，債務不履行の成立判断に関して意義を有する。⇒与える債務

（池田真朗）

に

日常家事債務（にちじょうかじさいむ）

　夫婦の日常生活を営むのに必要な事務から生ずる債務のこと。民法761条は，夫婦の一方が行った日常家事に関する法律行為から生じた債務について，他の一方も連帯して責任を負うとしている。その具体的範囲は，社会的地位，職業，資産，収入や夫婦が生活する地域社会の慣習などによっても異なるが，通常，範囲内とされるものは，食料費や衣料品の購入費，家賃や光熱費，医療費，子の養育費などである。判例は，「夫婦は相互に日常の家事に関する法律行為につき他方を代理する権限を有する」として，夫婦の一方が権限外の行為をした場合に「第三者が日常家事の範囲内と信ずるにつき正当な理由があるときは」民法110条の類推適用を認めている（最判昭44.12.18，民集23巻12号2478頁）。⇒表見代理

（鈴木清貴・三宅篤子）

任意規定（にんいきてい）

　当事者がそれと異なる合意をすればその合意が優先する規定を任意規定という。契約をしても当事者の合意の意味が不明確であることや，細部まで合意していないこともあるから，当事者の意思を解釈し，あるいは補充する必要が生ずる。その役割を果たすのが任意規定である。ある規定が任意規定であるか強行規定であるかは，規定自身がそれを定めている場合以外は規定の趣旨から判断するしかないが，債権法の規定は任意規定であることが多い。

（後藤巻則）

任意後見制度（にんいこうけんせいど）

　任意後見制度は，本人の判断能力が不十分となった場合に備えて事前に任意後見人を選び，その者と任意後見契約を締結することにより後見事務を委託する制度。任意後見契約は，精神上の障害により事理弁識能力が不十分となった状況における自己の生活，療養看護，財産管理に関する事務を委託し，その代理権を付与する委任契約であり，公正証書により締結しなければならない（任意後見2①，3）。その効力は，本人の事理弁識能力が不十分となり，家庭裁判所が所定の者の請求により任意後見監督人を選任した時点で初めて発生する（任意後見4Ⅰ）。⇒成年後見制度

（上山　泰・冷水登紀代）

任意代位（にんいだいい）

　弁済をするについて正当な利益がなくても，債務者のために弁済をした者は，債権者の承諾を得て，債権者に代位することができる（民499Ⅰ）。ただし，この場合には，債権譲渡の対抗要件（民467）が準用される（民499Ⅱ）。なぜなら，任意代位においては，弁済者の範囲が限定されず，債務者は，誰が弁済したのかを知り，その者の求償にのみ応じるとしなければ，二重弁済の危険を負うからである。⇒法定代位，弁済による代位，一部代位

（野澤正充）

任意認知（にんいにんち）

認知者（父）が自己の意思により行う認知のこと。戸籍法の定めるところにより，認知の意思の届出（創設的届出）を行う（民781）。遺言で認知したときは，遺言執行者が届出（報告的届出）をする。成年の子を認知するには子の承諾が（民782），胎児を認知するには母の承諾が（民783Ⅰ），必要である（未成年の子の承諾は不要）。事実に反する認知をした場合は，認知は無効である。詐欺・強迫による認知は，取り消すことができる。⇒認知　　（床谷文雄）

認可主義（にんかしゅぎ）

認可主義とは，法人の設立に際し法律の定める要件を備え主務官庁等の認可を受けることが必要であるとする主義をいう。裁量性のある許可主義と異なり，主務官庁等に裁量権がなく，認可の要件が充足されているのに認可を与えなかった場合は，違法となる。各種の協同組合（農協59~61，生協57~59の2），医療法人（医療44・45），社会福祉法人（社福31・32），学校法人（私学30・31）などがこれに属する。

（山田創一）

認知（にんち）

嫡出でない子を父または母が自己の子と認めること（民779）。ただし，原則として母子関係は分娩の事実により当然に発生し，認知を要しない（最判昭37.4.27, 民集16巻7号1247頁）。任意の意思による認知と裁判による強制認知がある。認知の効力は，出生の時にさかのぼる（民784）。父の死後に認知により相続人となった者が遺産の分割を請求しようとする場合に，他の相続人が分割を終えていたときは，価額の支払のみを請求することができる（民910）。⇒任意認知，強制認知　　（床谷文雄）

認定死亡（にんていしぼう）

水難や火災等事変の発生により，死体自体の確認はできないものの，客観的状況からその死亡が確実と見られる者については，取調べ担当の官庁または公署により，死亡地の市町村長に死亡の報告がなされ，戸籍への記載がなされる（戸籍89）。その結果，記載された日時の死亡が推定され，法律上の効果が発生する。これを認定死亡という。死亡の明確性という点で，危難に遭遇した者の生死が不明である特別失踪の場合と異なる。

（一木孝之）

ね

根抵当権（ねていとうけん）

特定の債権を担保する抵当権（普通抵当権）とは異なり，「一定の範囲に属する不特定の債権を極度額の限度において担保する」抵当権を，根抵当権という（民398の2）。根抵当権でも，最終的には被担保債権が特定されることが必要であり（これを確定という），将来の確定時に存在する債権を担保する抵当権である。確定までは，付従性，随伴性は認められず，被担保債権の譲渡や免責的債務引受があれば，根抵当

権の被担保債権の適格を失うことになる。確定後は普通抵当権と同じ性質の抵当権になるが，極度額が定められているので，2年分という利息の制限 (375条) は受けない。 （平野裕之）

根抵当権の消滅請求権 (ねていとうけんのしょうめつせいきゅうけん)

元本の確定後，被担保債権が根抵当権の極度額を超えるときは，物上保証人，抵当不動産の第三取得者，抵当不動産について地上権，永小作権もしくは第三者に対抗することができる賃借権を取得した者は，その極度額に相当する金額を支払うかまたは供託をして，根抵当権を消滅させることができる (民398の22Ⅰ)。これを根抵当権消滅請求権という。ただし，主債務者，保証人また抵当不動産の停止条件つきの取得者については，根抵当権消滅請求権は認められない (民398の22Ⅲ)。 （平野裕之）

根抵当権の処分 (ねていとうけんのしょぶん)

根抵当権について行われる，転抵当，抵当権の譲渡・放棄または順位の譲渡・放棄といった抵当権の処分を根抵当権の処分というが，確定前までは，転抵当以外は認められない (民398の11)。転根抵当については，確定前には民法376条2項の適用は排除され (民398の2Ⅱ)，原抵当権の債務者の弁済は制限されることはない。
 （平野裕之）

根保証 (ねほしょう)

将来の不特定多数の債務を包括的に保証する形態の保証である。継続的保証ともいわれたが，根抵当権になぞらえて，根保証という言葉が民法では採用された (民465の2以下)。債権者・債務者間のすべての債務という一般的な保証は認められず，債務の発生原因が特定される必要がある。保証限度額・期間ともに限定されていない包括根保証と，保証限度額・期間のいずれかないし両方が限定された限定根保証とに分けられる。貸金等の根保証では，包括根保証は禁止されている (民465の2)。 （平野裕之）

は

賠償者代位 (ばいしょうしゃだいい)

債権者が物または権利を侵害されたことによりその価額全部の損害賠償を受けながら、なおその物や権利ないしその代償物（不法行為による損害賠償請求権等）を有する場合に、法律上当然に債務者がその物の権利を取得すること（民422）。例えば、物の寄託契約で、他人の物を預かった受寄者が第三者による盗難について寄託者に全部の賠償を支払った後、盗品が発見された場合に、元所有者（寄託者）がその物の取戻しにより二重の利益を得ることになるのを防ぐ趣旨の規定である。不法行為にも類推適用される。　　（山下りえ子）

背信的悪意者 (はいしんてきあくいしゃ)

他者への物権変動について悪意であり、かつその者の登記の欠缺を主張することが信義に反して許されないと評価しうる特段の事情がある者をいう（最判昭43.8.2民集22巻8号1571頁）。民法177条によって保護されるべき第三者につき、その主観的態様において善意悪意を問わないというのが判例の基本的立場であるが、上記のような背信的悪意者は例外的に排除されることとなり、たとえ登記を備えたとしても保護されない。⇒第三者、登記の欠缺を主張する正当な利益、物権変動　（武川幸嗣）

売買 (ばいばい)

当事者の一方（売主）がある財産権を相手方（買主）に移転することを約し、相手方がこれに対してその代金を支払うことを約する契約である（民555）。有償・双務・諾成の契約であり、民法上の典型契約の中でも有償契約の代表的な類型である。売買に関する民法の規定（民555〜585）は、売買以外の有償契約にも、当該契約の性質に反しない限りで準用される（民559）。商人間の売買については、商法にも規定がある（商524〜528）。　　（森山浩江）

売買の一方の予約 (ばいばいのいっぽうのよやく)

ある特定の契約（本契約）を将来において締結することを約する合意を予約といい、そのうち、当事者の一方にその意思表示のみによって本契約たる売買契約を成立させることのできる権利（予約完結権）を与える予約のことを、売買の一方の予約という。予約完結権者が本契約を成立させる意思表示をした時から、売買の効力が生じる（民556Ⅰ）。売買の一方の予約の性質について、判例は予約自体が一つの契約であるとするが、予約完結権者の意思表示を停止条件とする売買契約そのものと解する見解もある。⇒再売買の予約、買戻し、予約完結権　（森山浩江）

破綻主義 (はたんしゅぎ)

婚姻関係が破綻して回復の見込みがない場合に、夫婦のいずれが離婚について有責かを問わずに離婚を認める主

義。日本民法は，以前は有責主義を採用していたが，戦後の民法改正で離婚原因として「その他婚姻を継続し難い重大な事由」(民770Ⅰ⑤)等を定め，破綻主義を採用。最高裁は，婚姻破綻につき有責な配偶者からの離婚請求は認めない(消極的破綻主義)としていたが，一定要件(未成熟子の不存在・相当長期の別居期間等)の下に認め(積極的破綻主義)，判例変更した(最判昭62.9.2)。

(山田美枝子)

発信主義(はっしんしゅぎ)

郵便で通信している場合のようにコミュニケーションに時間がかかるときには，意思表示が発信された時に意思表示としての効力を生じるとする考え方を発信主義という。例えば，「これを買わないか」という契約の申込みに対して，「では買おう」という承諾の意思表示を2月1日に投函して2月3日に相手方の郵便受けに入った場合には，発信(投函)した時(2月1日)に契約が成立することになる(民526Ⅰ)。ただし消費者がインターネットなどで取引をする場合は例外とされる(電子消費者契約法4)。これに対する語は，到達主義である。日本の民法では到達主義が原則とされており(民97Ⅰ)，発信主義は例外である。

(滝沢昌彦)

パンデクテン方式(ぱんでくてんほうしき)

現在の民法が採用する5編(総則・物権・債権・親族・相続)による民法の編成であり，19世紀を中心にドイツ民法学がローマ法の著名法学者の学説を集めた『学説彙纂』(パンデクテン)を研究した中で形成され，ドイツ民法に採用された法典編纂方式である。各種の法律関係に共通する部分を総則としてくくり出すことが特徴であり，たとえば，売買・賃貸借などの各種契約の上位に契約総論，その上位に債権総論，さらに民法総則が規定される。

(小柳春一郎)

ひ

引取義務(ひきとりぎむ)

債権者は受領する権利を持つが，債務者も債務を履行して，債務から解放される利益を持つ。そこで，特に物の引渡しを受ける債権者は，信義則に基づいて物の占有を受け取る引取義務を負担すると解される(最判昭46.12.16, 民集25巻9号1472頁参照)。受領は権利であるが，物の引取りは債権者の義務であるから，債権者が給付目的物を引き取らなければ，債務者は引取義務の不履行に基づいて，損害賠償や契約解除を請求できる。⇒債務不履行

(北居 功)

引渡し(ひきわたし)

物に対する事実的支配すなわち占有の移転をもって，引渡しという。動産物権については占有が公示方法となっていることから，動産物権の譲渡においては，引渡しが第三者に対する対抗要件とされている(民178)。占有には

権利者による直接占有のほか，代理占有（民181）による間接占有が認められていることから，引渡しの態様についても，現実の引渡し以外に観念的な引渡し方法が，民法上承認されている。
⇒登記，対抗要件　　　　（武川幸嗣）

非嫡出子（ひちゃくしゅつし）

懐胎時または出生時に父母が婚姻していない子（法文上は「嫡出でない子」。民779）。ただし，婚姻後200日以内に出生した子は嫡出推定（民772）を受けないため，非嫡出子として出生届をすることもできる。婚姻から200日経過後に出生した子が嫡出性を否認されたとき，または父母の婚姻が無効とされたときも嫡出でない子となる。原則として母の氏を称し（民790Ⅱ），母の親権に服する（民819Ⅳ）。非嫡出子の相続分を嫡出子の2分の1とすること（民900④）を判例は合憲とする。⇒認知
　　　　　　　　　　　　（床谷文雄）

被保佐人（ひほさにん）

精神上の障害により事理弁識能力が著しく不十分であるために，一定の者の請求によって，家庭裁判所から保佐開始の審判を受けた者（民11）。事理弁識能力が著しく不十分とは，意思能力はあるが，重要な財産行為（民13Ⅰ）については，常に他人の支援を必要とする程度にまで，判断能力が低下した状態をいう。保護機関として保佐人が選任され，民法13条1項所定の行為および家庭裁判所の指定した行為（民13Ⅱ）の際には，その同意が必要となる。この同意なき行為は，原則的に取消権の対象となる（民13Ⅳ）。
　　　　　　　　　　　　（上山　泰）

秘密証書遺言（ひみつしょうしょいごん）

遺言者が署名捺印した証書を入れて封印した封書を公証人一人および証人二人以上の前に提出して，自己の遺言書である旨と筆者の氏名および住所を申述し，公証人がその申述および提出した日付を封紙に記載した後に遺言者および証人と共に署名捺印することによってなす遺言。署名以外は自筆不要という利点はあるが，字が理解できない人は利用不可能，意味不明な遺言になりやすい等の欠点がある。また，秘密証書遺言としては無効でも，自筆証書遺言としての方式を備えていれば，自筆証書遺言として有効となることがある（民971）。⇒遺言　　（中川忠晃）

表見代理（ひょうけんだいり）

無権代理行為は，本人が追認をしなければ，本人に効果が帰属しない（民113Ⅰ）。表見代理は，一定の要件のもと，無権代理行為で本人の追認がなくても，本人に効果を帰属させる制度である。その理由は，契約相手方の代理権の存在に対する信頼を保護し，取引の安全を図るところにある。このため，相手方の信頼は正当なものでなければならない。相手方の信頼は善意・無過失のものであることが求められる。他方，表見代理が成立すれば，本人は権利を失うことになるので，表見代理の成立の判断にあたっては，あたかも代理権が存在しているかのような外観を作出したことに対する本人の帰責性が考慮される。民法は，表見代理として三つの場面を規定している。代理権授与の表示による表見代理，権限外の行為の表見代理，代理権消滅後の表見代理（民109，110，112）である。判例では，民法109条と110条，110条と112条を組み合わせた表見代理の成立も肯定されている。
　　　　　　　　　　　　（鈴木清貴）

表示主義（ひょうじしゅぎ）

意思表示において意思と表示とが一

致していないときに，表示の方を重視する考え方。この考え方によれば，契約を解釈する際には当事者の内心の意思よりも表示（契約書など）を優先すべきであるし，契約の際に錯誤などがあっても，なるべく契約を有効とすべきことになる。表示主義の方が，意思主義よりも取引の安全に資するとされている。
(滝沢昌彦)

表示上の錯誤（ひょうじじょうのさくご）

Aランチを注文するつもりでBランチと言ってしまった場合や，1ポンドと書くつもりで1ドルと書いてしまった場合のように，言い間違いや書き間違いの場合を表示上の錯誤という。表示上の錯誤の場合も，内容の錯誤の場合と同様に，表示に対応する意思がないので，意思の不存在の一場合である。内容の錯誤と表示上の錯誤を合わせて表示行為の錯誤という。表示行為の錯誤と動機の錯誤を区別すべきかどうかをめぐって考え方の対立がある。
⇒要素の錯誤
(後藤巻則)

ふ

不安の抗弁権（ふあんのこうべんけん）

双務契約において，当事者の一方が先履行義務を負っているものの，後から履行されるべき債務の実現に関して不安が生じた場合に，先履行を拒否して同時履行を要求するもの。わが国の民法にはこれを認める明文規定は存在しないが，契約成立後に相手方の財産状態の悪化などが生じ，先履行を拒否することが信義則（民1Ⅱ）や事情変更の原則に照らして容認される事態に至った場合には，これを肯定するのが多数説である。⇒先履行義務，双務契約
(前田敦)

夫婦間の契約取消権（ふうふかんのけいやくとりけしけん）

夫婦間の契約は，婚姻中，いつでも夫婦の一方から取り消すことができる。ただし，第三者の権利を害することはできない（民754）。その立法趣旨は，夫婦間の契約は，一方の威力や溺愛の結果，自由意思を欠くことが多く，また，夫婦間の訴訟は家庭の平和を害するということにある。しかし，夫婦関係が破綻しているときに取消権が濫用されることも多いため，判例・通説は，その適用範囲を制限する傾向にある。民法改正要綱（1996年）においては，この制度を廃止するものとしている。
(三宅篤子)

夫婦共同縁組（ふうふきょうどうえんぐみ）

昭和62（1987）年の改正前，夫婦が養親または養子となる場合は，原則として，夫婦共同でしなければならなかった（夫婦の一方が配偶者の子を養子とする場合を除く）。改正後，夫婦共同縁組の原則は，夫婦が未成年者を養子とする場合に限られ，他の場合は配偶者の同意が要件とされた（民795, 796）。

ただし，配偶者の嫡出子を養子とする場合，または配偶者が意思を表示することができない場合は，単独で縁組をすることができる。　　　（床谷文雄）

夫婦財産契約（ふうふざいさんけいやく）

夫婦は，婚姻の届出前に夫婦財産契約を締結し，その登記をすれば，法定夫婦財産制の適用を排除することができる（民755～759）。夫婦財産契約の内容は，当事者双方の協議で自由に決定することができるが，原則として，婚姻の届出後は変更することが許されない（民758Ⅰ）。利用率は極めて低いが，夫婦関係の多様化が進む今日，夫婦財産契約の利用が期待される。契約不変更の原則を緩和するなどの工夫をして，より利用しやすい制度に改める必要がある。⇒法定夫婦財産制　　　（三宅篤子）

夫婦同氏の原則（ふうふどうしのげんそく）

夫婦は，婚姻の際に定めるところに従い，夫または妻の氏を称する（民750）。婚姻の身分上の効果の一つである。現実には圧倒的多数の夫婦が夫の氏を称するが，婚姻によって夫婦の一方（多くは妻）が氏の変更を法的に強制されることに対し，夫婦平等思想や，氏名は人格権の一内容であることなどを論拠として反対意見があるため，夫婦別氏制の立法化が求められている。民法改正要綱（1996年）は，選択的夫婦別氏制を導入することを提案し，子の氏については，別氏を選択した夫婦は結婚の時に子が父母いずれの氏にするかを決定するものとした。これに対し，同氏強制論も，家族の一体感を確保するうえで重要であるという理由で強く主張されており，両論の対立がある。⇒1996年民法改正要綱　　（三宅篤子）

付加一体物（ふかいったいぶつ）

抵当権の目的不動産（抵当不動産という。民370）に付加して一体となっている物。抵当権の効力の及ぶ客体の範囲を画するための概念で，抵当権の効力は付加一体物にも及ぶ（民370本文）。ただし，設定行為に別段の定めがある場合および債務者の付加一体化行為が詐害行為取消権の要件を満たしている場合には，抵当権の効力は及ばない（民370ただし書）。付合物が付加一体物であることに異論はないが，従物については争いがある。⇒主物・従物，付合　　　　　　　　　　　（七戸克彦）

不可分債権・不可分債務（ふかぶんさいけん・ふかぶんさいむ）

不可分な給付につき債権者が複数あること（不可分債権）。一人の債権者による債権の行使および債務者の履行は，総債権者のためになされる（民428）。同様に，債務者が複数の場合（不可分債務），債権者は同時もしくは順次に，一人またはすべての債務者に対して履行を請求することができ，債務の履行は，総債務者のためにその効力を生じる（民430, 432）。性質上の不可分給付（例：馬一頭の引渡し）と，当事者の意思表示による場合とがある。⇒分割債権・分割債務　　　　　　（平林美紀）

不可分性（ふかぶんせい）

担保物権は，被担保債権の全部につき弁済があるまで，担保目的物全体にその効力が及び，債権者は目的物全体につき権利を行使しうる旨の原則を指している（民296, 305, 350, 372）。被担保債権の一部が弁済されれば，それに応じて担保物権が一部消滅し，債権者は目的物の一部についてのみ権利行使しうるとすると，一物一権主義に反して物の支配関係が混乱するからである。なお，この原則と優先弁済をうける範

不完全履行（ふかんぜんりこう）

債務の履行として履行がなされながら、それが債務の本旨に従ったものでない場合をいう。不完全履行は、給付義務（引渡債務であれば物の引渡しという債務）の不完全な履行の場合と保護義務（債権者に損害を与えてはいけないという債務）の違反の場合がある。前者は、ジュース1ダースの引渡しでそのうち1本が腐っていたような場合であり、後者は、それを飲んで債権者が病気になったような場合である。ただし、このように分類する必要はないという説も有力である。⇒保護義務，債務不履行，給付義務　　　　　　　　　（難波譲治）

復委任（ふくいにん）

復委任とは、第三者に自分（受任者）の代わりに事務を処理させることをいう。委任契約は、委任者と受任者間の高度の信頼関係に基づくため、原則として復委任はできない。例えば、売買契約であれば、その目的物こそが重要であり、売主が誰であるかは通常は問題ではないが、委任契約では、その受任者を選んで契約しているので、勝手に第三者に事務処理を依頼されては困る。しかし、任意代理に関する復代理の規定は、類推適用されると解されるので、受任者は、委任者の許諾を得たとき、またはやむをえない事情のあるときは復委任が可能である（民104類推）。⇒委任，準委任　　（前田美千代）

復代理（ふくだいり）

代理人が代理行為を行うにあたり、自己の名でさらに代理人を選任し、権限の範囲内において行為させる場合、これを復代理という。任意代理においては、本人の許諾を得るかまたは、やむをえない事由があるときのみ、復代理を行うことができるが（民104）、法定代理人は自己の責任において自由に復代理人を選任してよい（民106）。なお、復代理人は直接に本人を代表し、本人に対して代理人と同一の権利義務を負う（民107）。⇒下請負，復委任，履行補助者　　　　　　　　　　（武川幸嗣）

袋地（ふくろち）

ある土地が他の土地に囲まれているため、公道に通じないとき、その囲まれている土地を袋地という。袋地を囲んでいる土地を囲繞地という。池沼・河川・水路・海があるため、また崖による高低差があるために公道に至らない場合の袋地を準袋地と呼ぶ。なお、公道に至る通路が全く存在しない場合の袋地を絶対的袋地といい、通路は存在するが、土地の用途に応じた適当な通路が存在しない袋地を相対的袋地という。　　　　　　　　　　　（江口幸治）

付合（ふごう）

それまで別個の所有権の対象となっていた物が、所有者を異にする他の物と結合してその独立性を失い、社会通念上一体化したと評価される場合のこと。所定の要件を満たすことにより、不動産の所有者（不動産の付合の場合）や主たる動産の所有者（動産の付合の場合）に、一体化した物全体に対する所有権の帰属が認められる。なお、付合により損失を受けた者は、所有者に対して償金を請求できる（民248）。⇒添付，動産の付合，不動産の付合　（神田英明）

不在者（ふざいしゃ）

従来の住所または居所を去った者を不在者という（生死は不問）。不在者が容易に帰還しえない場合の財産管理が問題であり、管理人が必要となる。管理人の任命（改任を含む）の態様は、

不在者による事前選任の有無に応じて分かれ（民25，26），その職務は目録作成を中心とする財産保存に必要な処分である（民27）。なお，諸手続には利害関係人または検察官の請求を要し，全般に家庭裁判所の関与が及ぶ（民28～29も参照）。　　　　　　　（一木孝之）

付従性（ふじゅうせい）
　担保物権は債権の実現確保を目的とするため，被担保債権の存在を前提としている。被担保債権と担保物権との間のこのような目的・手段の関係に鑑みて，担保物権は被担保債権の運命に従属する旨の性質を指して，付従性という。例えば，被担保債権が有効に発生しなければ，担保物権も成立せず，被担保債権が弁済等により消滅すれば，担保物権も当然に消滅する。このように付従性は，発生・存続・消滅すべての局面に該当する。⇒随伴性
　　　　　　　　　　　　（武川幸嗣）

不受理申出制度（ふじゅりもうしでいど）
　戸籍事務管掌者（戸籍係）には実質的審査権がないため，例えば偽造の婚姻届出のように当事者間に婚姻意思の合致がない場合でも，婚姻届出が受理されてしまうことがある。このような婚姻意思のない無効な婚姻届出（協議離婚，普通養子縁組，協議離縁，任意認知など他の創設的届出についても同様）が受理されることを防ぐために戸籍実務は不受理申出制度を創設した。戸籍事務管掌者は不受理申出がなされた当事者に関する届出を受理しない扱いができる。　　　　　　　　（犬伏由子）

扶助義務（ふじょぎむ）
　夫婦が相互に経済的援助をするべき義務（民752）。通説によれば，それは相手方に自己と同一程度の生活を保障する義務であり（生活保持義務），一定の親族間に認められる一般的な扶養義務（生活扶助義務）とは区別される。民法760条（婚姻費用分担義務）との関係について，実務および通説は，民法752条は夫婦の本質としての扶助義務を規定し，民法760条は，婚姻生活上の費用負担を具体的に定める規定であり，実質的には同じであると解する。⇒婚姻費用の分担　　　　　（三宅篤子）

不真正連帯債務（ふしんせいれんたいさいむ）
　連帯債務と同様，各債務者の全部義務性と給付の一倍額性を特徴とするが，民法上の連帯債務に関する規定が一部適用されない多数当事者の債務関係。わが国では，共同不法行為者の損害賠償責任（民719）等が不真正連帯債務の例であり，債権者たる被害者の救済を実効化するために，連帯債務の絶対的効力事由を定めた規定を適用すべきでないとされる。かつては，不真正連帯債務者の負担部分は観念できず，求償関係が生じないと解された。⇒連帯債務　　　　　　　　　　　（平林美紀）

付随義務（ふずいぎむ）
　付随義務とは，契約上の主要な債務ではなく，それに付随する義務を指す。例えば自動車の売買契約では，自動車の引渡しが主たる債務であり，納車時に買主の家の塀に傷をつけないというのは付随義務である。どの契約にどのような付随義務が認められるかは個々に判断をすることになる（⇒「安全配慮義務」を参照）。なお，判例では，付随義務でも，それが当該契約の要素たる債務と見られる場合には，付随義務の不履行によって当該契約全体の解除が認められることもある。⇒安全配慮義務，保護義務　　　　　　（池田真朗）

負担付遺贈（ふたんつきいぞう）

受遺者に一定の義務を負担させてなす遺贈。この場合の義務は遺贈の目的の価額に限定され（民1002Ⅰ），限定承認または遺留分減殺請求によって価額が減少したときは，その割合に応じて減じられる（民1003）。受遺者が遺贈を放棄した場合，遺言者が遺言で別段の意思を表示していない限り，受益者は受遺者となることができる（民1002Ⅱ）。受遺者が義務を履行しないときは，相続人や遺言執行者は相当の期間を定めて履行を請求したり，家裁に対して遺言の取消しを請求できる（民1027）。⇒遺贈　　　　　　　　　　　（中川忠晃）

負担部分（ふたんぶぶん）

多数当事者の内部関係（債務者相互の関係，主債務者と保証人との関係等）において各自が最終的に負担すべき債務。負担割合ともいい，求償権行使の要件および算定基準に用いられる（民442, 464, 465）。原則として平等であるが，特約がある場合はそれに従い，特約がなくとも債務を負担することで得られる利益の割合が明らかな場合はそれに従う（不真正連帯債務の場合は，過失割合等に基づき認定されることが多い）。

　　　　　　　　　　　　　（平林美紀）

普通失踪（ふつうしっそう）

戦争その他の危難によらずして，不在者の生死が7年間不明な場合を普通失踪という（民30Ⅰ）。このとき，利害関係人の請求により家庭裁判所の失踪宣告がなされると，当該失踪者は上記期間満了時に死亡したものとみなされる（民31）。不在者の財産管理のみがいたずらに続く事態は好ましいことではないところ，当該不在者の生存を確認できない状態が一定期間継続することにより，失踪という次の段階への移行と新たな法律関係の構築が可能となる。⇒失踪宣告　　　　　　（一木孝之）

普通養子（ふつうようし）

普通養子は届出により成立する（民799, 739）。未成年者を普通養子にする場合，家庭裁判所の許可を必要とする。ただし，養親となる者またはその配偶者の直系卑属を養子とする場合は，許可は不要である（民798）。日本では養子が成年者である縁組が全体の3分の2を占め，未成年養子も，家裁の許可の不要な配偶者の連れ子が圧倒的に多く，自己の孫を養子とする場合その他親族養子も少なくなく，要保護児童のための制度となっていない。⇒養子

　　　　　　　　　　　　　（床谷文雄）

物権（ぶっけん）

外界物（民法上は有体物。民85）を直接に（他人の行為を介さずに）支配し，その利益を独占的に帰属させることができる権利。物権の種類・内容は法律によって定められ（民175），民法上は占有権・所有権・地上権・永小作権・地役権・入会権・留置権・先取特権・質権・抵当権の10種類が，特別法上は仮登記担保権，鉱業権，漁業権などが認められる。また，温泉専用権，流水使用権，譲渡担保権など，慣習法上の物権も認められる。⇒債権　　　（松尾　弘）

物権契約（物権行為）（ぶっけんけいやく（ぶっけんこうい））

所有権移転，抵当権設定などの物権変動それ自体を生じさせる契約（法律行為）。これと債権契約（債権行為）とをどの程度区別するかは立法例による。例えば，物権契約と債権契約を一個の行為の中で行いうるか，両者は常に別個の行為によって行わなければならない（物権行為の独自性）か，債権契約が無効・取消し・解除などによって失効した場合に，物権変動もなかったこと

になる（有因性）か，物権変動自体は有効で不当利得返還の問題になる（無因性）かなどである。　（松尾　弘）

物権的請求権（ぶっけんてきせいきゅうけん）

　物権をもつ者がその侵害者に対し，侵害を除去し，物権の内容に合致した支配を回復するよう請求する権利。目的物の侵奪に対して返還請求権，侵奪に至らない妨害に対して妨害排除請求権，妨害の危険に対して妨害予防請求権が発生する。物権の支配権性の帰結であり，侵害者の故意・過失を問わず（不法行為に基づく損害賠償請求権（民709）との相違），侵害者以外の第三者の行為や自然力によって侵害状態が発生した場合も請求できる。また，侵害者が善意で占有を取得した場合も，即時取得（民192）が成立しない限り，返還請求できる（占有回収の訴え（民200Ⅱ）との相違）。物の占有を内容とする所有権，用益物権，不動産質権などのほか，非占有担保物権である抵当権などでも，目的物の物理的損傷や不法占有による換価妨害があるときは認められる。ただし，留置権者・動産質権者は占有の訴えによって保護される（民302, 203, 353）。⇒妨害排除請求権，妨害予防請求権
　　　　　　　　　　　　（松尾　弘）

物権の放棄（ぶっけんのほうき）

　物権の消滅を目的とする法律行為をいう。物権の消滅原因の一つである。所有権および占有権の放棄は，特定の人に対する意思表示によることを要しないが，他の物権の放棄は所有者に対する意思表示による。放棄も一種の処分であるから，権利者の私的自治が尊重されるが，物権が第三者の権利の目的となっている場合，放棄の自由は制限される（民398など）。　　　　（武川幸嗣）

物権変動（ぶっけんへんどう）

　物権の発生，移転，変更および消滅の総称。権利主体の意思表示，法律の規定などによって生じる。①物権の発生には，無主物先占による動産所有権の取得（民239Ⅰ）・建物の新築による建物所有権の発生・取得時効による所有権取得（民162）などの原始取得，地上権や抵当権の設定などがある。②物権の移転は，契約・遺言・相続を原因とする所有権の移転など，物権の帰属主体が変更することである。また，法律行為の無効主張・取消し・契約の解除などによって所有権が相手方から原権利者に復帰することも物権の移転（復帰的物権変動）と観念できる。③物権の変更は，地上権の存続期間の変更，抵当権の順位の変更（民374）など，物権の内容を変更することである。④物権の消滅は，目的物の滅失，消滅時効（所有権，占有権を除く。民167Ⅱ），物権の混同（民179），存続期間の満了（所有権，占有権を除く）などによって物権が消滅することである。⇒対抗要件
　　　　　　　　　　　　（松尾　弘）

物権法定主義（ぶっけんほうていしゅぎ）

　民法その他の法律の定める以外の物権の種類および内容は当事者間で創設することはできないとする主義（民175）。債権について認められる契約自由の原則（内容自由の原則）の反対概念。その制度趣旨は，物権が強力な第三者効力を有することから，封建的権利を排斥し，公示による近代的取引に適合的な権利に限定することにある。物権を法定する法律の中に慣習法が含まれるかについては争いがあるが，判例・通説はこれを肯定する。　（七戸克彦）

物上代位(性)(ぶつじょうだいい(せい))

担保目的物の売却、賃貸、滅失または損傷によって、目的物所有者が受けるべき金銭その他の物(代償物または派生物。大抵は金銭債権)、および目的物の上に設定した物権の対価に対して、担保権者が優先弁済的効力を及ぼすことで、担保物権の通有性の一つとされている(民304)。優先弁済的効力を有する先取特権、質権、抵当権についてのみ認められており(民304, 350, 372)、留置権にはこの性質はない。判例は非典型担保である特定動産の譲渡担保にもこれを認めている(最決平11.5.17, 民集53巻5号863頁)。ただし、物上代位を行使するためには、その対象である金銭債権が支払われる前に、担保権者が差押えをすることが必要とされている(民304Ⅰただし書、民執193参照)。⇒担保不動産収益執行 (今尾 真)

物上保証人(ぶつじょうほしょうにん)

他人の債務のために、抵当権や質権を設定するなどして自己所有の財産を担保に供した者のこと。物上保証人は、他人の債務の保証をする点では保証人と同様であり、担保権が実行されたため財産を失ったり、債務者に代わって弁済をした場合には、債務者に対して求償をなしうる(民351, 372)。ただし、保証人とは異なり、債務を負担するわけではないから、債権者から債務の履行を請求されたり、一般財産に強制執行されることはない。 (田髙寛貴)

物的担保(ぶってきたんぽ)

人的担保の反対概念ないし対概念であり、債務者ないし第三者の特定の財産ないし財産一般を担保として把握することのできる担保を物的担保といい、担保から人的担保を引いた消去法的な概念といってもよい。留置権のように留置的効力を持つもの、抵当権のように優先弁済権を持つもの、民法などに法定されているもの、譲渡担保のように法定されていないものなどに分けられる。⇒人的担保 (平野裕之)

不動産(ふどうさん)

土地およびその定着物のこと(民85Ⅰ)。なお、土地の定着物(継続的に土地に付着し、その状態での利用が社会観念上の性質とされている物)のうち、建物は、常に土地と独立した不動産となる。また、樹木は、立木法に基づき立木登記をした場合または明認方法を施した場合には土地と独立した不動産となる。その他、土地あるいは土地の定着物ではないものの中にも、不動産として取り扱われるものがある(船舶、財団抵当等)。 (七戸克彦)

不動産先取特権(ふどうさんさきどりとっけん)

債務者の特定の不動産上に存する先取特権(民325)。民法は公平の観念に基づいて、不動産の保存、不動産の工事、不動産の売買の3種類の原因から生じた債権の場合に、先取特権の成立を認める。効力については、その性質に反しない限り、抵当権の規定が準用される(民341)。効力を保存するには登記をしなければならず(民337, 338, 340)、不動産保存及び不動産工事の先取特権は登記をすると、登記の先後にかかわらず、抵当権に優先するものとされる(民339)。 (下村信江)

不動産質(ふどうさんしち)

目的物が不動産である場合、質権者は占有に加えて収益的効力を有する(民356)。ただし、利用利益を被担保債権に充当することの均衡から、利息を請求することはできない(民358)。対抗要件は登記である(民177)。不動

産質権で使用収益をしない旨の定めのあるもの（民359）は、目的不動産の売却により消滅する（民執59Ⅰ・Ⅱ, 188）。しかし、最優先順位にあり、かつ、使用収益しない定めのない不動産質権は買受人によって引き受けられ、買受人が被担保債権の弁済をなす責任を負う（民執59Ⅳ, 188）。　　　　（小山泰史）

不動産の付合（ふどうさんのふごう）

それまで別個の所有権の対象となっていた物が、所有者を異にする他の不動産に付着してその独立性を失い、社会通念上一つの独立した不動産に一体化したと評価される場合のこと。この場合、不動産の所有者が、その不動産に従として付合した物の所有権を取得する（民242本文）。ただし、地上権、永小作権、賃借権など権原によって物を附属させた場合は、その物を附属させた権原者にその物の所有権が保留される（民242ただし書）。　（神田英明）

不当利得（ふとうりとく）

法律上の原因なくして財産的価値の移動が生じた場合に、それを是正する制度。不当利得は、法律上の原因がないことを基礎づける諸制度・規定の趣旨および目的により、大きくは3類型、すなわち、契約の清算に資する「給付利得」、所有権その他の絶対権が侵害された場合の財貨帰属秩序の回復に資する「侵害利得」、他人が支出すべきものを代わって支出した場合の調整である「支出利得」に分けられる（現在の通説）。　　　　　　（花本広志）

不能条件（ふのうじょうけん）

実現することが不可能な条件であり、「富士山を消滅させたら時計を贈与する」という契約における「富士山を消滅させる」という条件がその例である。不能条件が停止条件である場合（上の例）には法律行為が無効となり（民133Ⅰ）、解除条件である場合（「富士山を消滅させたら、すでに贈与した時計を返してもらう」など）は法律行為が無条件となる（民133Ⅱ）。　　　　（髙橋智也）

不法原因給付（ふほうげんいんきゅうふ）

公序良俗違反の契約など無効で不法な原因に基づいてされた給付。契約が無効なら、それに基づく給付は不当利得として返還請求できるはずであるが、不法原因給付の返還を認めると、かえって不法な行為を助長することになりかねないので、民法は、これを返還請求できないものとしている（民708本文）。不法原因給付となるかは、給付者の不法性と受益者のそれとの比較衡量による（民708ただし書参照）。⇒クリーン・ハンズの原則　　　（花本広志）

不法行為（ふほうこうい）

故意または過失ある行為により他人の権利または法律上保護される利益に損害を加えること。加害者（不法行為者）は原則として被害者に対し損害賠償責任を負う（民709）。損害発生の原因となる行為は作為であることが原則だが、場合により、不作為により他人に損害を加えたとして責任を負わされる場合がある。損害の填補ないし損害の公平な分担を通じた紛争処理が不法行為制度の目的であるとされている。
（大塚　直・手塚一郎）

不法条件（ふほうじょうけん）

不法な行為をすること、あるいは不法な行為をしないことを内容とする条件を不法条件という。「Aに危害を加えれば（あるいは、危害を加えなければ）時計を贈与する」という契約における加害（あるいは、加害しないこと）がその例である。不法条件付法律行為は公

序良俗（民90）に反するものであることから，条件だけではなく，法律行為全体が無効となる（民132）。
〔高橋智也〕

扶養（ふよう）

直系血族および兄弟姉妹は，相互に扶養義務を負う（民877Ⅰ）。扶養義務は，扶養請求者が要扶養状態にあり，扶養義務者に給付能力がある場合に認められる。扶養の順位，方法・程度は，当事者間でまず協議をし，不調のときは家庭裁判所での調停・審判により決定される（民878，879）。扶養を受ける権利は処分できない（民881）。なお，3親等内の親族間の扶養義務は，家庭裁判所の審判により負わせることができる（民877Ⅱ）。⇒成年後見制度
〔冷水登紀代〕

プライバシー（ぷらいばしー）

プライバシーとは，個人の私生活をみだりに公開されないという法的保護ないし権利をいう。プライバシー侵害により不法行為が成立する場合には，名誉毀損と異なり社会的評価の有無は問題とならない。また，公表された内容が真実であることは不法行為責任を否定する要素とはならない。プライバシー侵害がされ場合金銭賠償では回復が図れないため，救済手段として差止めが認められる。⇒人格権
〔加藤雅之〕

振込指定（ふりこみしてい）

金融機関AがBに融資をする際，その担保として，Bが第三債務者Cから受ける支払金を，Aに開設されたB名義の口座に必ず振り込ませるよう，AB間で合意すること。Bの債務不履行があった場合には，Aは，Cが振り込んだ金銭をもって，Bに対する債権の弁済に充てる。
〔田髙寛貴〕

分割債権・分割債務（ぶんかつさいけん・ぶんかつさいむ）

可分な給付につき債権者が複数ある場合，各債権者は，別段の意思表示がない限り，平等の割合で債権を有する（分割債権）。同様に，債務者が複数の場合，債務は分割され，各債務者に帰属する（分割債務）。民法は，分割債権債務を多数当事者の債権債務の原則とするが（民427），債権の担保力が弱まり，債権者の意思に反する場合が多いので，可分給付であっても，不可分債務関係の成立を認める例（共同賃借人の賃料債務）等がある。⇒不可分債権・不可分債務
〔平林美紀〕

分筆（ぶんぴつ）

登記簿上の一筆の土地を登記簿上二筆以上の土地に分割すること。土地の単位を筆といい（一方，建物については個，区分所有建物については棟の単位が用いられる），一筆の土地・一個（一棟）の建物ごとに一登記記録が作成されるため（不登2⑤。一不動産一登記記録主義），土地・建物の個数は登記を基準に定まる。なお，二筆以上の土地を登記簿上一筆の土地にすることを合筆という（建物に関しては，分割・区分，合体・合併という）。
〔七戸克彦〕

分別の利益（ぶんべつのりえき）

同一の債務について保証人が複数いる場合には，保証人の数に応じて保証債務は等しい割合で分割債務となるのが原則であり（民456），このような保証人の利益を分別の利益という。しかし，分別の利益は，主たる債務が不可分債務の場合，保証債務同士が連帯債務である場合，または，保証債務が主たる債務との連帯保証である場合には認められない。
〔平野裕之〕

へ

併存的債務引受（へいぞんてきさいむひきうけ）

従来の債務者が免責されずに引受人も同一内容の債務を負担するという債務引受。重畳的債務引受ともいう。債権者・債務者・引受人の三面契約によっても，債権者と引受人の契約によっても可能であるほか，債権の引当てとなる責任財産が増加するため，債権者の関与を要さずに債務者と引受人の契約によっても可能とされる。債務者と引受人の関係は連帯債務となる（判例）。併存的債務引受がなされても債務者は免責されないため，保証・抵当権等の担保は存続する。⇒免責的債務引受，債務引受　　　（大窪　誠）

弁済（べんさい）

債務者または第三者が債務の本旨に従った給付をすることであり，履行と同義である。弁済により，債権はその目的を達して消滅する。弁済の法的性質については，意思が必要であるとする法律行為説もある。しかし，不作為債務では弁済の意思は不要であり，通説は弁済を準法律行為であると説明する。なお，弁済は，債権者の協力を必要とすることが多く，債務者が弁済の提供をしたにもかかわらず，債権者が協力しない場合には，債務者は債務不履行の責任を免れる（民492）。⇒第三者の弁済，債権の準占有者への弁済，債権の消滅原因　　　（野澤正充）

弁済による代位（べんさいによるだいい）

債務者に代わって弁済をした者が，債務者に対して求償をすることができる範囲内において，債権の効力および担保としてその債権者が有していた一切の権利を行使することができる制度であり（民501前段），代位弁済ともいう。債権者の債権（原債権）が，その債権に付随する損害賠償請求権や抵当権などとともに弁済者に移転することによって，弁済者の求償権を確保する趣旨である。ただし，解除権などの形成権は弁済者に移転せず，また，弁済者が代位によって行使できる原債権の範囲は，求償権を行使できる範囲に限定される。したがって，原債権に高利の約定利息が付されていても，特約のない限り，弁済者は法定利息の範囲でしか権利を行使できない（民442Ⅱ）。この弁済による代位には，法定代位と任意代位の二つがある。なお，代位者が数人ある場合の代位者相互間の関係については，詳細な規定がある（民501後段）。また，債権者は，弁済者の代位を容易にするために一定の協力義務を負う（民503, 504）。⇒法定代位，任意代位，一部代位　　　（野澤正充）

弁済の充当（べんさいのじゅうとう）

債務者が同一の債権者に対して，同種の給付を目的とする数個の債務を負担する場合（例：数口の借金），または，一個の債務の弁済として数個の給付を

すべき場合（例：数ヶ月分の賃料）に，提供された給付が総債務を消滅させるのに足りないとき，その給付を数個の債務または数個の給付のいずれかに割り当てること。充当の方法は当事者の合意によるが，合意がない場合は，第一に一方当事者の指定（指定充当），第二に法律の規定（法定充当）による。

（大窪　誠）

弁済の提供（べんさいのていきょう）

弁済の提供とは，債務の履行の最終局面で，債務者が自らの領域で給付を実現するために必要とされる給付準備を完了することである。債権者の協力があれば履行が完成することとなるから，債務内容に適合した（債務の本旨に適った）給付の準備が必要である。提供を行えば，債務者は債務不履行に陥ることはなく（民492），債権者が協力すれば履行が完成し，債権者が協力しなければ，債権者の受領遅滞が発生する（民413）。⇒現実の提供，口頭の提供

（北居　功）

弁済の費用（べんさいのひよう）

弁済の費用とは，荷造費，運送費，関税等，弁済のために必要な費用である。特約や取引慣行がなければ，弁済の費用は債務者が負担するが，債権者の住所移転その他の行為により増加した額は債権者が負担する（民485）。不動産登記費用を契約費用とした大審院判決があるが（大判大7.11.1，民録24輯2103頁），学説は概ね弁済の費用と解している。契約費用は，弁済の費用と異なり，当事者が等しい割合で負担する（民558）。

（大窪　誠）

片務契約（へんむけいやく）

契約当事者の一方のみが債務を負担する契約。双務契約に対立する概念。例えば，民法上の典型契約において，贈与，消費貸借，使用貸借，無償委任，無償寄託は片務契約である。両当事者が債務を負担する場合であっても，その両債務が対価的関係に立たないときは，片務契約となる（例えば，負担付贈与）。片務契約は通常は無償契約であるが，利息付消費貸借のように，両当事者が対価的出捐をするため有償契約ではあるものの，貸主が出捐につき対価的債務を負うわけではないため片務契約となるものもある。⇒双務契約

（笠井　修）

ほ

ボアソナード旧民法（ぼあそなーどきゅうみんほう）

フランス人法学者（大学教授資格保有者）ボアソナード（G. E. Boissonade, 1825—1910, 1873年来日）が，1879年から準備し，フランス語で原文を作成し，これを日本人の法律取調委員会等において審議した後，1887年に公布された民法。いわゆる法典論争の結果として，施行されずに終わり，このため旧民法と呼ばれる。しかし，その後の現行民法の編纂が旧民法の修正として行われ

たため，現在の民法・民法解釈に影響を与えている。　　　　（小柳春一郎）

妨害排除請求権（ぼうがいはいじょせいきゅうけん）

物権的請求権の一種で，物権の目的物が侵奪に至らない程度の侵害を受けている場合に，物権をもつ者がその支配を回復するために，現在の妨害者に対して侵害の排除を請求する権利。妨害状態が現在の妨害者の行為によって生じたか，第三者の行為や自然力によって生じたかを問わない。また，不実登記の抹消登記手続請求権，日照・通風・景観などの生活妨害に対する差止請求権，土壌汚染に対する汚染除去措置請求権なども，理論的には妨害排除請求権に含まれる。⇒物権的請求権
（松尾　弘）

妨害予防請求権（ぼうがいよぼうせいきゅうけん）

物権的請求権の一種で，物権の目的物に対する侵害がまだ発生していないが，侵害の危険が生じている場合に，物権をもつ者が現在侵害の危険を生じさせている者に対し，危険を生じさせている物の除去や防止措置の実施などを請求する権利。第三者の行為や自然力によって危険が生じた場合にも行使することができる。ただし，判例は，物権をもつ者が忍容義務を負う場合や危険が不可抗力に起因する場合は例外とする。⇒物権的請求権　（松尾　弘）

包括遺贈（ほうかついぞう）

遺言によって遺産の全部または一定の割合で示された部分を無償で他人に与える行為。包括受遺者は相続人と同一の権利義務を有するとされているため（民990），相続人と同様に扱われる点が多いが，法人は相続人にはなれないが包括受遺者にはなれる，代襲制度や遺留分がない，割合的包括遺贈の場合には他の相続人や包括受遺者の放棄によって受遺分は増加しない，不動産の移転登記は遺言執行者と，それがない場合あるいは遺言執行者が権限を有しないときは相続人と共同で申請するなどの違いが存在することに注意を要する。⇒遺贈　　　（中川忠晃）

報償責任（ほうしょうせきにん）

無過失責任を基礎づける理論の一つであり，「利益の帰するところに損失もまた帰する」というものである。使用者責任（民715）の根拠とされる。使用者は被用者の活動によって利益を得ているのだから，そこから生じる損害についてもまた使用者が負担すべきとされるのである。また，公害など企業の責任が問題とされる場合に，企業活動により利益を得る一方で損害を発生させていることから，報償責任の考え方に基づき企業の無過失責任を導く根拠となりうる。⇒使用者責任，危険責任
（加藤雅之）

法人（ほうじん）

法人とは，自然人以外で権利・義務の帰属主体となりうる（権利能力を有する）ものをいう。法人法定主義がとられ（民33），法人の本質については，法人擬制説・法人否認説・法人実在説といった法人理論が唱えられた。その設立については，特許主義・許可主義・認可主義・準則主義・自由設立主義などの主義がある。その機能としては，団体財産を全構成員の共有とする不便を回避し，法人財産と構成員の財産を遮断することを可能とする。
（山田創一）

法人の不法行為能力（ほうじんのふほうこういのうりょく）

不法行為の主体としての法人の資格

のこと。法人実在説は法人自体の不法行為を認めるが、法人擬制説は認めない。一般法人法78条, 197条（民旧44）は、理事らが職務を行うについて他人に損害をもたらした場合、法人の責任を認めているが、これを「他人の行為についての責任」として理解する立場がある。「職務を行うについて」という要件をめぐり、理事の行為の外形から判断するという「外形理論」が裁判例では定着している。 （鈴木清貴）

法定解除権（ほうていかいじょけん）
　法律の規定により生じる解除権。その典型は、債務不履行による解除であり、一般の履行遅滞等（民541）、定期行為の履行遅滞（民542）、履行不能（民543）につき規定がある。そのほか、各契約類型に即して定める法定解除権では、特別な要件（民561〜563, 565〜568, 570, 626, 628, 641, 651など）や効果における非遡及効（民620, 630, 652, 684）が定められている。⇒約定解除権
（渡辺達徳）

法定果実（ほうていかじつ）
　ある物（元物・元本）の使用の対価として生じる金銭等の物をいう（民88Ⅱ）。賃料や利息などがこれに当たる。法定果実の取得に関して、民法は、日割計算により旧収取権者と新収取権者間の調整を図っている（民89Ⅱ）。なお、抵当目的物の賃料としての法定果実に対する物上代位の是非に関して議論があったところ、被担保債権の不履行後に生じた果実（法定果実を含む）に、抵当権の効力が及ぶ旨が規定されるに至った（民371）。 （一木孝之）

法定充当（ほうていじゅうとう）
　弁済の充当方法について合意も指定もない場合、または、弁済受領者の指定が弁済者の異議により失効した場合における弁済の充当方法。①弁済期にある債務、②総債務が弁済期にある場合、または、ない場合は、債務者のために弁済の利益が多い債務、③利益が同じなら弁済期の早い債務、の順で充当され、この基準で決まらなければ各債務額に按分して充当される（民489）。元本のほかに費用、利息がある場合は、費用、利息、元本の順で充当される（民491）。⇒指定充当 （大窪　誠）

法定重利（ほうていじゅうり）
　利息制限法の制限内の利息の支払が、1年以上延滞している場合に、債権者がその支払を催告しても債務者が支払わないときは、債権者は延滞利息を元本に組入れることができる（民405）。これを法定重利という。これは、債権者を保護するために、怠慢な債務者に責任を負わせるものであるので、この組入れによる利息には、いわば誠実な債務者を保護するための利息制限法の適用はない。⇒重利 （手塚宣夫）

法定相続分（ほうていそうぞくぶん）
　法定相続分は、相続人となる者の組み合わせによって定まる。すなわち、相続人が、①配偶者と子の場合、相続分はそれぞれ2分の1、②配偶者と直系尊属の場合、相続分は3分の2と3分の1、③配偶者と兄弟姉妹の場合、相続分は4分の3と4分の1になる。子、直系尊属、兄弟姉妹が複数いるときは、①〜③の相続分について均等に分ける。ただし、嫡出でない子、半血の兄弟姉妹の相続分は、それぞれ嫡出子、全血の兄弟姉妹の2分の1である（民900④ただし書）。代襲相続人の相続分は、被代襲者の受けるべき相続分と同じであり、代襲相続人が数人いるときは、民法900条の原則に従う（民901）。⇒相続分 （常岡史子）

法定代位（ほうていだいい）

弁済をするについて正当な利益を有する者は，弁済によって当然に債権者に代位する（民500）。すなわち，①保証人・物上保証人・抵当不動産の第三取得者のように，弁済しないと債権者から執行を受ける者や，②後順位担保権者・一般債権者のように，弁済しないと債務者に対する自己の権利が価値を失う者は，弁済について正当な利益を有する者であり，法定代位が認められる。⇒任意代位，弁済による代位，一部代位

（野澤正充）

法定担保物権（ほうていたんぽぶっけん）

法律の定める一定の要件を充足することにより，当事者間の合意がなくても当然に発生する担保物権をいう。留置権と先取特権がこれにあたる。当事者間の公平あるいは合理的意思の推定，社会政策上の見地から，一定の債権者を特に保護する必要が認められる場合に成立する。⇒約定担保物権

（武川幸嗣）

法定地上権（ほうていちじょうけん）

同一人の所有に属する土地・建物の一方に抵当権が設定・実行されたことにより，所有者を異にするに至った場合，建物のために地上権が成立する（民388）。このような場合，予め約定により借地権を設定することができず，抵当権実行後に所有者間において借地権設定の合意がされる保証もないため，法定の土地利用権を認めることにより，建物保護が図られる。ただし，抵当権者の担保評価を害しないことが要件となる。

（武川幸嗣）

法定中断（ほうていちゅうだん）

取得時効・消滅時効に共通の中断事由として，①請求，②差押え・仮差押え・仮処分，③承認が挙げられる（民147）が，これによる時効の中断が法定中断である。これに対して，占有・準占有の喪失による取得時効の中断（民164，165）を自然中断という。なお，自然中断の効力がすべての人に及ぶのに対し，法定中断の効力は相対的であり，中断事由が生じた当事者およびその承継人の間においてのみ，その効力が生ずる（民148）。

（草野元己）

法定追認（ほうていついにん）

取り消すことができる行為は，取消権の放棄すなわち追認により有効なものとして確定する。追認は原則として取消権者の意思表示によるが（民122），相手方の保護・取引安全の見地から，取消権者の一定の行為をもって追認とみなされる場合がある。これを法定追認という。具体的には，履行または履行請求，更改，担保の供与，取り消すことができる行為により取得した権利の譲渡など，取消しと矛盾する行為がこれにあたる（民125）。⇒追認

（武川幸嗣）

法定夫婦財産制（ほうていふうふざいさんせい）

婚姻中における夫婦の財産関係を定める制度が夫婦財産制である。夫婦が夫婦財産契約を締結しなければ，法律の定めによる法定夫婦財産制が適用される。わが国では，夫婦各自が特有財産を管理・収益する権利を取得する別産制を法定夫婦財産制としている（民762）。しかし，別産制を採用すると，家事労働に従事した者（多くは妻）が不利な地位におかれるため，夫婦間に実質上不平等が生じるという問題点が指摘されている。そこで，民法762条2項の共有推定財産を拡大解釈するなどの解釈上の工夫がなされたり，離婚における財産分与請求権や夫婦の一方

の死亡における配偶者相続権において配慮がなされている。それゆえ、判例も、民法762条は憲法24条に違反しないとする（最大判昭36.9.6, 民集15巻8号2047頁）。 　　　　　　　　　（三宅篤子）

法定利率（ほうていりりつ）

　利息は利率によって計算する。利率を契約で決めておけば、それに従って計算する（約定利息）が、利率が約定されていない場合は、法律の定める法定利率により計算する（法定利息）。民事法定利率は年5分（民404）であるが、商行為の場合、商事法定利率は年6分（商514）である。不法行為による損害賠償債務の遅延利息や悪意の受益者の不当利得返還債務の利息などは、法定利率によって計算する。⇒利息

　　　　　　　　　　　　　（手塚宣夫）

法律行為（ほうりつこうい）

　法律行為とは、当事者が意図的に権利や義務を変動（発生・移転・変更・消滅）させる行為であり、契約や遺言が代表的な例である。これ以外でも人間の行為により権利や義務が生じることはあり、例えば不法行為により被害者の加害者に対する損害賠償請求権が発生するが（民709）、この場合には意図的に権利を発生させたわけではないので法律行為ではない。なお、契約や遺言以外にも、例えば、契約を解除すれば原状回復請求権が生じるので（民545Ⅰ）、解除の意思表示自体が一つの法律行為（単独行為）である。⇒契約，単独行為，合同行為　　　　　（滝沢昌彦）

法律行為の解釈（ほうりつこういのかいしゃく）

　法律行為とは当事者が意図的に権利や義務を変動（発生・移転など）させる行為であるところ、当事者の意図が明瞭でないときには、法律行為を解釈してその意味を明らかにする必要が生じる。この際には、契約書の文言などに形式的に拘泥することなく当事者の真の意図を明らかにするべきであるが、他方、当事者の内心の意思を明らかにするのではなく、契約書に表現されている限りで当事者の意図を考慮するべきであるとされる。また、慣習や法律の条文などを参照して契約を解釈することもあるが、これを、当事者の意図を明らかにする解釈とは区別して、「補充的解釈」と呼ぶこともある。

　　　　　　　　　　　　　（滝沢昌彦）

保護義務（ほごぎむ）

　保護義務とは、契約上の付随義務の一種として、当事者の一方たる危険な業務を遂行する者や経済的弱者や情報上の弱者に対して、生命や身体の安全、あるいは財産的利益の確保のために相手方が尽くすべき義務として用いられる表現である。安全配慮義務の関係や消費者保護等で、主に学理的に、信義則上の保護義務違反などという用いられ方をするが、必ずしも法律的に確立した概念とはいえない。⇒安全配慮義務，付随義務　　　　　（池田真朗）

保佐人（ほさにん）

　保佐人は、精神上の障害により事理弁識能力が著しく不十分である者（被保佐人）の保護機関として、保佐開始の審判の際に、家庭裁判所の職権により選任される自然人または法人（民12, 876の2）。被保佐人の行う重要な財産行為（民13Ⅰ・Ⅱ）につき、同意権を持ち、この同意を得ずに被保佐人がした行為に対しては、保佐人の同意に代わる家庭裁判所の許可（民13Ⅲ）がない限り、取消権を行使できる（民13Ⅳ, 120Ⅰ）。家庭裁判所の審判を経て、特定の法律行為について代理権も付与される（民876の4）。また、家庭裁判所が、

必要と認める場合には、保佐監督人が選任される（民876の8）。

（上山　泰・冷水登紀代）

保証（ほしょう）

他人の債務を担保するために、その債務と同一内容の債務ないしその他人の債務を代わりに履行する債務を負担する債務をいい、人的担保の一種であり（民446以下）。金銭債務、特に金融機関からの借入金の返還債務について保証が用いられることが多いが、金銭債務に限らない。例えば、工事保証のように工事の完成義務について同業者が保証をすることもある。　（平野裕之）

保証契約（ほしょうけいやく）

保証債務を負担する保証人と債権者との契約である。債務者（主たる債務者ないし主債務者という）の依頼を受けて保証契約をすることは要件ではなく、主債務者の意思に反しても保証契約をすることもできる。保証契約は、書面ないし電磁的記録の方法でしなければならない要式契約である（民446Ⅱ・Ⅲ）。しかし、債権者から保証人への保証契約書の交付は、民法上は義務とはされておらず、また、契約に際しての保証内容についての債権者の保証人への説明義務も規定されていない。

（平野裕之）

保証債務の範囲（ほしょうさいむのはんい）

保証債務は、主債務（例えば借入金返還義務）を保証した場合に、主債務のみならず、その利息債務、違約金支払義務、損害賠償義務その他、債務の従たるすべての債務も保証の範囲に含まれる（民447）。保証範囲の問題は、結局は保証契約の解釈の問題に解消され、従たる債務に限定する必要はない。売買契約における買主の債務の保証では、買主が代金を支払わず売主によって契約が解除されたが、目的物が返還できず価格返還義務を負う場合に、価格返還義務も保証の範囲内となる。

（平野裕之）

保証債務の付従性（ほしょうさいむのふじゅうせい）

保証債務は、連帯債務などとは異なり、主債務を担保するための債務であり、担保に共通する付従性が認められる。主債務なしには保証債務は成立しえず、主債務の範囲を超えて保証債務は認められず、主債務が消滅すれば保証債務も消滅する。付従性のない損害担保契約というものもあり、民法も、制限行為能力を理由に取消し可能な契約上の債務の保証について、取消しがされても同一の独立の債務を負担したものと推定している（民449）。

（平野裕之）

保証債務の補充性（ほしょうさいむのほじゅうせい）

保証は、原則として、債権者が主債務者から債権の回収ができなかった残余についてのみ責任を負えばよく、保証人は債権者の保証債務の履行請求に対して、催告および検索の抗弁権を主張することができる。このような、保証債務の補充的な性格を補充性という。補充性は、連帯保証では否定されており（民454）、実務上債権者主導で行われる保証契約は、例外なく債権者に有利な連帯保証とされている。

（平野裕之）

補助人（ほじょにん）

補助人は、精神上の障害により事理を弁識する能力が不十分である者に補助開始の審判がされる際に、家庭裁判所の職権で選任される（民15、876の6、876の7）。補助人は、家庭裁判所の審

判により，被補助人の特定の行為について同意権・取消権を有し（民17Ⅰ・Ⅳ，120Ⅰ），特定の法律行為について代理権を有する（民876の9）。また，家庭裁判所が，必要と認める場合には，補助監督人が選任される（民876の8）。
⇒成年後見制度 　　　　　　（冷水登紀代）

保存行為（ほぞんこうい）
　管理行為（保存行為，利用行為・改良行為）の一つ。客体の価値の現状を維持する行為。権限の定めのない代理人・不在者の財産管理人（民103Ⅰ，28），期待権者（民129），共有者（民252ただし書），留置権者・質権者（民298Ⅱただし書，350）特定物引渡債務の債務者（民400），弁済による代位者（民503Ⅱ），賃貸人（民606，607），相続人（民918Ⅱ），遺言執行者（民1017Ⅱ）等は，保存行為を行う権利義務を有する。
　　　　　　　　　　　　（七戸克彦）

本権の訴え（ほんけんのうったえ）
　物の利用などによって得られる実質的利益の帰属を正当化する権利である本権が侵害された場合に，物権的請求権などにより，所有権，その他の本権の保護を求める訴え。他方，物の事実上の支配を害されない権利である占有権が侵害された場合は，占有の訴えによって保護される。本権をもつ者が自力救済によって占有を回復した場合，占有者は占有訴権を提起でき，これに対して本権を主張しても抗弁とならない（民202Ⅱ）。⇒占有の訴え　（松尾　弘）

ま

埋蔵物発見（まいぞうぶつはっけん）

土地などに包蔵され所有者を容易に識別できない物（埋蔵物）を最初に知覚した者が，遺失物法の定めるところに従って公告をした後，6ヶ月以内にその所有者が判明しないときに，埋蔵物に対する所有権を取得すること（民241）。ただし，他人の所有する物の中から発見された埋蔵物については，発見者とその他人が折半してその所有権を取得する。なお，埋蔵物が文化財である場合は，文化財保護法による別の定めがある。
（神田英明）

増担保請求（ましたんぽせいきゅう）

担保権の目的物の価値が滅失・損傷などにより低下した場合に，担保権者が設定者に対して新たな担保の提供を請求すること。民法上には増担保請求に関する規定はないが，学説では，特約がなくとも増担保請求は認められるべきものとされている。なお，債務者が担保目的物を滅失・損傷・減少させた場合，担保権者は期限の利益を喪失させることができるが（民137②），実際には，増担保を提供させ取引関係を継続させることも多い。
（田高寛貴）

み

未成年後見制度（みせいねんこうけんせいど）

未成年者に対して親権を行う者がいないとき，または親権を行う者が管理権を有していないときに，未成年者の財産の管理と身上監護をするために，未成年後見が開始する（民838）。未成年後見人は，所定の者の請求により，家庭裁判所が選任するが（民840, 841），最後に親権を行う者は，遺言で指定することもできる（民839）。⇒親権
（冷水登紀代）

未成年後見人（みせいねんこうけんにん）

未成年後見人は，一人でなければならない（民842）。未成年後見人は，親権者を行う者と同一の権利義務を有し（民857），財産管理と身上監護を行うが（民867），所定の場合には未成年後見監督人の同意を必要とする（民857）。財産管理についてのみ権限を有する者もある（民868）。未成年後見人は，正当な事由があるときに，家庭裁判所の許可を得て辞任することができるが

(民844),任務に適さない場合は解任される(民846)。　　　(冷水登紀代)

未成年者（みせいねんしゃ）

年齢20歳未満の者（民4）。ただし,婚姻による成年擬制（民753）を受けた者は除かれる。未成年者は一律に制限行為能力者とされ,法律行為に際しては,原則として,保護機関である法定代理人（親権者又は未成年後見人）の同意が必要であり,この同意を欠く法律行為は,一定の例外（民5Ⅰ③,6,21）を除き,取消権の対象となる（民5Ⅱ）。ただし,婚姻,認知,遺言等の身分行為については別段の規定がある（民731,780,961）。また,責任能力を欠く未成年者は,不法行為責任を負わない（民712)。　　　　　　　　　（上山　泰)

身分権（みぶんけん）

身分権（親族権）は,身分法関係の当事者としての地位に基づいて与えられる個別・具体的な身分法的権能をいう。例えば,配偶者としての地位に基づき与えられる婚姻費用分担請求権（民760）,親としての監護教育権（民820）,親族としての扶養請求権（民877）,相続権（民887）などがある。これらは,一身専属性や義務的性質を有する一方,濫用のおそれが指摘されている。　　　　　　　　　　（鈴木清貴）

身分行為（みぶんこうい）

家族法上の効果を発生させる行為を身分行為と呼び,財産行為と対比して独自性を強調するのが身分行為理論である。この身分行為理論によれば,身分行為は,戸籍への届出,身分行為意思,身分的生活事実の3要素からなり,要式行為であること,本人自身の意思が重視され,代理に親しまないこと,事実先行性（事実関係の存在が重視される）などに特徴があり,民法総則は身分行為には適用されないとした。ただし,現在では場合に応じて家族法にも民法総則の適用を認めるのが多数である。　　　　　　　　　（犬伏由子）

見本売買（みほんばいばい）

見本を示すことにより目的物を定める売買。見本売買において,売主は,目的物が見本と同一の性質を有していることを保証する。　　　　　（森山浩江）

身元保証（みもとほしょう）

被用者の行為によって使用者が受ける損害を賠償することを,第三者（身元保証人）が約束する契約を身元保証という。被用者が損害賠償義務を負うことは必要ではなく,損害担保契約の一種である。現在ではいわゆる身元保証法が制定され,保証期間が定められていない場合には3年をすぎれば当然に契約は終了し,期間を定める場合には5年を超えられないこと,身元保証人の責任は,損害額全額ではなく,使用者の被用者監督の過失など種々の事情を考慮して減額ができることなどが規定されている。　　　（平野裕之）

む

無過失責任（むかしつせきにん）

　故意・過失を要件としない責任のこと。過失責任の原則には，過失がなければ責任を負わないという消極的側面と，過失があれば責任を負うとの責任を基礎付ける根拠の側面があるのに対して，無過失責任は，単に，過失がなくても責任を負う場合を指すだけであり，それ自体，帰責の根拠を説明するものではない。この場合の帰責根拠としては，報償責任，危険責任などがある。民法717条1項ただし書の所有者責任や，製造物責任法3条の製造業者等の責任などが，無過失責任であると理解されている。⇒過失責任の原則，中間責任，報償責任，危険責任

（池田真朗・白石友行）

無記名債権（むきめいさいけん）

　権利者の記名がなく，証券の正当な所持人に弁済すべき証券的債権を無記名債権という。無記名債権は動産とみなされる（民86Ⅲ）結果，譲渡は意思表示によって効力を生じ，対抗要件は証書の引渡し（民178）となり，また，即時取得（民192）も認められる。抗弁の切断については，指図債権と同様に扱う（民473）。窃取者，拾得者等，通説では正当な所持人と認められない者に弁済した場合の保護は，債権準占有者に対する弁済（民478）として図られるが，指図債権の規定を類推する見解も有力である。

（池田真朗）

無権代理（むけんだいり）

　代理権なく代理行為がなされること。本人の追認がなければ，無権代理行為の効果は本人に帰属しない（民113Ⅰ）。無権代理行為の相手方は不利・不安定な立場に置かれるので，民法は相手方を保護するための規定を設けている。無権代理の相手方の催告権（民114），無権代理の相手方の取消権（民115），無権代理人の責任（民117），表見代理の諸規定（民109, 110, 112）である。

（鈴木清貴）

無権代理人の責任（むけんだいりにんのせきにん）

　無権代理人が相手方に対して負う法定の無過失責任（民117）。そもそも無権代理行為は，本人の追認がない限り，本人に効果帰属せず，民法117条がなければ，相手方は無権代理人に不法行為責任を追及することしかできない。無権代理人が代理権の証明ができず，本人の追認も得られない場合，無権代理人が行為能力を有しており，相手方が善意・無過失であれば，相手方は無権代理人に履行または履行の代わりとなる損害賠償を請求することができる。

（鈴木清貴）

無権代理の相手方の催告権・取消権（むけんだいりのあいてかたのさいこくけん・とりけしけん）

　無権代理行為の効力を早期に確定するために相手方に認められた諸権利。

無権代理行為は，本人の追認の有無によって有効・無効が左右される。このため，民法114条は，相手方が本人に対し相当の期間内に追認の可能性を確答するよう催告することを認め，確答のないときは追認拒絶として扱う。また，民法115条は，追認のない間，相手方が無権代理行為であることについて善意であれば，無権代理行為を取り消すことを認めている。　　（鈴木清貴）

無効（むこう）

　法律行為または意思表示の効力が初めから生じていない状態を指して，無効という。法律上当然に効力が認められず，原則として誰もがいつでもその旨を確認することができる点において，特定の者による主張を要する取消しと異なる。無効となる場合としては，反社会的な行為（→強行規定，公序良俗），当事者の効果意思を欠き，法的価値がないとされる行為（→意思能力，心裡留保，虚偽表示，錯誤）等が挙げられる。⇒取消し　　（武川幸嗣）

無効行為の転換（むこうこういのてんかん）

　無効となる法律行為が，他の法律行為の有効要件を満たす場合において，後者の行為が有効に成立したものと認めることを，無効行為の転換という。例えば，方式を欠いて無効な秘密証書遺言がなお自筆証書遺言として認められる場合（民971），非嫡出子であるゆえに無効な嫡出子出生届につき，認知の効力を認める場合などがこれにあたる。それが当事者の意思に適い，かつ無効とする法の趣旨にも反しない場合にのみ認められる。　　（武川幸嗣）

無主物先占（むしゅぶつせんせん）

　所有者の存在しない動産を，自分の所有物とする意思をもって，他人に先立って占有すること。これにより，その動産に対する所有権を取得する（民239Ⅰ）。民法第2編第3章第2節「所有権の取得」が列挙する所有権の取得（原始取得）原因の一つである。例えば，海洋の魚介類や野生の鳥獣を捕獲する場合などが典型例である。これに対し，所有者のない不動産は国庫に帰属し，先占による所有権取得の対象とはならない（民239Ⅱ）。　　（神田英明）

無償契約（むしょうけいやく）

　契約当事者の一方のみが出捐（経済的損失）をする契約または両当事者が出捐をするがそれが対価関係に立たない契約。有償契約に対立する概念。例えば，贈与，無利息消費貸借，使用貸借，無償委任，無償寄託などの契約がこれに当たる。無償性の有無は，財産的出捐が対価性を持たないものと受け取られるかどうかという主観的評価による（そこで，負担付贈与も無償契約となる）。無償契約は，一定の場合に拘束力が弱く（民550），無償出捐者の責任が軽減され（民551），解約も容易である（民597）などの特殊な規定が置かれている。⇒有償契約　　（笠井　修）

無体財産（権）（むたいざいさん（けん））

　空間の一部を占めない物，特に精神的創造物である知的財産を無体財産という。無体財産も著作権法，特許法・実用新案法・意匠法・商標法・商法などの特別法により，著作権，工業所有権（特許権・実用新案権・意匠権・商標権・商号権など）といった物権類似の支配権である無体財産権（知的財産権）の客体となる。特別法の適用対象とならない無体財産にも所有権などに関する民法規定が適用されるか，肯定説と否定説（判例）に分かれる。　　（松尾　弘）

め

明認方法（めいにんほうほう）

民法上の登記・引渡し以外に，取引慣行上認められている権利表示の方法をいう。立木や未分離の果実のような，本来は不動産の一部に属する物につき，これらを土地とは別個独立の動産として取引対象とする場合，墨書・立札等の明認方法を施すにより，その権利を第三者に対して対抗することが承認されている。近年では，動産の譲渡担保権につき，ネームプレートの貼付などの明認方法をもって対抗要件とすべきことが提唱されている。⇒対抗要件，登記

（武川幸嗣）

名誉毀損（めいよきそん）

名誉毀損とは人の社会的評価を低下させる行為である。主観的名誉感情の侵害は名誉毀損に含まれないが，精神的損害の賠償の対象とはなる。新聞・雑誌等の記事，小説などが名誉毀損とされる場合には，表現の自由との関係が問題となる。判例の基準では，名誉毀損を事実適示型と意見ないし論評表明型に分けた上で，不法行為の成立要件が分かれている。具体的には行為の公益目的，内容の真実性などが不法行為の成立を否定する要因となりうる。名誉毀損の場合には効果として原状回復（多くは謝罪広告）が認められる（民723）。

（加藤雅之）

免除（めんじょ）

免除とは，無償で債権の消滅させることを目的とする，債権者の債務者に対する一方的意思表示である（民519）。債権者は当該債権に対する処分権限を有していなければならず，例えば債権が差押さえられていたときは，免除を差押権者に対抗できない。また単独行為である免除により第三者に不利益を与えることはできない。なお，民法519条の免除は単独行為であり特別の方式も不要であるが，当事者間の契約による債務免除も可能である。

（山田八千子）

免責的債務引受（めんせきてきさいむひきうけ）

債務が同一性を維持して引受人に移転し従来の債務者は免責されるという債務引受。狭義の債務引受と呼ばれる。その方法として，①債権者・債務者・引受人の三面契約による，②債権者と引受人の契約による（ただし，債務者の意思に反しえない），③債務者と引受人の契約を債権者が承諾するという三つがある。免責的債務引受後も債務者が設定した担保は存続するが（通説），保証債務や物上保証は，保証人や物上保証人の同意がなければ消滅する（判例・通説）。⇒併存的債務引受，債務引受

（大窪 誠）

面接交渉権（めんせつこうしょうけん）

民法上の規定を欠いているが，別居中の父母および離婚後の非親権者，非監護者が子どもと交流する権利をいい，

その根拠として自然権説、監護に関連する説、親権・監護権の一権能とする説等がある。判例、実務上、その取り決めは認められており、その認容は子どもの利益を基準になされる。欧米ではこれを子どもの成長発達に重要なものとして子どもの権利と位置づけ、子どもに有害でない限り基本的に認めるとする基準を用いている。

(山口亮子)

も

申込み（もうしこみ）

契約とは当事者の合意（意思の合致）であるが、内心の意思は外部に表示されなければ相手方には分からないので、意思表示の合致という形をとる。例えば「これを買わないか」という意思表示に対して「では買おう」と意思表示をすれば契約が成立するが、このとき、最初の意思表示（「これを買わないか」）の方を申込みという。なお、意思表示の内容の問題ではないので、「それを売ってくれないか」という表示に対して「では売ろう」と表示したときでも、最初の意思表示（「それを売ってくれないか」）が申込みである。申込みだけでは契約は成立しないが、申込みの拘束力が認められることがある。⇒承諾

(滝沢昌彦)

申込みに変更を加えた承諾（もうしこみにへんこうをくわえたしょうだく）

例えば「代金100万円で買わないか」という契約の申込みに対して「80万円で買おう」と承諾をした場合には、申込みに変更を加えた承諾となる。実質的には承諾したことにならないので契約は成立しないが、「80万円なら買おう」という（新たな）申込みと解釈できるので、売主が「では80万円で売ろう」と（改めて）承諾をすれば契約が成立する（民528）。　(滝沢昌彦)

申込みの拘束力（もうしこみのこうそくりょく）

「これを買わないか」と契約の申込みをしただけで、「では買おう」という承諾がない段階では契約は成立しない。しかし、相手方は「承諾をすれば契約が成立する」と思っているので、相手方を保護するために、申込みの際に「1週間以内に返事が欲しい」などと承諾期間を定めた場合には、その期間は申込みを撤回できないこととされ（民521Ⅰ）、また、承諾期間を定めなかった場合でも相当期間は撤回できないこととされた（民524）。これを申込みの拘束力という。⇒承諾期間のある申込み

(滝沢昌彦)

黙示の更新（もくじのこうしん）

賃貸借期間の満了後も、賃借人が賃借物の使用・収益を継続する場合において、賃貸人がこれを知りながら異議を述べないときは、従前の賃貸借と同一の条件でさらに賃貸借をしたものと「推定」されることを黙示の更新という（民619Ⅰ前段）。当事者が反対の意思を有していたことが立証されれば、

更新の推定は破られる。これに対して，借地・借家における「法定更新」（借地借家5, 26）では，一定の事実があれば，更新したものと「みなされる」のであり，当事者の意思は問題とならない。　　　　　　　　　　（藤井俊二）

目的範囲外の行為（もくてきはんいがいのこうい）

　法人の目的は，定款その他の基本約款で定められる（民34）。民法旧37条，39条では，定款・寄附行為によって法人の目的を定めることになっていた。法人の権利能力・行為能力は，この目的の範囲内で認められる。理事の行為が法人の目的範囲外の行為であれば法人に法的効果はもたらされない。目的範囲外の行為かどうかの判断は，必ずしも定款の文言に拘泥せず，緩やかになされる傾向にある。判例（最判昭45.6.24，民集24巻6号625頁）は，営利法人の政治献金を目的範囲内にあるとした。　　　　　　　　　　（鈴木清貴）

持分（もちぶん）

　共同所有において，各共同所有者が共同所有の目的物に対して有している所有権のこと。ただし，合有においては，団体的拘束関係にある限り，持分は潜在的なものにとどまり，総有においては，そもそも各人に持分がない。民法の立法者は，持分を共有物全体に対する一個の所有権（共有権）の量的な一部と理解していたが（単一説），今日の通説は，各共有者の有する独立の所有権ととらえ（複数説），民法典にはない持分権なる用語を用いる。
　　　　　　　　　　（七戸克彦）

持分譲渡請求権（もちぶんじょうとせいきゅうけん）

　狭義の共有において，各共有者は，持分に応じて管理費用（必要費・有益費）その他共有物に関する負担（租税等）を負うが（民253Ⅰ），共有者が1年以内にこの義務を履行しないときは，他の共有者は，相当の償金を支払って，その者の持分を取得することができる（民253Ⅱ）。この持分取得権は，一種の買取請求権を法定化したものといわれるが，しかし，償金の支払があれば持分は直ちに他の共有者に移転するので，持分取得権は形成権の一種であって，請求権ではない。　　　　（七戸克彦）

物（もの）

　民法上は，私権とりわけ物権の客体となりうる対象をいう。物権が支配権であることに対応して，支配可能性を有していなければならず，天体（物理的支配可能性がない）や，人（封建制度・奴隷制度の否定の結果，社会的支配可能性がない）は物とはなり得ない。さらに民法は有体物（空間の一部を物理的に占める有形的存在。固体・液体・気体のこと）を念頭に条文を規定しているため（民85，有体性原則），無体物の取扱いが問題となる。⇒有体物・無体物，物権
　　　　　　　　　　（七戸克彦）

物の瑕疵（もののかし）

　物の瑕疵とは，目的物が通常の性状・性質を欠くこと，あるいは，当事者が特に約束した性質・性状を欠くこと，つまり売主の給付が合意の内容に適合していないことである。判例は，保証された一定の性能が欠ける場合も（大判昭8.1.14，民集12巻71頁参照），あるいは，売買された土地に行政法規による利用制限がある場合（いわゆる法律上の瑕疵）も（最判昭41.4.14，民集20巻4号649頁参照），物の瑕疵に含めている。⇒瑕疵，権利の瑕疵，隠れた瑕疵
　　　　　　　　　　（北居　功）

や

約定解除権(やくじょうかいじょけん)
契約の当事者が契約により留保した解除権。民法540条は、契約により当事者の一方が解除権を留保することを認める。また、手付の授受(民557)や不動産買戻しの特約(民579以下)では、法律による解除権の留保が定められている。約定解除は、当事者の契約(合意)に基づくものであるが、解除権の行使自体は一方の当事者単独の意思表示による点で、成立した契約を解消させることを内容とする合意(解除契約)と異なる。⇒法定解除権　　　(渡辺達徳)

約定担保物権(やくじょうたんぽぶっけん、やくていたんぽぶっけん)
債権者と債務者または担保目的物を提供する第三者との間の合意(設定契約)によって、発生する担保物権を指す。質権と抵当権のほか、譲渡担保、仮登記担保などの非典型担保もこれにあたる。したがって、これらの権利の発生は当事者間の合意の有無に委ねられており、どの担保物権を設定するかについても、当事者の自由である。債権者を担保権者、債権者のために自己の財産を担保として提供する者を、設定者という。⇒法定担保物権
　　　(武川幸嗣)

約款(やっかん)
一定の種類の大量取引において同一の規律を実現するために用いられる、予め一方当事者(事業者)によって作成され定式化された契約条項。普通取引約款、普通契約条款ともいい、通常不動文字で印刷されている。今日では、運送約款、銀行取引約定書、建設工事請負契約約款など多様な約款が用いられている。当事者間で事前に個別の交渉がなくても約款が当事者を拘束する根拠につき、判例・学説上、種々の見解が主張されてきた。また、約款には一方当事者にのみ著しく有利な条項が挿入されることが多く、その規制(特に、消費者保護の要請)が、司法・立法・行政にわたる課題とされてきた。⇒消費者契約法　　　(笠井　修)

ゆ

遺言(ゆいごん)　　　　　　　　　　　(笠井　修)
　⇒遺言(いごん)を見よ

結納(ゆいのう)
　婚約した際に,慣行上当事者間で金銭・物品(指輪など)の授受が行われることがあり,これを結納と呼んでいる。結納については,直接民法に規定されていないため,婚姻成立に至らず婚約が解消した場合,結納の返還が問題となる。通説・判例(最判昭39.9.4,民集18巻7号1395頁)は,結納の法的性質について目的贈与説(婚姻の成立を目的とする)に立ち,授受者側の責任で婚姻不成立となった場合は返還義務が生じるとする。⇒婚約　(犬伏由子)

有償契約(ゆうしょうけいやく)
　双方の契約当事者が互いに対価的意味を持つ出捐(経済的損失)をする契約。無償契約に対立する概念。双務契約における対価的な債務負担は対価的出捐であるから,双務契約は常に有償契約である。片務契約は通常は無償契約であるが,利息付消費貸借のように,両当事者が対価的出捐をするため有償契約ではあるものの,貸主が出捐につき債務を負うわけではないため片務契約となるものもある。売買契約に関する規定は有償契約一般に関する通則的性質を有するため,広く有償契約に準用される(民559)。⇒無償契約

優先弁済的効力(ゆうせんべんさいてきこうりょく)
　ある債権者が他の債権者に先立って債務者の財産から自己の債権の弁済を受けられるという,担保物権が一般に有している効力。債務者の総財産が総債務額を下回る債務超過となっている場合,原則として,各債権者は債権額に応じて平等に債務者の財産から満足を受けられるのみとなるが(債権者平等の原則),優先弁済的効力は,この原則の適用をしりぞけるものである。なお,担保物権のうち留置権にはこの効力がない。　　　　　　　　(田高寛貴)

有体物・無体物(ゆうたいぶつ・むたいぶつ)
　民法上「物」とは有体物を指す(民85)。ここにいう有体物とは,空間の一部を占める物理的存在,すなわち固体,液体,気体のことであるが,権利の客体としての側面では支配可能性が問題となりうる。他方,電気等のエネルギーや,著作物等の精神的所産は,無体物であり物には当たらないが,とりわけ後者を保護するため,有体物に対する所有権と類似のいわゆる無体財産権が与えられることがある(電気に関しては刑245も参照)。⇒無体財産(権)
　　　　　　　　　　　　　　(一木孝之)

よ

養育費 (よういくひ)

離婚後未成年子の養育費を父母間で分担することが必要であり，様々な計算方法があるが，今日裁判所では養育費算定表を作り活用している。ただし，協議離婚届にはその記入欄はなく，取決め割合は低い。離婚後その請求にあたっては監護に関する処分として行われ，子からも扶養請求として申立てができる。その執行については家庭裁判所が履行勧告する履行確保がある。また近年，強制執行の特例により給料の差押えも可能となった。 (山口亮子)

要役地 (ようえきち)

ある土地の便益のために他人の土地を利用する場合に地役権が設定される。例えば，公道に出るために他人の土地を通行させてもらう場合や，自分の水田に他人の土地から水を引く場合などが考えられるが，このとき，他人の土地を利用して便益を受ける土地を要役地という。⇒承役地 (江口幸治)

用益物権 (ようえきぶっけん)

制限物権のうち，他人の所有地の直接的な使用を内容とする物権。民法上は，他人の土地で工作物・竹木の所有を目的とする地上権，他人の土地で耕作・牧畜を行う永小作権，自己の土地（要役地）の便益を増すために他人の土地（承役地）を使用する地役権，入会地を入会権者が共同で利用する入会権が認められる。ただし，共有の性質を有する入会権（民263）は共同所有の一形態とみることができる。⇒制限物権 (松尾 弘)

養子 (ようし)

自然血縁関係のない子を法的手続により嫡出子とすることができる。これを養子縁組と呼び，その子を養子という。自己の嫡出でない子を養子とすることもできるが，自己の嫡出子を養子とすることは，実益がないとして否定されている。養子縁組には，届出による普通養子縁組（民792以下）と家裁の審判による特別養子縁組（民817の2以下）がある。特別養子縁組の場合は，普通養子縁組とは異なり，実方との親族関係が終了する。⇒普通養子，特別養子 (床谷文雄)

要式契約 (ようしきけいやく)

契約の成立に一定の方式を備えることを必要とする契約。契約自由の原則は，方式の自由をも含むが，他方で，例外的に，契約から生じる法律関係の明確化や，契約をめぐる紛争予防，さらには当事者間に交渉力の不均衡がみられる場合における契約内容の合理性の確保などの観点から，一定の範囲で方式（例えば，書面）が必要とされる場合がある。例えば，民法446条2項，農地法25条，建設業法19条，労働組合法14条（労働協約），貸金業法17条などである。⇒諾成契約，要物契約

(笠井 修)

要素の錯誤（ようそのさくご）

要素の錯誤とは，法律行為の要素に錯誤があった場合である。これは，法律行為の内容の重要な部分に錯誤があり，もしこの点に錯誤がなかったら表意者はそのような意思表示をせず，通常人もそのような意思表示をしないような場合をいう。例えば，金銭の借主が誰であるかは貸した金銭を返してもらえるかどうかに直接関係するから，借主を間違えた場合には要素の錯誤となることが多い。契約の目的物である物を間違えた場合も，要素の錯誤となることが多い。⇒錯誤　　（後藤巻則）

要物契約（ようぶつけいやく）

当事者の意思表示の合致すなわち合意の他に，物の引渡しなどの事実の成立要件とする契約。践成契約，実践契約ともいう。諾成契約に対立する概念。契約の原則的形態は諾成契約であり，民法は，典型契約のうち，消費貸借，使用貸借，寄託の3種のみを要物契約としているが，これらは主として沿革的な理由によるものであり，学説はその要物性を緩和する傾向にある（例えば，諾成的消費貸借）。質権設定契約，代物弁済契約，手付契約（通説）も要物契約とされる。⇒諾成契約，要式契約

（笠井　修）

要約者（ようやくしゃ）

第三者のためにする契約においては，諾約者の相手方である契約当事者をいう。諾約者に対し第三者への給付を請求する権利を有する。要約者は第三者の代理人ではなく，契約当事者であるため，契約の解除権や取消権は要約者に属し，法律行為の善意・悪意や過失の有無などの問題は要約者について判断される。要約者・第三者間に第三者の受益の原因となる関係（対価関係）がなくても，第三者のためにする契約は有効だが，不当利得の問題が残る。⇒諾約者　　（岡本裕樹）

予約完結権（よやくかんけつけん）

ある特定の契約（本契約）を将来において締結することを約する合意（予約）によって，当事者の一方または双方に与えられる権利で，単独の意思表示のみによって本契約を成立させることのできる権利。民法は，売買の一方の予約について条文を置き（民556），予約完結権を有する当事者が本契約を成立させる意思表示をした時から，本契約の効力が生じると定める。⇒売買の一方の予約　　（森山浩江）

り

リース契約（りーすけいやく）

　ユーザー企業（U）が動産等をサプライヤー（S）から導入するために，リース会社（L）とリース契約を結ぶと，それによってLがSからその動産等（リース物件）を買い，Uにリースする（使用収益させる）という，ファイナンス・リースがわが国では最もよく利用される。これに伴い，UとSの間で，リース物件の保守（メンテナンス）契約が結ばれる。Uにとっては，特に月々のリース料を損益処理できることが魅力である。　　　（手塚宣夫）

利益相反事項（りえきそうはんじこう）

　一般社団法人・一般財団法人は，①理事が自己または第三者のために法人と取引をしようとするとき，②法人が理事以外の者との間で法人と当該理事との利益が相反する取引をしようとするとき，社員総会（理事会設置一般社団法人の場合は理事会・一般財団法人の場合は評議員会）で当該取引につき重要な事実を開示して承認を受けなければならない（一般法人84Ⅰ②③，92Ⅰ，197）。その承認を受けた①の取引は民法108条の適用はない（一般法人84Ⅱ）。

（山田創一）

離縁（りえん）

　縁組を解消すること。普通養子縁組の場合は，協議（離縁の届出）による離縁（民811），家庭裁判所の調停による離縁，審判による離縁，および裁判上の離縁（民814）がある。養子が15歳未満のときは，離縁後に養子の法定代理人となるべき者と養親との間で協議・裁判を行う。特別養子縁組については，養親による虐待などがあり，養子の利益のために特に必要があると認めるときに限り，家裁は，養子，実父母または検察官の請求により，離縁させることができる（民817の10）。⇒養子

（床谷文雄）

履行期（りこうき）

　債務者が履行をしなければならない時期。弁済期と同じ意味。12月31日というように確定期限であることが多いが，死亡時といった不確定期限の場合や期限の定めがない場合もある。履行期は，通常，当事者の契約によって定まるが，定めていないときは，法律の規定（民573，591など）や慣習（例えば，月末に支払うという慣習）によって決まる。履行期を過ぎれば，債務者は履行遅滞となる（民412）。⇒確定期限ある債務，履行遅滞　　　　　　　（難波譲治）

履行遅滞（りこうちたい）

　広義では，債務が履行期になり，履行が可能であるのに，債務者が履行しないことをいう。履行が不可能であれば，履行不能であって履行遅滞ではない。例えば，期日に金銭を支払う債務について，期日になっても支払わない場合，履行遅滞となる。狭義では，さらに，その履行遅滞に違法性があるこ

と，債務者に帰責事由があることを要件に加えて，債務不履行として損害賠償責任が発生する場合をいう。⇒履行期，履行不能，債務不履行　　（難波譲治）

履行不能（りこうふのう）
　広義では，債務発生時には履行が可能であったが，その後，履行が不可能になったことをいう。債権発生以前から履行が不可能であれば，そもそも債権が発生しないのであって，履行不能（後発的不能）ではなく，原始的不能である。狭義では，さらに，その履行不能に違法性があること，債務者に帰責事由があることを要件に加えて，債務不履行として損害賠償責任が発生する場合をいう。⇒原始的不能・後発的不能，債務不履行　　（難波譲治）

履行補助者（りこうほじょしゃ）
　債務者が，債権者に代わって債務の履行をさせる者。履行補助者の故意・過失によって債務不履行が生じた場合，債務者が責任を負うかどうかという問題がある。従来の通説は，履行補助者を，真の意味の履行補助者（例えば，企業の従業員）や，履行代行者（例えば，運送業者）等に分類し，前者の過失については常に債務者が責任を負うが，後者では負わない場合もあるとしていた。しかし，近時の学説はこのような区別を批判している。⇒帰責事由
　　　　　　　　　　　　　　（難波譲治）

履行利益（りこうりえき）
　履行利益とは，債務内容に適った給付が実現されることで債権者が得られる利益，つまり，債務不履行に基づく損害賠償によって填補される利益を意味する（民416参照）。信頼利益には転売利益が含まれない点で，履行利益との典型的な差異が現れる。また，信頼利益の上限は履行利益で画される。無効

な契約を有効と信頼する利益は，契約が有効なことを前提に履行があったときに得られる利益を超える必要はないからである。⇒信頼利益　　（北居　功）

離婚（りこん）
　夫婦が生存中にする婚姻の解消。離婚手続には，協議離婚（民763），調停・審判離婚（家審17～19，24），裁判離婚（民770）がある。離婚の結果，姻族関係は終了し（民728），婚姻の際に改氏した一方は婚姻前の氏に復し（民767Ⅰ。届出により婚姻中の氏を称することができる。民767Ⅱ），相手に財産分与を請求できる（民768）。離婚後の子の監護について必要な事項（子の親権者または監護者の決定，子の養育費等）は，父母の協議で定め，協議不調・不能の場合は，家庭裁判所が定める（民766）。⇒協議離婚，裁判離婚　　（山田美枝子）

理事（りじ）
　理事は法人に必須の業務執行機関である（一般法人60，170，民旧52Ⅰ）。理事は社員総会の決議によって選任される（一般法人63，177）。任期も定められている（一般法人66，177）。理事の氏名は登記事項であり，変更等の場合，登記をしなければ第三者に対抗することができない（一般法人299，301，302，民旧46）。理事は対内的には法人内部の事務を処理し，一般社団法人では対外的に法人を代表する（一般法人77Ⅰ，197，民旧53）。理事と法人は委任の関係にあり（一般法人64，172Ⅰ），法人の事務の処理について，理事は受任者として善管注意義務を負う（民644）。
　　　　　　　　　　　　　　（鈴木清貴）

理事の代表権（りじのだいひょうけん）
　理事は，一般社団法人（旧法では法人）のすべての事務について，法人を代表する（一般法人77Ⅰ，民旧53）。代

表理事を定めた場合，代表理事が法人を代表する（一般法人77Ⅰ）理事による法人のための行為の効果は法人に対し生じる。理事が複数名あっても，各理事は単独で法人を代表する。理事の代表権は，定款等により制限されうるが，その制限は善意の第三者に対抗することができない（一般法人77Ⅴ，民旧54）。

(鈴木清貴)

利息（りそく）

利息は，元本に利率を掛算して計算する。つまり，元本10万円，利率年2割で1年後に弁済すべき額は，$10+10\times 0.2=12$万円である。利息は金銭に限らないが，実際には金銭がほとんどである。請求できる利息には，法律上，上限があり，利息制限法が規制している。金銭債務または不法行為による損害賠償債務を履行遅滞した損害賠償は，法定利率または約定利率によって計算され，利息ではないが，特に遅延利息と呼ばれる。⇒遅延損害金　(手塚宣夫)

利息債権（りそくさいけん）

利息の支払を請求できる権利を利息債権という。元本100万円，利率年1割の契約では，1年ごとに10万円ずつ利息を請求できる基本権たる利息債権と，1年経つと10万円の利息を請求できる支分権たる利息債権とに区別できる。基本権たる利息債権は，元本債権あっての債権であるから，元本債権に付従する。支分権たる利息債権は，発生すれば元本債権から独立するので，元本債権が消滅しても消滅しない。⇒元本債権　(手塚宣夫)

流質契約（りゅうしちけいやく）

弁済の代わりに質権者に質物の所有権を取得させること，または法律に規定されている方法によらないで質権者が質物を処分すること，を可能とする契約を流質契約という。流質契約を認めると，僅少な額の被担保債権のために高額な目的物に質権の設定を受けることにより，質権者が被担保債権額以上の経済的価値を取得することが可能になってしまうので，民法は，質権設定契約または債務の弁済期前の契約で流質の合意を行うことを禁止し（民349），債権者に対して弱い立場にある債務者の保護を図っている。ただし，商法および質屋営業法には流質契約を認める規定がある（商515，質屋19）。

(髙橋智也)

流水利用権（りゅうすいりようけん）

流水を継続的・排他的に利用する権利を指す講学上の用語。法令上は公水である河川法（昭和39年法律167号）適用河川を念頭に置く，水利権（資産再評価法2Ⅷなど），流水占用権（河川23の規定による流水占用許可によって生ずる権利（許可水利権）。特定多目的ダム法3）の2種の用語のみが存在する。慣行水利権につき，判例・学説は，慣習法上の物権として，侵害に対する損害賠償請求権のほか妨害排除請求権を肯定している。

(七戸克彦)

留置権（りゅうちけん）

他人の物の占有者が，その物に関して生じた債権を有するときに，その債権の弁済を受けるまで，その物を留置することができる法定の担保物権（民295）。公平の原則に基づき，物と債権の牽連関係をその基礎として成立する。目的物の占有が公示手段である。同時履行の抗弁権（民533）と類似の機能を果たすが，留置権は物権であり，何人に対しても主張できる。その留置的効力によって間接的に債務の履行を強制するにとどまり，目的物の売却代金から優先的に弁済を受ける権利がなく物上代位性も認められない。⇒同時履行

の抗弁権，法定担保物権　　（下村信江）

立木（りゅうぼく）

現に土地に生育している樹木の集団。通常は土地の構成部分たる定着物（民87Ⅰ）であって，独立した物権の客体とはならないが，ただし，①立木ニ関スル法律（立木法。明治32年法律24号）に基づき立木の所有権保存登記をした場合，および，②明認方法のある場合には，土地とは独立別個の不動産となり，集合物として一つの物権の対象となる。ただし，②の場合には，独立した抵当権の客体とはならない。

（七戸克彦）

利用行為（りようこうい）

広義では，客体につきその性質に応じた使用・収益をする行為をいうが（民313），狭義では，管理行為の一種として，処分行為に対立する。被保佐人は元本の利用行為につき保佐人の同意を要するが（民13Ⅰ①），権限の定めのない代理人および不在者の財産管理人は管理行為（保存行為と利用行為・改良行為）のすべてにつき権限を有する（民103, 28）。一方，共有者は管理行為を原則として持分の過半数で決する（民252）。　　　　　　（七戸克彦）

る

類推適用（るいすいてきよう）

ある制度の要件に該当する事実と類似する事実につき，形式的には条文上の要件にあてはまらないが，その制度を適用して同一の解決を図ることが，制度の趣旨・目的に適うと評価できる場合，類似の事実に対してもその適用を拡張して具体的妥当性を確保するための法解釈・運用方法をいう。制度の趣旨に即した柔軟な運用を可能とするが，その適用範囲の確定がしばしば問題となり，法的安定性との調和が問われることが多い。　　　（武川幸嗣）

累積共同根抵当（るいせききょうどうねていとう）

共同根抵当権の場合，特に同一債権の担保のために設定されたことを登記しない限り，累積共同根抵当と扱われる（民398の18）。累積共同根抵当とは，根抵当権者が，各不動産から極度額にいたるまで優先権が認められる，根抵当権に特殊な共同抵当権である。例えば，極度額が3,000万円の場合，甲乙二つの不動産を対象とする場合に，非累積共同根抵当では，3,000万円しか優先権が認められず，甲乙不動産の価格に応じて割り振られるが，累積共同根抵当の場合には，甲乙両不動産からそれぞれ3,000万円の極度額にいたるまで，合計6,000万円を優先的に配当を受けられることになる。なお，この場合に，もし被担保債権が5,000万円であれば，民法392条1項を類推適用すべきであると考えられている。

（平野裕之）

れ

連帯債務（れんたいさいむ）

一つの給付につき，複数の債務者が連帯して債務を負うこと。債権者は，連帯債務者の一人または全員に対し，全部または一部の履行を，同時もしくは順次に請求することができるが（民432。いわゆる「全部義務性」），多重に債権を満足させることはできない（いわゆる「給付の一倍額性」）。外部関係（債権者との関係）における全部義務性ゆえに債権の担保力が高まる。内部関係（債務者相互の関係）では，負担部分に応じた求償が認められる（民442）。⇒不真正連帯債務　　　　　　（平林美紀）

連帯債務の絶対的効力事由（れんたいさいむのぜったいてきこうりょくじゆう）

給付の一倍額性ゆえに，債権を現実に満足させる事由（弁済，代物弁済，供託）には当然に絶対的効力があるが，さらに，連帯債務者の一人に生じた一定の事由（履行の請求，更改，相殺，免除，混同，消滅時効の完成。民434〜439）について絶対的効力が与えられる。免除等の債権消滅原因に絶対的効力が付与されたのは求償の循環を避けるためであるが，債権者の意図に反する場合が多いので，不訴求合意等の概念が必要とされる。⇒絶対的効力・相対的効力
　　　　　　　　　　　　　　（平林美紀）

連帯の免除（れんたいのめんじょ）

債権者が，連帯債務者の一人または数人に対し，連帯関係からの離脱を認めること。被免除者は自己の負担部分を上限とする債務を，その他の者は（二人以上ならば連帯して）元来の債務を負う。例えばABCが平等の割合で90万円の連帯債務を負う場合，被免除者Aは30万円，BCは連帯して90万円の債務を負う。全額につき履行したBは，ACに各30万円求償でき，Cが無資力の場合，債権者はBに対し15万円につき求償義務を負う（民445）。⇒一部免除　　　　　　　　　（平林美紀）

連帯保証（れんたいほしょう）

保証人が，主たる債務者と連帯して債務を負担した保証である。付従性，すなわち主たる債務に対する主従の関係を維持しながら，連帯債務としての性質も併せ持つことになる。連帯保証では，催告および検索の抗弁権は認められず（民454），共同保証でも分別の利益が否定され，また，連帯保証人について生じた事由が，連帯債務同様に主債務者に影響を及ぼすことになっている（民458）。ただし，後者については，連帯保証人への請求が主債務者にも効力を及ぼすことしか意義はない。
　　　　　　　　　　　　　　（平野裕之）

ろ

労働者派遣法(ろうどうしゃはけんほう)

労働者派遣法(労働者派遣事業の適正な運営の確保及び派遣労働者の就業条件の整備等に関する法律)とは,職業安定法44条によって包括的に禁止されている労働者供給につき,一部に限り合法化し,かつ,適正に規制することを目指す法律である。こうして合法化された労働者供給事業を労働者派遣事業と呼び,企業における業務の専門化や,企業の経営合理化に伴う業務の外注化のニーズにこたえるものとしての役割が期待される一方で,請負の形式などによる違法な労働者派遣を規制し,派遣労働者の保護を図る。2004年3月1日施行の改正労働者派遣法では,派遣受入期間の延長や派遣労働者への直接雇用の申込み義務ならびに製造業を含む派遣対象業務の拡大等が新たに規定された。⇒労務供給契約　　　(前田美千代)

労務供給契約(ろうむきょうきゅうけいやく)

労務供給契約とは,民法上の雇用,請負,委任,寄託の各契約を包括した概念であり,他人の労務を提供してもらう契約のことである。また,労働組合等が厚生労働大臣の許可を得て行う無料の労働者供給事業(職業安定法45)のことや,職業安定法44条の例外である,労働者派遣法の規制の下での,労働者派遣事業のことを指す場合もある。⇒雇用,請負,委任,寄託　(前田美千代)

わ

和解（わかい）

　当事者が互いに譲歩してその間に存する争いをやめることを約する典型契約（民695）。和解は、示談とは異なり、契約当事者双方が譲歩するところに特徴がある。また、和解によって権利関係が確定した後は、原則としてその関係が法律関係となるため、原則として錯誤（民95）の規定の適用は認められない（民696）。⇒示談　　　（西原慎治）

割付け（わりつけ）

　共同抵当が実行される場合において、共同抵当権者が各抵当不動産から受けられる配当の額を決すること。どの抵当不動産からどれだけ配当を受けるかを共同抵当権者の任意に委ねるとすると、抵当不動産上の後順位担保権者に配当される代価が大幅に変化し、その期待が裏切られかねない。そこで、抵当不動産の代価を同時に配当する場合は、その各不動産の価額に応じて、その債権の負担を按分するものとされている（民392Ⅰ）。　　　（田髙寛貴）

索　引

※見出し項目に含まれる用語は，頁を太字にしています。

あ

- 悪意 …………………………… 1
- 悪意の受益者 ………………… 1
- 与える債務 …………………… 1
- 安全配慮義務 ………………… 1

い

- 家制度 ………………………… 2
- 異議を留めない承諾 ………… 2
- 遺言 …………………………… 2
- 遺言執行者 …………………… 2
- 遺言書の検認 ………………… 3
- 遺言能力 ……………………… 3
- 遺言の撤回 …………………… 3
- 遺産共有 ……………………… 3
- 遺産分割 ……………………… 3
- 意思自治の原則 ……………… 3
- 遺失物拾得 …………………… 4
- 意思能力 ……………………… 4
- 意思の欠缺 …………………… 4
- 意思の不存在 ………………… 4
- 異時配当 ……………………… 4
- 意思表示 ……………………… 4
- 慰謝料請求権 ………………… 4
- 囲繞地通行権 ………………… 6
- 遺贈 …………………………… 5
- 委託を受けた保証人 ………… 5
- 委託を受けない保証人 ……… 5
- 一部代位 ……………………… 5
- 一物一権主義 ………………… 5
- 一部免除 ……………………… 5
- 一括下請負 ………………… 9, 57
- 一身専属権 …………………… 6
- 一般財団法人 ………………… 36
- 一般先取特権 ………………… 6
- 一般社団法人 ………………… 36
- 一夫一婦制 …………………… 61
- 稲立毛 ………………………… 6
- 囲繞地通行権 ………………… 6
- 委任 …………………………… 6
- 違法性 ………………………… 7
- 違約手付 ……………………… 7
- 違約罰 ………………………… 7
- 入会権 ………………………… 7
- 遺留分 ………………………… 7
- 遺留分権利者 ………………… 7
- 遺留分減殺請求権 …………… 8
- 遺留分の放棄 ………………… 8
- 医療法人 …………………… 119
- 姻族 …………………………… 8

う

- 請負 …………………………… 8
- 請負契約における
  - 所有権の帰属 ……………… 9
- 請負人の担保責任 …………… 9
- 請負報酬請求権 ……………… 9
- 受取証書 ……………………… 9
- 受戻権 ………………………… 9
- 氏の取得・変更 …………… 10
- 売主の担保責任 …………… 10
- 売渡担保 …………………… 48

え

- 永小作権 …………………… 10
- 縁氏続称 …………………… 11

お

- 親子関係不存在確認の訴え
  …………………………… 76
- 温泉専用権 ………………… 11
- 温泉利用権 ………………… 11

か

- 解除 ………………………… 12
- 解除権の不可分性 ………… 12
- 解除条件 …………………… 12
- 買戻し ……………………… 12
- 解約手付 …………………… 13
- 改良行為 …………………… 13
- 隔絶地遺言 ………………… 13
- 隔地者に対する意思表示 … 13
- 確定期限ある債務 ………… 13
- 確定日付ある証書 ………… 13
- 隠れた瑕疵 ………………… 14
- 加工 ………………………… 14
- 瑕疵 ………………………… 14
- 瑕疵ある意思表示 ………… 14
- 瑕疵修補請求権 …………… 14
- 家事審判 …………………… 15
- 瑕疵担保責任 ……………… 15
- 家事調停 …………………… 15
- 過失 ………………………… 15
- 果実 ………………………… 15
- 果実収取権 ………………… 16
- 過失責任の原則 …………… 16
- 過失相殺
  - （債務不履行の） ………… 16
- 過失相殺（不法行為の）… 16
- 学校法人 ………………… 119
- 割賦購入あっせん契約 …… 39
- 家庭裁判所 ………………… 16
- 家庭裁判所調査官 ………… 16
- 家督相続 …………………… 17
- 可分物 ……………………… 17
- 仮差押え ………………… 17, 52
- 仮差押え・仮処分
  - （時効中断事由）………… 17
- 仮住所 ……………………… 62
- 仮処分 ……………………… 17
- 仮登記 ……………………… 17
- 仮登記担保 ………………… 18
- 簡易の引渡し ……………… 18
- 監護者 ……………………… 40
- 監事 ………………………… 18
- 慣習法 ……………………… 18
- 間接強制 …………………… 18
- 間接効果説 ………………… 18
- 監督義務者の責任 ………… 18
- 元本債権 …………………… 19
- 管理行為 …………………… 19
- 管理費用 …………………… 19

き

- 期間 ………………………… 19
- 危急時遺言 ………………… 20
- 期限 ………………………… 20
- 危険責任 …………………… 20
- 期限の到来 ………………… 20
- 期限の利益 ………………… 20
- 期限の利益喪失約款 … 20, 85
- 危険負担 …………………… 21
- 既成条件 …………………… 21
- 帰責事由 …………………… 21
- 帰属清算型 ………………… 21
- 寄託 ………………………… 22
- 寄託物返還請求権 ………… 22
- 寄附行為 …………………… 22
- 基本権たる利息債権 …… 154
- 基本代理権 ………………… 22
- 記名式所持人払債権 ……… 67
- 求償権 ……………………… 22
- 給付義務 …………………… 23
- 給付利得 ………………… 131
- 共益費用 …………………… 23
- 協議離婚 …………………… 23
- 強行規定 …………………… 23
- 強制管理 …………………… 23
- 強制競売 …………………… 23
- 強制執行 …………………… 23
- 強制認知 …………………… 24
- 強制履行 …………………… 24
- 供託 ………………………… 24
- 供託原因 …………………… 24
- 供託物引渡請求権 ………… 24
- 共同遺言の禁止 …………… 24
- 協同組合 ………………… 119
- 共同始祖 ………………… 100
- 共同所有 …………………… 26
- 共同担保 …………………… 80
- 共同抵当 …………………… 25

索引

き(続き)
共同根抵当 …………… 25
共同不法行為 …………… 25
共同保証 …………… 25
強迫 …………… 25
共有 …………… 26
共有物 …………… 26
共有物の管理 …………… 26
共有物の使用 …………… 26
共有物の分割 …………… 26
共有物の変更 …………… 26
許可主義 …………… 27
虚偽表示 …………… 27
極度額 …………… 27
居所 …………… 62
居所指定権 …………… 72
寄与分 …………… 27
緊急事務管理 …………… 27
緊急避難 …………… 27
近親婚 …………… 28
金銭賠償の原則 …………… 28

く
クーリングオフ …………… 28
区分所有権 …………… 28
組合 …………… 28
組合員の持分処分 …………… 29
組合契約 …………… 29
組合財産 …………… 29
クリーン・ハンズ
　(clean hands) の原則 … 29
クレジット契約 …………… 30

け
形成権 …………… 30
競売 …………… 23
契約 …………… 30
契約自由の原則 …………… 30
契約譲渡 …………… 31
契約上の地位の移転 …………… 31
契約責任 …………… 31
契約締結上の過失 …………… 31
契約の成立時期 …………… 32
契約引受 …………… 31
結果回避義務 …………… 32
欠格事由 …………… 86
結果債務 …………… 32
血族 …………… 32
権原 …………… 32
検索の抗弁権 …………… 32
原始取得 …………… 33
現実の提供 …………… 33
現実の引渡し …………… 33
原始的不能 …………… 33
原状回復義務 …………… 33
懸賞広告 …………… 33
現存利益 …………… 34
限定承認 …………… 34
顕名(主義) …………… 34
権利外観法理 …………… 34

権利質 …………… 34
権利能力 …………… 35
権利能力なき社団 …………… 35
権利の瑕疵 …………… 35
権利保護資格要件 …………… 35
権利濫用 …………… 35

こ
故意 …………… 36
公益法人 …………… 36
更改 …………… 36
効果意思 …………… 36
交換 …………… 36
後見監督人 …………… 37
後見人 …………… 37
後見人の欠格事由 …………… 37
工作物責任 …………… 37
工作物設置・保存の瑕疵 …… 37
交叉申込み …………… 37
公示(の原則) …………… 38
公証人 …………… 14,38
公序良俗 …………… 38
公信の原則 …………… 38
公信力 …………… 38
公正証書 …………… 14
公正証書遺言 …………… 38
合同行為 …………… 39
口頭の提供 …………… 39
後発的不能 …………… 33
公物 …………… 39
抗弁の接続 …………… 39
合有 …………… 39
告知 …………… 102
告知義務 …………… 81
戸主 …………… 2
戸籍制度 …………… 40
戸籍届出 …………… 40
戸籍法 …………… 40
子供の権利条約 …………… 40
子の監護者 …………… 40
子の引渡し …………… 40
雇用 …………… 40
婚姻意思 …………… 41
婚姻障害 …………… 41
婚姻適齢 …………… 41
婚姻の取消し …………… 41
婚姻の無効 …………… 41
婚姻費用の分担 …………… 42
婚氏続称 …………… 42
混同[債権] …………… 42
混同[物権] …………… 42
婚約 …………… 42

さ
債権 …………… 44
債権契約 …………… 44
債権行為 …………… 44
債権者主義 …………… 44
債権者代位権 …………… 44

債権者代位権の転用 …………… 44
債権者取消権 …………… 51
債権者平等の原則 …………… 45
債権譲渡 …………… 45
債権譲渡禁止特約 …………… 45
債権譲渡登記 …………… 45
債権譲渡の対抗要件 …………… 45
債権侵害 …………… 46
債権の準占有者への弁済 …… 46
債権の消滅原因 …………… 46
催告 …………… 47
催告(時効中断事由) …………… 47
催告の抗弁権 …………… 47
再婚禁止期間 …………… 47
財産管理権 …………… 47
財産分与 …………… 48
財産分離 …………… 48
祭祀財産の承継 …………… 48
在船時遺言 …………… 13
財団法人 …………… 48
再売買の予約 …………… 48
裁判上の請求 …………… 49
裁判上の請求
　(時効中断事由) …………… 49
裁判離婚 …………… 49
債務者主義 …………… 49
債務者対抗要件 …………… 49
債務なき責任 …………… 80
債務の不存在を知ってした
　弁済 …………… 50
債務の本旨 …………… 50
債務引受 …………… 50
債務不履行 …………… 50
詐害行為 …………… 50
詐害行為取消権 …………… 51
詐害の意思 …………… 51
詐欺 …………… 51
先取特権 …………… 51
先取特権の物上代位 …………… 51
錯誤 …………… 52
差押え …………… 52
差押え(時効中断事由) … 52
指図債権 …………… 52
指図による占有移転 …………… 53
詐称代理人 …………… 46

し
死因贈与 …………… 53
敷金 …………… 53
敷金返還請求権 …………… 53
敷引特約 …………… 53
事業の執行 …………… 54
事業用借地権 …………… 105
時効 …………… 54
時効制度の存在理由 …………… 54
時効中断事由 …………… 54
時効の援用 …………… 54
時効の中断 …………… 55
時効の停止 …………… 55

時効利益の放棄 …………… 55	従たる権利 ………………… 62	所有権留保 ………………… 71
自己契約 …………………… 55	従物 ………………………… 64	所有の意思 ………………… 71
自己の財産に対するのと	重利 ………………………… 62	自力救済の禁止 …………… 72
同一の注意義務 ………… 55	受益者 ……………………51, 91	事理弁識能力 ……………… 72
死後離縁 …………………… 56	受諾の意思表示 …………… 63	侵害利得 ………………… 131
持参債務 …………………… 56	受寄者 ……………………… 63	人格権 ……………………… 72
事実婚 …………………… 117	熟慮期間 …………………… 63	信義誠実の原則 …………… 72
事実たる慣習 ……………… 56	授権行為 …………………… 63	親権 ………………………… 72
使者 ………………………… 56	手段債務 …………………… 63	新権原 ……………………… 73
自主占有 …………………… 56	出資 ………………………… 63	親権者 ……………………… 73
支出利得 ………………… 131	受働債権 …………………… 59	親権者と子の
事情変更の原則 …………… 56	取得時効 …………………… 64	利益相反行為 …………… 73
私署証書 …………………… 14	受忍限度 …………………… 64	親権の喪失 ………………… 73
事前求償権 ………………… 57	受任者 ……………………… 64	人事訴訟法 ………………… 73
自然債務 …………………… 57	受任者の報告義務 ………… 64	身上監護権 ………………… 73
自然法 ……………………… 57	主物 ………………………… 64	身上配慮義務 ……………… 74
下請負 ……………………… 57	受領遅滞 …………………… 65	人身保護法 ………………… 40
下請負代金支払遅延等	種類債権 …………………… 65	親族 ………………………… 74
防止法 …………………… 57	種類物 …………………… 114	人的担保 …………………… 74
示談 ………………………… 58	準委任 ……………………… 65	親等 ………………………… 74
質権 ………………………… 58	順位保全効 ………………… 17	審判離婚 ………………… 153
質物 ………………………… 58	準婚 ……………………… 117	信用保証 …………………… 74
失火責任法 ………………… 58	準婚理論 …………………… 62	信頼関係破壊の理論 ……… 75
執行供託 …………………… 24	準事務管理 ………………… 65	信頼利益 …………………… 75
失踪宣告 …………………… 58	準消費貸借 ………………… 65	心裡留保 …………………… 75
実体法 ……………………… 58	純粋随意条件 ……………… 75	**す**
実定法 ……………………… 58	準正 ………………………… 65	
指定充当 …………………… 59	準占有 ……………………… 66	随意条件 …………………… 75
指定相続分 ………………… 59	準則主義 …………………… 66	推定の及ばない子 ………… 75
私的自治の原則 …………… 59	準法律行為 ………………… 66	推定を受けない嫡出子 …… 76
私的所有権絶対の原則 …… 16	承役地 ……………………66, 98	随伴性 ……………………… 76
児童買春等処罰法 ………… 40	承継取得 …………………… 66	水利権 …………………… 154
児童虐待防止法 …………… 40	承継人 ……………………… 67	数量指示売買 ……………… 76
自働債権 …………………… 59	証券的債権 ………………… 67	**せ**
自動車損害賠償責任保険… 60	使用者責任 ………………… 67	
自動車損害賠償保障法 …… 60	使用貸借 …………………… 67	生活扶助義務 ……………… 76
児童の権利に関する条約 … 40	承諾 ……………………67, 104	生活保持義務 ……………… 77
自筆証書遺言 ……………… 60	承諾期間のある申込み …… 67	制限行為能力者 …………… 77
支分権たる利息債権 …… 154	承諾転質 …………………… 68	制限種類債権 ……………… 77
死亡危急時遺言 …………… 20	承諾転貸 …………………… 68	制限超過利息 ……………… 77
試味売買 …………………… 60	譲渡禁止特約 ……………45, 68	制限物権 …………………… 77
事務管理 …………………… 60	譲渡担保 …………………… 70	製作物供給契約 …………… 77
指名債権質 ………………… 60	承認 ………………………… 68	清算金支払義務 …………… 78
指名債権譲渡 ……………… 60	承認（時効中断事由）…… 68	清算法人 …………………… 78
社会福祉法人 …………… 119	消費寄託 …………………… 68	生殖補助医療 ……………… 78
借地借家法 ………………… 61	消費者契約法 ……………… 69	製造物責任 ………………… 78
謝罪広告 …………………… 28	消費貸借 …………………… 69	性同一性障害者特例法 …… 78
社団法人 …………………… 61	消費貸借の予約 …………… 69	正当な理由 ………………… 22
収去義務 …………………… 61	消滅時効 …………………… 69	正当防衛 …………………… 79
集合動産譲渡担保 ………… 61	証約手付 …………………… 69	成年擬制 …………………… 79
集合物 ……………………… 96	将来債権譲渡 ……………… 69	成年後見開始の審判 ……… 79
集合物論 …………………… 61	条理 ………………………… 70	成年後見制度 ……………… 79
重婚 ………………………… 61	除斥期間 …………………… 70	成年後見人 ………………… 79
重婚的内縁 ………………… 62	初日不算入の原則 ………… 19	成年後見人の職務 ………… 80
住所 ………………………… 62	処分行為 …………………… 70	成年被後見人 ……………… 80
終身定期金 ………………… 62	処分清算型 ………………… 70	成立上の牽連関係 ………… 88
修繕義務 …………………… 62	所有権 ……………………… 71	責任財産 …………………… 80
住宅の品質確保の促進等に	所有権絶対の原則 ………… 71	責任転質 …………………… 80
関する法律 ……………… 9	所有権的構成 ……………… 71	責任なき債務 ……………… 80

そ以前

責任能力	81
絶対的効力	81
絶対的定期行為	81
絶対的無効	81
説明義務	81
善意	81
善管注意義務	82
1996年民法改正要綱	82
選択債権	82
選択債権の特定	82
占有（権）	82
占有意思	83
占有改定	83
占有の訴え	83
占有の承継	83
占有の推定力	83
占有補助者	83
占有離脱物	84
先履行義務	84

そ

増価競売	84
相殺	84
相殺禁止	84
相殺契約	85
相殺適状	85
相殺予約	85
造作買取請求権	85
創設的届出	40
相続	85
相続回復請求権	86
相続欠格	86
相続財産	86
相続財産法人	86
相続人	86
相続人の廃除	87
相続人不存在	86
相続分	87
相続分の譲渡	87
相続放棄	87
相対的効力	81
相対的定期行為	87
相対的取消	87
相対的無効	81
相当因果関係	88
送付債務	88
双方代理	88
双務契約	88
総有	88
贈与	89
相隣関係	89
遡及効	89
遡及効（相殺）	89
即時取得	89
損益相殺	89
損害賠償額の予定	89
損害賠償請求権	90
損害賠償の範囲	90
存続上の牽連関係	88

た

代価弁済	91
対抗要件	91
第三者	91
第三者のためにする契約	91
第三者の弁済	91
第三取得者	92
代襲相続	92
代償請求権	92
代替執行	92
代替物	92
代諾縁組	93
代表権	94
代物弁済	93
代理	93
代理意思	93
代理監督者	93
代理権	94
代理権の範囲	94
代理行為	94
代理行為の瑕疵	94
代理受領	94
代理占有	94
代理人	94
諾成契約	94,95
諾約者	91,95
他主占有	95
多数当事者の債権・債務	95
建物買取請求権	95
建物譲渡特約付借地権	105
建物保護に関する法律	61
他人物贈与	95
他人物売買	95
単一物	96
短期消滅時効	96
短期賃貸借	96
単純承認	96
男女共同参画社会基本法	104
単独行為	96
担保権の構成	97
担保物権	97
担保不動産収益執行	97

ち

地役権	98
遅延損害金	98
遅延利息	154
地上権	98
地代等増減額請求権	30
父を定める訴え	98
嫡出子	98
嫡出推定制度	99
嫡出否認の訴え	99
中間省略登記	99
中間責任	99
中間法人	99
抽象的過失	15

注文者の責任	100
注文者の任意解除	100
調停委員会	15
調停離婚	153
直接強制	100
直接効果説	100
直系	100
直系親族	100
賃借権	100
賃借権の譲渡・転貸	101
賃借権の対抗要件	101
賃借権の物権化	101
賃借物の一部滅失	101
賃貸借	101
賃貸借契約の解約申入れ	102
賃貸借の終了	102
賃貸借の存続期間	102
賃貸人の地位の移転	102

つ

追完	103
追及力	103
追認	103
追認拒絶	103
通行地役権	103
通知	104
強い付合	104

て

DNA鑑定	24
DV防止法	104
定款	104
定期行為	81
定期借地権	105
定期贈与	105
停止条件	105
停止条件付贈与	105
停止条件付代物弁済契約	18
定着物	105
抵当権	105
抵当権消滅請求	105
抵当権侵害	106
抵当権の効力の及ぶ範囲	106
抵当権の順位	106
抵当権の順位の譲渡・放棄・変更	106
抵当権の譲渡・放棄	107
抵当権の消滅	107
抵当権の処分	107
抵当権の物上代位	107
抵当建物使用者の引渡し猶予制度	96
滌除	84
手付	107
電子記録債権	108
電子記録債権法	108
電子債権記録機関	108

電子消費者契約法 ……… 108
転質（権） ……………… 108
伝染病隔離時遺言 ……… 13
転抵当 …………………… 108
転得者 …………………… 51
天然果実 ………………… 109
添付 ……………………… 109
転付命令 ………………… 109
転用物訴権 ……………… 109

と

登記 ……………………… 110
登記義務者 ……………… 110
登記権利者 ……………… 110
登記請求権 ……………… 110
登記の欠缺を主張する
　正当な利益 …………… 110
動機の錯誤 ……………… 110
登記の推定力 …………… 111
動機の不法 ……………… 111
登記の流用 ……………… 111
同居義務 ………………… 111
動産 ……………………… 111
動産債権譲渡特例法 …… 112
動産先取特権 …………… 112
動産質 …………………… 112
動産の付合 ……………… 112
同時死亡の推定 ………… 112
同時履行の抗弁権 ……… 113
到達主義 ………………… 113
盗品・遺失物回復
　請求権 ………………… 113
動物占有者の責任 ……… 113
登録自動車 ……………… 113
特殊法人 ………………… 115
特定 ……………………… 113
特定遺贈 ………………… 114
特定承継 ………………… 114
特定商取引法 …………… 114
特定物 …………………… 114
特定物債権 ……………… 114
特別縁故者 ……………… 114
特別失踪 ………………… 115
特別受益 ………………… 115
特別養子 ………………… 115
特別養子縁組 …………… 150
特許主義 ………………… 115
届出婚主義 ……………… 115
取消し …………………… 115
取消権者 ………………… 116
取立債務 ………………… 116

な

内縁 ……………………… 117
内心的効果意思 ………… 36
内容証明郵便 …………… 14
内容の錯誤 ……………… 117
なす債務 ………………… 117
難船時遺言 ……………… 20

に

二重譲渡の優劣基準 …… 46
日常家事債務 …………… 118
任意規定 ………………… 118
任意後見制度 …………… 118
任意代位 ………………… 118
任意認知 ………………… 119
認可主義 ………………… 119
認知 ……………………… 119
認定死亡 ………………… 119

ね

根抵当権 ………………… 119
根抵当権の消滅請求権 … 120
根抵当権の処分 ………… 120
根保証 …………………… 120

は

賠償者代位 ……………… 121
背信的悪意者 …………… 121
売買 ……………………… 121
売買の一方の予約 ……… 121
破綻主義 ………………… 121
発信主義 ………………… 122
パンデクテン方式 ……… 122

ひ

引取義務 ………………… 122
引渡し …………………… 122
非嫡出子 ………………… 123
否認権 …………………… 51
被保佐人 ………………… 123
秘密証書遺言 …………… 123
表見相続人 ……………… 46
表見代理 ………………… 123
表示主義 ………………… 123
表示上の効果意思 ……… 36
表示上の錯誤 …………… 124

ふ

ファイナンス・リース … 152
不安の抗弁権 …………… 124
夫婦間の契約取消権 …… 124
夫婦共同縁組 …………… 124
夫婦財産契約 …………… 125
夫婦同氏の原則 ………… 125
付加一体物 ……………… 125
不確定期限 ……………… 20
不可分権 ………………… 125
不可分債務 ……………… 125
不可分性 ………………… 125
不可分物 ………………… 17
不完全履行 ……………… 126
復委任 …………………… 126
復代理 …………………… 126
袋地 ……………………… 126
付合 ……………………… 104, 126
不在者 …………………… 126

不作為債務 ……………… 117
付従性 …………………… 127
不受理申出制度 ………… 127
不純粋随意条件 ………… 75
扶助義務 ………………… 127
不真正連帯債務 ………… 127
付随義務 ………………… 127
不代替物 ………………… 92
負担付遺贈 ……………… 128
負担部分 ………………… 128
普通契約条款 …………… 148
普通失踪 ………………… 115
普通取引約款 …………… 148
普通方式遺言 …………… 13
普通養子 ………………… 128
普通養子縁組 …………… 150
物権 ……………………… 128
物権契約 ………………… 128
物権行為 ………………… 128
物権的請求権 …………… 128
物権の放棄 ……………… 129
物権変動 ………………… 129
物権法定主義 …………… 129
物上代位（性） ………… 130
物上保証人 ……………… 130
物的担保 ………………… 130
不動産 …………………… 130
不動産先取特権 ………… 130
不動産質 ………………… 130
不動産の付合 …………… 131
不当利得 ………………… 131
不能条件 ………………… 131
不法原因給付 …………… 131
不法行為 ………………… 131
不法条件 ………………… 131
扶養 ……………………… 132
プライバシー …………… 132
振込指定 ………………… 132
分割債権 ………………… 132
分割債務 ………………… 132
分筆 ……………………… 132
分別の利益 ……………… 132

へ

併存的債務引受 ………… 133
弁済 ……………………… 133
弁済による代位 ………… 133
弁済の充当 ……………… 133
弁済の提供 ……………… 134
弁済の費用 ……………… 134
片務契約 ………………… 134

ほ

ボアソナード旧民法 …… 134
妨害排除請求権 ………… 135
妨害予防請求権 ………… 135
包括遺贈 ………………… 135
包括承継人 ……………… 67
傍系 ……………………… 100

傍系親族 …………………… 100
報告的届出 ………………… 40
報償責任 …………………… 135
法人 ………………………… 135
法人の不法行為能力 ……… 135
法人法定主義 ……………… 135
法人理論 …………………… 135
法定解除権 ………………… 136
法定果実 …………………… 136
法定後見 …………………… 79
法定充当 …………………… 136
法定重利 …………………… 136
法定相殺 …………………… 84
法定相続 …………………… 86
法定相続分 ………………… 136
法定代位 …………………… 137
法定代理人 ………………… 94
法定担保物権 ……………… 137
法定地上権 ………………… 137
法定中断 …………………… 137
法定追認 …………………… 137
法定夫婦財産制 …………… 137
法定利率 …………………… 138
法律行為 …………………… 138
法律行為の解釈 …………… 138
法律婚主義 ………………… 115
法律上の瑕疵 ……………… 147
保護義務 …………………… 138
保佐人 ……………………… 138
補充的解釈 ………………… 138
保証 ………………………… 139
保証契約 …………………… 139
保証債務の範囲 …………… 139
保証債務の付従性 ………… 139
保証債務の補充性 ………… 139
補助人 ……………………… 139
保存行為 …………………… 140
本権の訴え ………………… 140

ま

埋蔵物発見 ………………… 141
増担保請求 ………………… 141

み

未成年後見制度 …………… 141
未成年後見人 ……………… 141
未成年者 …………………… 142
みなし弁済 ………………… 77
身分権 ……………………… 142
身分行為 …………………… 142
見本売買 …………………… 142
身元保証 …………………… 142
民法施行法 ………………… 14

む

無過失責任 ………………… 143

無記名債権 ………………… 143
無権代理 …………………… 143
無権代理人の責任 ………… 143
無権代理の相手方の
　催告権・取消権 ………… 143
無効 ………………………… 144
無効行為の転換 …………… 144
無主物先占 ………………… 144
無償寄託 …………………… 55
無償契約 …………………… 144
無資力 ……………………… 44
無体財産（権）…………… 144
無体物 ……………………… 149

め

明認方法 …………………… 145
名誉毀損 …………………… 145
免除 ………………………… 145
免責的債務引受 …………… 145
面接交渉権 ………………… 145

も

申込み ……………………… 146
申込みに変更を加えた
　承諾 ……………………… 146
申込みの拘束力 …………… 146
黙示の更新 ………………… 146
目的範囲外の行為 ………… 147
持分 ………………………… 147
持分譲渡請求権 …………… 147
物 …………………………… 147
物の瑕疵 …………………… 147

や

約定解除権 ………………… 148
約定担保物権 ……………… 148
約款 ………………………… 148

ゆ

遺言 ……………………… 2, 149
結納 ………………………… 149
有限責任事業組合
　契約法 …………………… 29
有償寄託 …………………… 55
有償契約 …………………… 149
有責主義 …………………… 122
優先弁済的効力 …………… 149
有体物 ……………………… 149
郵便認証司 ………………… 14

よ

養育費 ……………………… 150
要役地 …………………… 98, 150
用益物権 …………………… 150
養子 ………………………… 150
養子縁組 …………………… 150

要式契約 …………………… 150
要素の錯誤 ………………… 151
要物契約 …………………… 151
要約者 ……………………… 151
予約完結権 ………………… 151
弱い付合 …………………… 104

り

リース契約 ………………… 152
利益相反行為 ……………… 55
利益相反事項 ……………… 152
離縁 ………………………… 152
離縁復氏の原則 …………… 11
履行期 ……………………… 152
履行上の牽連関係 ………… 88
履行遅滞 …………………… 152
履行不能 …………………… 153
履行補助者 ………………… 153
履行利益 …………………… 153
離婚 ………………………… 153
離婚原因 …………………… 49
離婚届不受理申出制度 …… 23
理事 ………………………… 153
理事の代表権 ……………… 153
利息 ………………………… 154
利息債権 …………………… 154
流質契約 …………………… 154
流水占用権 ………………… 154
流水利用権 ………………… 154
留置権 ……………………… 154
流動集合動産 ……………… 61
立木 ………………………… 155
立木法 ……………………… 155
利用行為 …………………… 155

る

類推適用 …………………… 155
累積共同根抵当 …………… 155

れ

連帯債務 …………………… 156
連帯債務の
　絶対的効力事由 ………… 156
連帯の免除 ………………… 156
連帯保証 …………………… 156

ろ

労働者派遣法 ……………… 157
労務供給契約 ……………… 157

わ

和解 ………………………… 158
割付け ……………………… 158

《編著者紹介》

池田　真朗（いけだ・まさお）

1949年　東京生まれ
1973年　慶應義塾大学経済学部卒業
1978年　慶應義塾大学大学院法学研究科博士課程修了
現　在　慶應義塾大学法学部教授，同大学院法務研究科教授，博士（法学）
　　　　日本学術会議会員
1991年から1993年まで不動産鑑定士試験第二次試験委員
1996年から2005年まで司法試験第二次試験考査委員
2005年から2006年まで新司法試験考査委員（民法主査）

主要著書
スタートライン債権法 [日本評論社，第4版，2005]
スタートライン民法総論 [日本評論社，2006]
債権譲渡の研究 [弘文堂，増補二版，2004]
債権譲渡法理の展開 [弘文堂]
民法Ⅲ―債権総論 [共著，有斐閣，第3版，2005]
分析と展開・民法Ⅱ [共著，弘文堂，第5版，2005]
消費者保護の法律問題 [共編著，勁草書房，1994]
法の世界へ [共著，有斐閣，第4版，2006]
マルチラテラル民法 [共著，有斐閣，2002]
新しい民法―現代語化の経緯と解説 [編著，有斐閣，2005]
民法への招待 [税務経理協会，第三版補訂，2008]
民法 Visual Materials [編著，有斐閣，2008]

編著者との契約により検印省略

平成20年8月30日　初版第1刷発行	現代民法用語辞典

編著者	池　田　真　朗
発行者	大　坪　嘉　春
製版所	美研プリンティング株式会社
印刷所	税経印刷株式会社
製本所	株式会社三森製本所

発行所	東京都新宿区 下落合2丁目5番13号	株式会社　税務経理協会

郵便番号　161-0033　振替　00190-2-187408　　電話 (03) 3953-3301 (編集部)
　　　　　FAX (03) 3565-3391　　　　　　　　　　 (03) 3953-3325 (営業部)
　　　　　　　URL　http://www.zeikei.co.jp/
　　　　　　　　　乱丁・落丁の場合はお取替えいたします。

Ⓒ　池田真朗　2008　　　　　Printed in Japan

本書を無断で複写複製（コピー）することは，著作権法上の例外を除き，禁じられています。本書をコピーされる場合は，事前に日本複写権センター（JRRC）の許諾を受けてください。
　JRRC〈http://www.jrrc.or.jp　 eメール：info@jrrc.or.jp　電話：03-3401-2382〉

ISBN 978-4-419-04961-4　C2532